전통적 경학 연구와 현대경학

유교문화연구총서 29 | 비판유학 · 현대경학 총서 3 | 경학방법론 시리즈 1

전통적 경학 연구와 현대경학
The Traditional Trend of East Asian Classics Study and Contemporary Study of East Asian Classics

엮은이 김도일 · 배제성
펴낸이 오정혜
펴낸곳 예문서원

편집 유미희
인쇄 및 제책 주) 상지사 P&B

초판 1쇄 2024년 1월 30일

출판등록 1993년 1월 7일(제2023-000015호)
주소 서울시 동대문구 왕산로 239, 101동 935호(청량리동)
전화 925-5914 | 팩스 929-2285
전자우편 yemoonsw@empas.com

 ISBN 978-89-7646-487-3   93150

YEMOONSEOWON 101-935, 239 Wangsan-ro, Dongdaemun-Gu, Seoul, KOREA 02489
Tel) 02-925-5914 | Fax) 02-929-2285

값 26,000원

이 저서는 2021년 대한민국 교육부와 한국연구재단의 지원을 받아 수행된 연구임
(NRF-2021S1A5C2A02089018)

유교문화연구총서 29 | 비판유학 · 현대경학 총서 3 | 경학방법론 시리즈 1

전통적 경학 연구와 현대경학

김도일 · 배제성 엮음

예문서원

서문_ 전통적 경학 연구와 현대경학

김도일(유교문화연구소장)
배제성(유교문화연구소 전임연구원)

본서는 성균관대학교 유교문화연구소의 "경학방법론 연구총서" 3부작 중 첫 번째 권이며, 한국연구재단 인문사회연구소 지원 하에 2021년부터 진행되는 "비판유학·현대경학 연구센터"의 프로젝트 성과이다. 이 프로젝트는 유학이라는 학문이 현대사회의 현실적 문제들과 점점 멀어지고 있다는 인식에서 출발한다. 이에 유학의 생명력을 어떻게 부활시킬 것인지를 자문하고, 그 해결의 핵심을 경학 연구 방법에서 모색하고 있다. 유학의 중심을 이루는 경전 텍스트를 깊이 탐구하면서도, 이를 현대적 제문제에 대한 비판적 인식과 대안으로서 재생시키는 방법을 찾는 데 노력을 경주하고 있다. 구체적으로는 유가적 이상에 기반한 "겸손"과 같은 자기 수양 덕목을 탐색하고, 이를 바탕으로 현대사회에서 "조화"와 같은 공적 가치를 확보할 수 있는 정치 모델을 모색하고 있다. 그 일환이자 출발점으로서의 "경학방법론 연구총서"는 "현대경학"이라는 풋말 아래 진행되고 있는 노력의 중간 결과물이다.

"현대경학"의 기본은 여전히 경전을 정확하게 이해하는 데 있지만 이 과정에서 경전과 독자 간의 관계에 각별히 주목한다. 독서는 본질적으로 독자와 문헌 간의 상호작용이며, 이는 일종의 대화로 볼 수 있기 때문이다. 독자의 접근 방식과 태도에 따라 이 대화의 성격이 달라진다. 이를 구체적으로 살펴보면, 독자는 3인칭과 1인칭 시점 중 하나를 선택할 수 있다. 3인칭 시점은 문헌을 객관적인 대상으로 보고 내용을 파악하는 데 그치는 방식이다. 반면, 1인칭 독법은 독자가 스스로의 내면에도 주의를 집중하며, 단순한 정보 습득을 넘어서는 스스로의 변화를 추구한다. 현대경학에서는 특히 이러한 1인칭 시점의 독해 방법에 주목하고자 한다. 즉 독자가 과연 어떠한 내향적 주의집중을 통해서, 경전의 의미를 최대한 정확히 이해하면서도, 자신의 경험과 긴밀하게 연결된 한층 더 깊은 이해를 도모할 수 있는지 탐색한다.

사실 소위 1인칭 독법과 3인칭 독법은 서로 상충되는 것이 아니라, 실제로는 서로 보완적인 관계에 있다. 3인칭 관점에서 경전을 객관적으로 이해하려 노력할 때도, 독자는 자신의 편견을 제어해야 할 필요가 있고, 또한 경전과 이질적인 자신의 개념적 틀과 인식 체계에 대한 명확한 인지와 성찰이 필요하다. 이 역시 일종의 1인칭 독법이라고 할 수 있다. 그러나 현대경학이 궁극적으로 추구하는 1인칭 독법은 이보다 더 깊이 있는 것이다. 이를 '심층적 1인칭 독법'이라 칭하고자 한다. 이 독법은 독자 스스로의 보편화 가능한 경험과 밀접하게 연결성을 유지하면서도 경전을 보다 정확하게 해석하는 데 초점을 둔다. 이때 독자는 자신의 경험과의 연관성 속에서 경전에 친숙하게 다가설 수 있게 되고, 경전은 독자의 현재적 경험에 대한 설명력과 현실에 대한 비판적인 시각을 제공할 수 있게 된다.[1]

현대경학에서 추구하는 심층적 1인칭 독법을 더 구체적으로 논하기 전에, 기존 경학 연구의 전반적 경향을 살펴보는 것이 중요하다. 이 과정을 통해 심층적 1인칭 독법의 특징뿐만 아니라, 그 한계점도 명확히 설정할 수 있을 것이다. 이 독법은 경학 연구의 다양한 방법론 중 하나로, 다른 연구 방법들과의

---

1) '심층적 1인칭 독법'의 더 구체적인 특징과 방법에 대해서는 "경학방법론 연구총서" 3부작 중 3권에서 제시하도록 한다.

통합이 필요한 것이다. 현대경학은 이 시대 경전 연구들이라는 전체 그림 속에서 원만하게 안착할 때, 그 역할을 나름대로 감당할 수 있을 것이다.

우리 비판유학·현대경학 연구센터는 이러한 목적을 가지고 지난 3년 동안 여러 차례 학술대회를 기획하고 개최하였다. 2022년 5월 27일과 2023년 2월에 "현대경학의 방법론적 모색 I — 경학의 시대에서 현대의 경학까지"와 "현대경학의 방법론적 모색 II — 21세기 성리학 연구 어떻게 할 것인가"라는 주제로 두 번의 대회를 개최하였다. 이 중 첫 번째 학술대회의 목적은 경학의 전통적인 연구 방식을 종합적으로 조망하고, 현대적인 경학 연구의 방향을 모색하며 토론하는 데 있었다. 여기에 편집된 글들은 바로 이 대회의 발표문들을 전체 취지에 맞게 수정한 옥고들이다.

이 1권에 수록된 논문들을 관통하는 핵심 질문은 "과거 시대의 사람들은 경과 주석을 어떻게 읽었는가?"로 요약된다. 본서는 바로 이 질문에 답하는 다양한 경전 연구의 양상들을 탐구하는 데 중점을 둔다. 경학의 긴 역사 속에서 '과거'라는 개념은 단순한 한마디로 정의될 수 없다. 다양한 시대와 인물들이 각기 다른 방식으로 경을 읽어 낸 방식, 즉 "어떻게"의 구체적인 의미는 여러 갈래로 나뉜다. 본서의 다양한 접근 방법은 우리가 이 다양성을 포착하는 데 도움을 줄 것이다. 각 논문은 경학의 역사적 맥락과 그 시대의 사람들이 경전과 주석을 어떻게 이해하고 적용했는지에 대한 깊이 있는 분석을 제공한다.

우선 최석기와 엄연석의 논문은 각기 다르지만 공통적으로 거시적인 관점에서 경학 연구의 흐름과 규모를 짚어 준다. 각각 경학사 전체를 아우르는 거시적인 분류 체계와 틀을 제시한다. 하지만 구체적인 접근 방식에는 차이가 있다. 최석기의 「한국경학 연구의 회고와 향방 — 경학 연구 방법의 모색을 겸하여」는 통시적 관점을 통해 중국과 조선의 경학을 분석한다. 이 책에서는 경학의 개념과 범주를 명확히 하고, 현대 한국경학 연구의 동향을 정리한다. 또한, 주목해야 할 핵심 문제점들을 지적한다. 이러한 분석은 한국경학의 본질과 미래 연구 방향 설정이라는 중요한 논점으로 이어진다.

한편, 엄연석의 「조선 초기 경학사상의 문화다원론적 특징 — 미시적 접근과 거시적 접근을 중심으로」는 조선 초기라고 하는 더 짧은 시기를 다루되, 리기론, 심성론, 경세론, 그리고 더 나아가서는 당대의 전반적인 문화현상까지 아우르는 종합적인 시각에서 경학의 규모를 조망한다. 과거의 경학을 파악하는 데 중점을 두면서도 미시적 접근과 거시적 접근, 그리고 "문화다원론"적 접근과 같은 새로운 분석의 틀을 적용한다는 점이 이 논문의 특징이다. 이 논문을 통해 우리는 전통의 경학을 있는 그대로 조망하는 자세를 견지하면서도 새로운 틀로 경전을 해석하는 실마리를 얻을 수 있다.

그 다음으로, 김동민의 논문 「경학 금고문 논쟁의 경학사적 의미 — 공양학과 좌씨학의 대립을 중심으로」는 중국 경학사에서 중요한 사례인 '금고문 논쟁'을 통해 경학 연구의 발전 과정을 조명한다. 이 논쟁은 경학 연구의 두 주요 관점, 즉 철학적 접근에 가까운 '의리義理' 중심적 접근과 역사적 고증을 강조하는 사학적 접근 사이의 경합을 드러낸다. 금고문 논쟁은 당시 학문적 권력을 가진 금문경학자들과 고문경학자들 간의 대결로, 지식권력을 둘러싼 경쟁의 성격을 띤다. 하지만 경학사의 보다 넓은 관점에서 볼 때, 금문경학과 고문경학 간의 경쟁은 두 경학 이론의 더 정교한 발전을 가져왔다는 점이 중요하다. 이 논문은 경학이라는 공통의 주제를 다루는 과정이라도, 시대에 따라 그 해석 과정에서는 다양한 방식으로 문제의식과 쟁점이 발생할 수 있음을 보여 준다. 동시에, 이러한 문제들을 관통하는 보편적인 문제와 접근 방식도 발견할 수 있다는 점을 시사한다. 이는 경학 연구가 단순히 과거의 학문적 논쟁에 국한되지 않고, 시대를 초월한 보편적 가치와 의미를 탐구하는 학문임을 보여 준다.

이 외에 세 논문은 현대유학 연구에서 널리 사용되는 심성론, 경세론, 우주론이라는 세 가지 범주에 속하는 경학 연구 사례들이다. 이러한 분류는 풍우란의 『중국철학사』에서도 사용된 바 있다.[2] 이 세 범주가 중요한 이유는, 그들이 포괄하는 주제의 폭이 전통사회에서 유학이 가졌던 보편학으로서의 위상을 보여 주기 때문이다. 과거의 경전은 인간, 사회, 우주의 모든 영역을 아우르는 총체적 지혜의 보고로 여겨졌던 것이다. 아래 소개될 논문들은 이 각각의 영역과 문제에 초점을 맞춘다. 우리는 이를 통해 각 영역에서의 경학 연구 방법에 대해 가늠할 수 있다. 각 논문들은 경학이 단순히 고전적인 텍스트의 해석에 국한되지 않고, 인간과 사회, 우주에 대한 깊은 이해와 통찰을 제공하는 학문으로서의 역할을 수행한다는 것을 보여 주는 데 노력을 경주하고 있다.

우선 이영호의 「퇴계학退溪學 혹은 학퇴계學退溪의 사이」는 내성內聖을 이해하는 방식을 중심으로 경학의 발전과 분화 양상을 보여 준다. 즉, 성인됨을 추구하는 심성학에 몰입하는 과정에서 드러나는 경전의 의미에 주목하는 것이다. 퇴계학의 핵심을 이루는 "내성학內聖學"이라는 분야의 특징은 그것이 궁극적으로는 마음의 내적 체험의 영역에 연관되기 때문에 교육을 통해 직접적으로 전달하기가 어렵다는 점이다. 따라서 퇴계의 가르침과 그것이 후학에게 받아들여지는 과정으로서의 배움 사이에는 일종의 괴리가 있을 수도 있고, 또 후학들 사이의 이해의 차이로 인한 사상적 분기도 초래될 수 있었다는 것이 이영호의 관점이다. 즉 퇴계의 학문과 퇴계를 배우고자 하는 제자들 사이의 맥락, 즉 퇴계학退溪學과 학퇴계學退溪의 차이가 드러난다는 것이다. 이 논의는 성리학자들의 경전 읽기와 마음공부 사이에 놓인 밀접한 관련을 우리에게 잘 보여 준다.

송재윤, 강경현, 윤석호의 논문은 모두 경세론의 관점에서 경학 연구를

---

2) 풍우란, 박성규 역, 『중국철학사』 상권(서울: 까치글방, 1999)의 서론을 참조.

탐구한다. 이들 논문은 경학이 어떻게 정치와 사회에 적용되고 해석될 수 있는지를 보여 준다. 송재윤의 논문 「경經의 통치 — 남송대(1127~1279) 봉건 논쟁」은 유학 경전에 기반한 봉건제라는 정치적 이상이 송대 사대부들의 정체성 및 현실적 조건과 어떻게 상호작용하는지를 분석한다. 이 논문은 진한秦漢시대 이후 중화제국의 행정구조가 군현제를 기반으로 하면서도, 한무제漢武帝시대부터 유가 경전에서 제시된 고대 봉건제도가 이상적인 제도로 간주되었다는 점에 주목한다. 이러한 군현제의 현실과 봉건제의 이상 사이의 긴장은 중국 철학사와 정치사상사에서 중요한 논쟁을 불러일으켰다. 송재윤의 논문은 특히 남송대 봉건론의 배경에 있는 향촌사회의 재건을 위한 사대부 공동체론을 탐구한다. 이는 경학이 단순히 이론적인 학문에 그치지 않고, 실제 정치적, 사회적 맥락에서 어떻게 적용되고 해석될 수 있는지를 보여 주는 중요한 사례이다.

강경현의 논문 「조선시대 경연에서 『서경』 「우공」편 강독의 의미」는 조선시대 경연에서 『서경』의 「우공」편이 중요하게 다뤄진 배경과 그 의미에 주목한다. 경연은 군주와 신하가 유가 경전을 함께 읽고 토론하는 장으로, 유가적 가치에 기반한 국가 운영의 이념과 이상을 공유하는 목적으로 시행되었다. 「우공」편은 조선시대 경연에서 중요한 텍스트였다. 이 문헌은 유가의 모범적 군신인 삼대 성군과 현신에 대해 기록하고 있으며, 수기修己, 인정仁政, 군신공치君臣共治와 같은 유가 왕정의 이념을 담고 있다. 17세기 조선에서 대동법의 시행이 제안될 때, 「우공」편은 조세제도의 근거로서 경연을 통해 재성찰되었다. 강경현의 논문은 조선의 경연에서 이 편이 어떻게 왕정과 성학의 전형으로 해석되었는지를 분석한다. 이를 통해 조선시대 경연이 유가 경전을 통해 경세의 실제적 문제에 대한 모범과 통찰을 얻는 경세학으로서 가지는 경학의 면모를 보여 준다. 이는 경학이 단순히 고전 해석에 그치지 않고, 실제 정치적, 사회적 문제 해결에 기여할 수 있는 실용적인 학문임을 드러낸다.

윤석호의 논문 「19세기 조선 유자의 직업론과 경학 — 민인의 '직업인으로의 재판에 대한 경학의 가능성과 한계를 시각으로」는 19세기 조선에서 변화된 사회 상황 속에서 노동과 직업에 대한 새로운 관점을 모색하는 과정에서 경전이 어떻게 이중적인 역할을 했는지를 탐구한다. 이 논문은 경전이 한편으로는 노동과 직업에 대한 새로운 관점을 지지하는 비판담론으로 기능했으며, 다른 한편으로는 그러한 변화를 억제하는 근거로도 작용했다는 점에 주목한다. 윤석호는 이를 통해 시대상황에 대한 대응과 경학이 어떻게 상호작용하는지를 분석한다. 이는 경학적 지혜가 시대적 상황에 어떻게 적용되고 활용되었는지, 그리고 그 한계는 무엇인지를 보여 준다. 또한, 저자는 유학적 관점에서 국가로부터 자유롭고 보편적인 덕성을 찾아낼 수 있다면, 오늘날의 직업 세계에서도 유의미한 가치를 제공할 수 있다는 긍정적인 전망을 제시한다. 이 논문은 경학이 단순히 고전적인 텍스트의 해석에 국한되지 않고, 현대사회의 실제적인 문제, 특히 노동과 직업에 대한 이해에 어떻게 기여할 수 있는지를 보여 준다.

　　마지막으로 이행훈의 논문 「최한기의 경학관 — 성경聖經에서 천경天經으로」는 우주론과 포괄적인 세계관과의 관련성을 통해 경학의 변화 양상을 탐구한다. 이 논문은 시대적 변화에 대응하면서 경전의 가치에 대해 회의적인 태도를 취하면서도, 그 안에 담긴 지혜에 대한 신뢰를 유지하려는 최한기의 노력을 조명한다. 최한기는 요순과 주공을 모범적인 성인으로 인정하면서도, 그들을 신성화하거나 그들의 말과 행동에 절대적인 권위를 부여하지 않았다. 그는 성인이 쓴 '성경'이 궁극적으로는 변화하고 운동하는 객관 세계, 즉 '천경'에 근거한다고 주장했다. 최한기는 이러한 관점에서 공자와 맹자를 포함한 유가의 인간 이해를 심학이나 리학의 틀이 아닌 운화와 기학으로 재해석했다. 이 논문은 최한기가 조선성리학에서는 찾아볼 수 없는 독특한 해석을 제시했다는 점에서 그를 경학적 탐구 대상으로 중요하게 평가한다. 최한기의 접근 방식은 경학이 단순히 고전적인 텍스트의 해석에 국한되지 않고, 보다 넓은 우주론적이고 포괄적인 세계관으로 확장될 수 있음을 보여 준다.

위에서 서술했듯이, 1부에서는 경학사를 거시적 관점에서 조망하고, 역사적 과정 속에서 서로 다른 관점이 경합하는 양상을 살펴본다. 또한 심성론, 경세론, 우주론 등을 중심으로 전개된 경학의 다양한 측면들을 종합적으로 분석한다. 이를 통해 현재 학계에서의 경학 연구의 주요 경향들을 파악할 수 있을 것이다. 본서는 비록 현재 학계 전체 경학 연구의 광범위한 영역을 모두 포괄하지는 못하지만, 그 대략적 경향을 이해하는 데 필요한 중요한 통찰을 제공할 것이다.

이 1부는 현대경학 연구의 자취를 따라가는 데 중점을 두었지만, 실제로 우리가 또한 파악할 수 있었던 것은 과거 경학가들의 연구 방식이기도 하다. 우리는 그들이 자신이 속한 시대의 시급한 문제들에 주목하고, 그에 대한 적극적인 대응을 자신의 경학 연구에 반영하였음을 알 수 있다. 이는 과거 경학가들이 경전에 접근하는 나름의 방식들을 통해 그 시대의 문제에 대응하는 방법을 모색했다는 것을 잘 보여 준다.

그렇다면 우리 앞에 남겨진 중요한 과제는 어떻게 과거 경학가들이 했던 것처럼 경전에 접근할 수 있는가 하는 문제이다. 이는 현대사회에서 경학이 어떻게 적용되고 연구될 수 있는지, 그리고 그것이 우리 시대에 어떤 의미를 가질 수 있는지에 대한 더 깊은 이해와 탐구를 요구한다. 이 1부와 더불어 2부와 3부에서는 이 문제에 대한 더 구체적인 답을 찾기 위하여 경학 방법론에 대한 추가적인 검토가 이루어질 것이다.

차례

제1장 한국경학 연구의 회고와 향방*
─ 경학 연구 방법의 모색을 겸하여

최석기

1. 들어가며

현대 학문에서 '경학經學'이란 용어는 아직 낯설기만 하다. 인문학을 공부하는 학생들에게 '경학이 무엇인가?'라고 물어보면, 대부분 고개를 갸우뚱한다. 이처럼 경학은 우리 시대 이미 역사의 뒤안길로 밀려난 학문이 되어 버렸다. 이런 현실을 있는 그대로 인정한다면, 먼저 '경학이란 무엇인가?'라는 물음을 던지는 것이 유효하며, 이런 화두를 풀기 위해 먼저 경학의 개념 및 범주 등에 관한 논의가 필요하다. 그리고 다시 한국경학 연구에 대한 회고를 통해 나아갈 방향을 모색해 볼 필요가 있다.

경학은 중세 동아시아의 보편적 이념을 제공한 유가 경전을 연구하는 학문이다. 유가 경전은 중국 주周나라 때 공자孔子에 의해 편찬되었는데, 그것이 전해지는 과정에서 여러 차례 변개變改가 일어났고, 또 해석하는 시각이나 방법

---

* 본 논문은 성균관대 유교문화연구소 비판유학·현대경학 연구센터에서 개최한 제2차 전문가 초청강연(2022.3.11.)에서 발표한 원고를 수정 보완한 것임.

도 시대적 조류나 이념에 따라 서로 달라졌다. 그뿐만 아니라 경전이 동아시아 여러 나라로 전파되면서 그 사회의 시대적 요구에 의해 중시하는 경전이 달랐고, 해석의 성향도 다르게 되었다. 비유하자면 식물의 종자가 그 지역의 풍토에 맞게 적응하듯이, 경학도 그 시대 그 지역의 풍토에 맞게 뿌리를 내린 것이다. 이런 점을 고려하면 경학 연구는 문화다원론적 시각으로 접근할 필요가 있다.

한국경학 연구는 거시적으로 보면 중국경학의 도도한 흐름 속에서 교섭하고 있기 때문에 동아시아 경학이라는 큰 틀 속에서 보편성과 특수성을 아울러 찾아야 하며, 또한 우리나라 사상사적 흐름 속에서 불교, 도교, 민속 등과 상호 영향 관계를 살펴보아야 한다. 그리고 미시적으로 경학의 영역에 국한하면 우리나라 역대의 사상사적 조류 속에서 어떤 경전을 중시하고 어떤 가치를 중시했는지를 살펴볼 필요가 있으며, 또 시대별로 어떤 문제들이 각 경전 해석의 중심으로 등장하고 있는지를 찾아보아야 할 것이다. 그런 뒤에 경전별로, 경학가별로 문제의식을 도출해 내고 해석의 동이득실同異得失을 분석하여 특징과 의미를 찾아야 할 것이다.

이러한 연구 방법은 지난至難하지 않을 수 없다. 우선 동아시아 사상사적 흐름을 이해해야 하고, 우리나라 사상사의 흐름을 알아야 하며, 시대별 학문 성향을 간파해야 그 특성을 파악할 수 있다. 예컨대 조선시대 경학을 연구하자면, 조선시대가 사대부 시대라는 점과 사인士人들이 송대 성리학을 받아들여 새로운 세상을 건설하고자 한 점을 중시하지 않아서는 안 된다. 『대학』 팔조목의 치국治國·평천하平天下에 대해 전제군주가 독단하던 시대에는 이를 제왕帝王의 일로 보았지만, 사대부 시대에는 사대부들도 치국·평천하하는 일에 참여할 수 있다고 생각하였으니, 해석의 관점이 크게 달라진 것이다.

또한 조선시대에는 명나라 호광胡廣 등이 황제의 칙명을 받아 만든 사서오경대전본四書五經大全本이 유가 경전을 학습하는 교과서가 되었기 때문에 이 판본을 중시하지 않을 수 없다. 그리고 종래의 십삼경 또는 사서오경 체제가 16세기 이후 사서삼경으로 정착하여 선조·광해조 때 사서삼경만 언해한 점, 16세기 사화기에 신진사류들이 『소학』과 『대학』을 중시한 점 등을 도외시하고서는 조선 경학을 제대로 파악할 수 없을 것이다. 기실 기왕의 경학 연구를 회고해 보면 이런 점이 적지 않게 발견된다. 이러한 보편적 인식의 틀을 무시하고 한 분야, 한 영역에 국한하여 연구하면 전체를 보지 못하고 지엽만을 보는 잘못을 범할 수 있다.

2. 경학의 연구 분야 및 개념·범주의 문제

① '경학'이란 개념을 논의하기 전에 우선 경학의 학문 분야가 어디에 속하는지를 살펴보기로 한다. 국민의 정부(1998.02~2003.02)가 들어선 뒤 한국학술진흥재단이 새로운 모습으로 바뀌어 갈 때였다. 처음으로 '선도자 연구지원'이라는 항목이 생겨, 필자는 의욕적으로 연구신청을 위한 준비를 했다. 그런데 막상 신청하려고 하니, '한국경학'은 신청할 분야가 없었다. 당시에는 한문학漢文學도 국문학國文學의 '고전문학古典文學' 속에 들어 있을 때였으니, '한국경학'이라는 분야가 있을 리 만무했다. 국문학의 고전문학에 응모해 봤자 떨어질 것은 불보듯이 뻔했다. 궁여지책으로 '한국철학韓國哲學'의 분야에 들어가 신청했는데, 결과는 보기 좋게 낙방이었다. 이처럼 불과 20여 년 전까지만 해도 한국경학은 연구신청을 할 분야조차 마땅하지 않았다.

그런데 2000년대로 들어와 분위기가 많이 달라졌다. 한국연구재단의 '연구분야 분류표'에 의하면, '중국경학'은 '인문학＞중국어와 문학＞중문학＞경학(중문학)'으로 분류되어 있고, '한국경학'은 '인문학＞한국어와 문학＞한문학＞한국경학'으로 분류되어 있다. 몇 년 전까지만 해도 한문학이 국문학의 고전문학에 들어 있었고, 한문학 분야가 생긴 뒤에도 한문학은 '한시'와 '산문'으로 분류되는 것이 고작이었다. 그런데 '한국어와 문학'이라는 분야에 '국어학'·'국문학'·'국어교육'·'한문학' 네 분야로 나누고, '한문학'의 분야는 다시 '한시'·'한문 산문'·'한문 소설'·'한문 비평'·'한국경학'·'한문 교육'·'한자학 어학' 등 일곱 개로 세분화되었다.

이 분류에서 우리가 주목할 점은 '한국경학'이나 '중국경학'이 모두 철학 분야에 들어 있지 않고, 문학 분야에 들어 있다는 것이다. 경학은 철학과 근접하게 느껴진다. 실제로 초기 경학을 연구한 분들은 대부분 철학 전공자다.[1] 그런데 지금은 왜 한문학의 분야에 들어 있는 것일까? 철학 전공자의 입장에서 보면 의아하게 여길 일이다.

경학은 사상思想의 기저基底이고, 철학은 사상思想의 정화精華이다. 사상의 기저를 탐구하는 일은 텍스트 전체를 잘 이해해야 하고, 그에 따른 이설異說들을 축조심의逐條審議 하듯이 정밀하게 살피는 작업이 전제되어야 한다. 오늘날 한국 철학 분야에서는 사상의 정화에 해당하는 형이상학적 명제들을 탐구 대상으로 삼고 있다. 예컨대 『조선 유학의 개념들』[2]이란 책의 목차를 보면, 태극太極·리기理氣·음양오행陰陽五行·귀신鬼神·천지天地·천인지제天人之際·본연지성本然之性·기질지성氣質之性·심통성정心統性情·인물지성人物之性·사단칠정四端七情·인심도심人心道心·미발이발未發已發·지각知覺·함양성찰涵養省察·격물치지格物致知·지행知行 등으로 구성되어 있다. 이 책의 소제목이 말해 주듯이, 한국철학의 영역에서는 이러한 철학적 주요 명제를 해명하는 데 관심이 집중되고 있다.

---

1) 경학에 대한 본격적인 연구는 1960년대 李乙浩·李丙燾에 의해 시작되었다. 그 뒤 1970년대에도 그 연장선상에서 이을호·柳正東·李廌衡·尹絲淳 등에 의해 연구가 진행되었다. 이 가운데 이병도를 제외하고는 모두 철학을 전공한 학자들이다.
2) 한국사상사연구회 편, 『조선유학의 개념들』(예문서원, 2002).

이런 연구는 사상思想의 정화精華를 해명하는 일이므로 사상사 연구에서 가장 중요한 일임이 틀림없다. 그러나 경학을 연구하는 데 있어 이와 같은 방법이나 시각을 위주로 한다면, 텍스트 전체를 검토하지 않고 특정 명제만을 가려 뽑아 논의하는 폐단이 발생할 것이다. 즉 전체를 보지 못하고 나뭇가지 끝에 핀 꽃만 보는 경우가 다반사일 것이다.

예전의 경학가들도 이런 주요 명제에 대해 논설을 편 경우가 많지만, 경학 자료는 대체로 경전의 문구를 따라 해석하면서 차의箚疑하거나 변의辨疑한 것들이다. 따라서 경학 연구가 이런 주요 명제에만 매달린다면, 전체를 보지 않고 일부에만 천착하는 잘못을 범할 가능성이 매우 높다.

경학이 한문학의 분야에 들어 있다고 해서 경학 연구를 한문학 분야의 전유물로 여겨서는 곤란하다. 경학 연구는 어느 특정 학문 분야의 독점물이 되어서는 안 된다. 다행히도 지금 우리나라 경학 연구는 크게 세 분야에서 진행되고 있다. 하나는 한국철학의 분야이고, 하나는 한문학의 분야이고, 하나는 국사학의 분야이다. 심지어 사회학 분야에서 연구하는 연구자도 있다.[3] 어찌 보면 문·사·철의 각 분야에서 균형 있게 연구되고 있어서 어느 한쪽으로 편향되어 있지 않고 상호 견제와 조화를 통해 균형을 유지할 수 있다는 장점이 있다. 앞으로도 한국경학 연구는 여러 분야에서 다양한 방법으로 연구가 함께 진행되어야 할 것이다.

② 다음은 '경학의 개념을 어떻게 정의할 것인가?'라고 하는 문제를 논의해 보기로 한다. 기실 우리나라 현대 학문 체계에서 경학의 개념이나 범주 등의 문제에 대한 본격적인 검토나 담론이 별로 없었다.[4] '경학'이란 한마디로 '유가 경전을 해석한 학문'이라 할 수 있다. 이에 이의를 제기하는 사람은 없을 것이

---

3) 鄭一均, 『茶山 四書經學 硏究』(일지사, 2000).
4) 金慶天, 「韓國에 있어서 經學硏究의 現況과 課題」, 『중국학보』 제38집(1998) 참조.

다. 문제는 이런 개념 정의에서 '유가 경전의 범주를 어떻게 볼 것인가?', '해석의 의미를 어떻게 볼 것인가? 하는 점이 관건이다. 이를 논의하기 위해 도식적으로 '경학'이란 용어가 언제부터 어떤 뜻으로 쓰였는가를 중국 전적에서 모두 찾아 미시적인 관점으로 논의를 장황하게 이끌고 나갈 필요는 없다.

한漢나라가 들어선 뒤 유가사상이 정치적 이념으로 정착되면서 유가 경전은 학문의 주요 교과목이 되었고, 경전마다 박사가 세워져 전문적으로 특정 경전을 연구하는 풍토가 조성되었다. 당시는 진시황秦始皇 때의 분서焚書・갱유坑儒를 거친 시기로, 세상에서 사라졌던 경전을 복원하는 과정이었기 때문에 자구字句에 대한 훈고訓詁가 주류를 형성하였다. '훈고'란 '언어로써 언어를 해석하는 것'을 말한다.5) 즉 '이 지역의 언어로 저 지역의 언어를 해석'하거나, '현재의 언어로 과거 언어를 해석'하는 것을 훈고라 할 수 있다. 한나라 때 경전을 복원하면서 훈고가 성행하였던 것은, 한나라 때의 언어・문자와 주周나라 때의 언어・문자가 달랐기 때문이다.

이런 학풍은 위진남북조魏晉南北朝시대를 거쳐 당唐나라에 이르러서는 의소학義疏學으로 발달하여, 자구字句의 뜻을 풀이하는 정도에서 그치지 않고 자구나 구절句節의 의미를 해설하는 단계로 나아갔다. 이는 비단 유가 경전의 해석에서 나타난 풍조일 뿐만 아니라, 불교 경전의 해석에서도 나타나는 현상으로 그 시대의 일반적인 사조思潮였다고 보인다.

그러다 송대宋代에 이르면, 이처럼 지리하고 장황하게 해설하는 학풍에 대해 반성이 싹트게 되어, '경문經文에 담긴 본지本旨가 무엇인지를 찾자'는 의리義理 위주의 해석이 유행하기 시작하였다. 이런 송대의 새로운 학풍은 유학의 사유 체계를 새롭게 구성하여 신유학新儒學을 창조하였고, 도교와 불교의 성행

---

5) 楊端志, 『訓詁學』 上卷(山東文藝出版社, 1992), 8쪽 참조.

으로 위축되었던 유학을 새롭게 부흥시켰다. 이처럼 참신한 역할을 하던 송학宋學의 의리주의義理主義 해석도 후대로 내려오면서 자구字句의 훈고訓詁를 통하지 않고 제멋대로 경문經文의 의리義理를 논하게 됨으로써 억측臆測과 추단推斷의 폐단이 발생하게 되었다. 그리하여 이에 대한 반성으로 명말청초明末淸初에 이르러서는 한학漢學으로 돌아가자는 구호 아래 고증학考證學이 나타나게 되었다.

이처럼 중국경학은 전시대의 학풍에 대한 반성을 통해 그 폐단을 극복하기 위한 새로운 방법이 부단히 제기되면서 발전해 왔다. 즉 전대의 설에 대한 비판적 수용과 새로운 방법론의 모색이 끝없이 강구되면서 발전해 온 것이다. 이런 중국경학의 역사를 돌이켜 보면, '경학은 훈고訓詁·의리義理·고증考證 등의 방법으로 유가 경전에 대해 해석한 학문'이라 정의할 수 있을 것이다.

일단 경학의 개념을 위와 같이 정의하고 나면, '유가 경전의 범주를 어떻게 규정할 것인가?', '해석의 범주를 어디까지로 한정할 것인가? 하는 문제가 대두된다. 먼저 '경학의 범주를 어떻게 규정할 것인가?'를 생각해 보기로 한다. 경학의 범주는 시대마다 다르게 일컬어졌기 때문에 일률적으로 단정하기는 어렵지만, 오늘날의 관점에서 보면 일단 북송北宋 때 확정되어 그 후 기본 경전으로 일컬어진 '십삼경十三經'을 기본 경전으로 보지 않을 수 없다.[6]

공자 이후로 유가 경전은 기본적으로 『시詩』·『서書』·『예禮』·『악樂』·『역易』·『춘추春秋』 등 육경六經 체제였다. 그러다 한漢나라 때에 이르러서는 육경 중 『악경樂經』이 빠지면서 오경五經 체제가 되었다. 그 후 당唐나라 때에 이르면 구경九經 체제가 되고, 북송北宋 때에 이르러서는 십삼경十三經 체제로 확정되었다. 그리고 비로소 한漢나라 때부터 북송 때까지의 설이 이 십삼경주소十三經注疏

---

6) 십삼경에 대해 근세 중국의 학자 蔣伯潛(1892~1956)은 『주역』·『상서』·『시경』·『주례』·『의례』·『춘추』만 經으로 보고, 『예기』·『논어』·『효경』·『이아』는 記로, 『춘추좌씨전』·『춘추공양전』·『춘추곡량전』은 傳으로, 『맹자』는 제자류로 보았다.(최석기·강정화 역, 『유교경전과 경학』, 경인문화사, 2002)

로 정리되었다.

한편 남송南宋 때 주희朱熹는『예기禮記』의 한 편으로 들어 있던「대학大學」과
「중용中庸」을 별책으로 독립시키고,『논어』·『맹자』와 합쳐 사서四書 체제를 만
들었다. 그리고 이 사서의 해석에 심혈을 기울여 종래의 설과는 다른 새로운
주석을 많이 더하여, 이른바 신유학의 새로운 지평을 열었다.

주희 이후로『대학』과『중용』은 신유학의 이념을 담은 주요 경서로 등장하
였고, 종래의 오경 체제는 이른바 사서오경四書五經 체제로 바뀌었다. 따라서
이때부터는 십삼경이 아니라 실제로 십오경 체제가 되었다. 주자학이 원元·명
대明代에 성행함으로써 명나라 초에는 주자의 주석을 위주로 하면서 송·원대의
주석을 소주小註로 덧붙인 이른바 사서오경대전본四書五經大全本이 간행되어 명대
이후의 교과서로 자리를 잡았다. 이로부터『대학』·『중용』도 공식적으로 경서
의 권위를 부여받았다.

이렇게 볼 때, 오늘날 경학 연구에 있어서 경학의 범주로 넣을 수 있는
경서는 모두 아래와 같은 15종이 기본이 된다. 그리고 조선시대에는 주자가
만든『소학小學』이 경서와 같은 반열에 올라 경서와 다를 바 없었다. 실제로
현대까지 생존한 김황金榥(1896~1978)은 사서오경에『소학』을 더하여「경학십도
經學十圖」를 그렸다. 따라서『소학』을 더하면 연구 대상 경서는 모두 16종이
된다.

조선시대 경학사를 서술하고자 하면, 기실 이러한 16종의 경서를 범주로
하지 않을 수 없다. 그런데 여기에 또 덧붙일 것이 있다. 바로 16세기부터
경서 못지않게 중시한『근사록近思錄』과『심경心經』을 어떻게 할 것인가 하는
문제이다. 이익李瀷은 사서삼경四書三經에 새로운 주석을 가하고, 이어『소학』·
『근사록』·『심경』·『가례家禮』를 더하여 11종의 질서疾書를 저술하였다. 이는
18세기의 기본 경서가 이 11종의 경서임을 말해 준다.『가례』는 예학禮學에

관한 것이니 제외하더라도『근사록』과『심경』은 조선 경학사를 기술하면서 결코 도외시할 수 없는 서책임이 분명하다. 이 2종의 서책은 조선 중기 이후 실제로 사서삼경을 제외한 다른 경서보다 더 중시되고, 심도 있는 연구가 이루어졌으니, 이를 제외하면 조선 경학이 걸어온 길과 동떨어진 논의가 될 수 있다. 이런 관점에서 '유가 경전의 범주'를 설정하면 아래의 경서가 모두 포함될 수 있다.

- 四書類: 『大學』·『中庸』·『論語』·『孟子』
- 五經類: 『詩經』·『書經』·『周易』·『禮記』·『儀禮』·『周禮』· 『春秋左氏傳』·『春秋公羊傳』·『春秋穀梁傳』
- 기타: 『孝經』·『爾雅』·『小學』·『近思錄』·『心經』

『심경』은 삼경三經과 사서四書에서 주로 뽑은 글이므로 경전에 넣을 수 있다. 『근사록』은 북송대 학자들의 설을 위주로 한 것이기 때문에 논란의 소지가 있지만,『예경禮經』을 해석한 후학의 글을 '고기古記'로 본 사례에 비추어 보면 기記에 속하는 서책이라 할 수 있다. 성인의 말씀을 기록한 경經, 현인이 경經을 부여한 전傳, 후학이 경전經傳의 의미를 재해석한 기記, 이렇게 경전의 범위를 확장하면『근사록』도 경전의 범주에 넣을 수 있다. 또한『소학』은 조선시대 『대학』과 불가분의 관계에 있는 서책으로 중시되었으니, 실제로 '유가 경전의 범주'에 들어 있었다고 보아야 할 것이다.

이렇게 보면, 십삼경에『대학』·『중용』을 더하면 15경이 되고,『소학』·『근사록』·『심경』을 더하면 18경이 된다. 다만『소학』만을 '유가 경전의 범주'에 넣고,『근사록』과『심경』을 제외하면 모두 16경이 될 것이다. 이에 대해서는 학계에서 충분한 논의가 이루어져야 할 것이다.

③ 다음은 오늘날 경학 연구에 있어서 '해석의 범주를 어디까지로 한정할 것인가?'라고 하는 문제를 생각해 보기로 한다. 오늘날의 관점에서 볼 때, 위 16종, 또는 18종의 경전에 대해 해석하거나 연구한 경학적 성과물 중에서 '어디까지 경학 연구의 범주에 넣을 것인가? 하는 문제가 제기된다. 예컨대 『예기』의 한 구절을 해석한 경우라면, 그 설이 아무리 장황하더라도 경학 연구의 범주에 넣어야 할 것이다. 그러나 『예기』의 구절을 인용하여 자신의 예설禮說이나 예학 禮學을 전개한 경우는 일단 경학 연구의 범주에서 배제하는 것이 바람직할 것이다. 성리설性理說도 마찬가지이다. 예컨대 『대학』의 '명덕明德'을 해석하면서 심통성정心統性情 또는 심합리기心合理氣로 해석한 것은 경학의 범주에 들어오지만, 이와는 별개로 심통성정 또는 심합리기를 논한 것은 해석의 범주에서 배제하는 것이 바람직할 것이다. 그리고 『대학연의大學衍義』처럼 연의류衍義類는 『대학』을 해석한 서책이 아니고 사례를 모아 놓은 것이므로 해석의 범주에 넣지 않는 것이 바람직할 것이다.

위 16종 또는 18종의 경전에 있는 문구를 해석한 것이라면 경학 연구의 범주에 넣어야 하겠지만, 그렇지 않은 경우라면 제외하는 것이 바람직하다. 따라서 '해석의 범주'도 '16종 또는 18종의 유가 경전을 텍스트로 한 것인가?', '그렇지 않은 것인가?'를 기준으로 구분하는 것이 좋을 것이다.

3. 한국경학 연구의 회고

1) 경학 연구의 시기별 성향

경학이 현대 학문 체계에서 연구되기 시작한 것은 반세기밖에 되지 않는다.

그렇지만 편의상 이를 10년 단위로 나누어 시기별 연구 성향을 살펴보도록 하겠다. 이 글에서 분석한 자료는 1958년부터 2002년까지 연구된 논저論著를 대상으로 하였다. 2002년 이후 오늘날까지 한국경학 연구는 신진연구자가 다수 늘어나 연구의 지평이 넓어지고 경서별로 전문연구자가 생겨났는데, 필자가 이 기간의 연구 성과를 모두 조사해 분석하지 못했음을 미리 밝혀 둔다.

① 광복 이후부터 1950년대까지는 유학儒學이 우리 민족사에 부정적으로 기능하였다는 일반적 통념 때문에 유학 연구는 거의 시도되지 못하였다. 그러다 50년대 후반 몇몇 역사학자들에 의해 조선 후기의 실학사상이 주목받기 시작하였고, 1960년대에 들어와 이런 분위기는 더욱 고조되었다. 이 시기 역사학계에서는 식민지 사관을 극복하고 민족사관을 정립하자는 자각적 반성이 제기되었으며, 그에 따라 내재적 발전론에 입각한 사회경제사 연구가 시작되었다. 그리하여 조선 후기 사회에서 근대적 맹아를 검출하는 방향으로 연구가 활발해짐에 따라, 조선 후기의 사회경제적 변동에 따른 사상적 변화로서 실학사상이 활발히 연구되었다.[7]

② 1960년대의 대표적인 실학사상 연구자로는 천관우千寬宇를 꼽을 수 있다. 천관우는 「반계 유형원 연구」(『역사학보』 제2집·제3집)와 「한국실학사상사」(『한국문화사대계』 제6책)에서 실학實學을 중심으로 하는 조선 후기 유학사儒學史의 재구성을 시도하였으며, 실학을 실정實正·실증實證·실용實用으로 파악하고 근대지향적 성격과 민족주의적 성격을 가진 사상으로 파악하였다. 이처럼 천관우 등에 의해 실학사상이 본격적으로 연구되기 시작하면서 경학에 대한 연구도 싹트기 시작하였는데, 그 선하先河를 연 연구자가 이을호李乙浩이다. 이을호는 정약용丁若鏞의 역학易學으로부터 경학 연구를 시작하였는데, 정약용의 경학을 '송대 정

---

7) 金恒洙, 「조선 후기 유학사상 연구현황」, 『한국 중세사회 해체기의 제문제』 하권(도서출판 한울, 1987).

주학程朱學을 극복하고 원시유학原始儒學인 수사학洙泗學으로 돌아가려는 사상'으로 파악하였다. 이 외에 역사학자 이병도는 박세당朴世堂의 경학을 반주자학적反朱子學的 사상思想으로 보았다.

이처럼 60년대는 실학 연구가 활발하게 일어나는 분위기 속에서 철학자나 역사학자가 조선시대의 지배 이념이었던 주자학에서 이탈하거나 이를 극복하려 한 정약용丁若鏞 · 박세당朴世堂 같은 경학가를 주목하여 그들의 경학을 연구하였다. 이들에 의해 한국경학 연구는 그 초석을 놓았지만, 이 시기에 생산된 연구 논문은 겨우 4편에 불과하다.

③ 1970년대에 들어오면, 실학 연구의 붐이 일어 역사학계를 중심으로 정치 · 경제 · 사회 등 각 방면에서 정치제도 · 신분제도 · 과거제도 · 토지제도 · 조세제도 · 병역제도 · 화폐제도 등에 관한 실학사상이 폭넓게 연구되었다. 이런 실학 연구의 활성화에 힘입어 경학 연구도 상당히 진전되었다. 이을호는 60년대의 연장선상에서 정약용의 경학에 주력하여 『대학공의大學公義』를 분석해 반주자학적反朱子學的인 것으로 보았고, 정약용의 유학을 '개신유학改新儒學'으로 명명하였다. 또 이 시기에는 한국철학계의 소장 학자들이 경학 연구에 참여하여 경학 연구자가 여러 명으로 늘어났다. 이 시기 경학 연구에 참여한 연구자로는 유정동 · 이지형 · 윤사순 · 서경요 · 김홍규 · 유칠로 · 김길환 · 송석준 등이 있다.

이 가운데 이지형은 이익李瀷과 홍대용洪大容의 경학관을 실학적 관점에서 파악하여 경학과 실학의 연관성을 추적하였음은 물론, 정약용 이외의 경학가를 다룸으로써 경학 연구의 저변을 확대하였다. 윤사순도 실학적 경학관의 특색을 밝혀 조선 후기 실학자들의 경학관을 조명하였다. 또한 김홍규는 경학관이나 경학사상을 총체적으로 다루는 풍조에서 벗어나 『시경』 해석에만 국한하여 정약용의 시경론詩經論을 연구함으로써 경학 연구가 총체적인 사상을 구명하던 풍조에서 구체화되어 각론으로 접근하는 길을 열어 놓았고, 문학 분야에서

경학을 연구하는 첫걸음을 떼어 놓았다. 한편 김길환·송석준 등은 양명학자들의 경학관을 밝히는 쪽으로 연구를 시도하였다.

이 시기에는 모두 23편의 경학 연구 논문이 생산되었는데, 그 가운데 정약용丁若鏞에 관한 것이 10편으로 가장 많고, 이황李滉·이언적李彦迪·권득기權得己·박세당朴世堂·이익李瀷·홍대용洪大容·김정희金正喜·이제마李濟馬 등에 관한 것이 각각 1편, 양명학에 관한 것이 1편, 실학에 관한 것이 1편, 기타가 3편이다.

이를 통해 1970년대 경학 연구의 특징을 정리하면, 첫째 정약용의 경학사상이 주목을 받아 그의 경학을 여러 방면에서 연구하기 시작했으며, 둘째 박세당·이익·홍대용 등 탈주자학적 성향을 보인 경학가들로 경학 연구의 범주가 넓혀졌으며, 셋째 실학 연구의 활성화에 힘입어 실학적 관점에서 경학관을 논의하기 시작하였다고 하겠다.

④ 1970년대 후반부터 국학에 대한 인식이 제고되어 대학원에 국학 관련 학과가 설치됨으로써 1980년대에 들어오면 신진연구자가 대거 배출되기 시작한다. 이런 시대 분위기에 힘입어, 1980년대의 경학 연구는 전시대에 비해 연구 범주가 넓어지고 연구 성향도 다양화되었다. 이 시기에 생산된 연구 성과는 모두 66편인데, 이 가운데 논문이 64편이고 저서가 2편이다. 또한 경학 연구자는 70년대 총 18명에서 80년대에는 총 43명으로 늘어났다.

연구 범주도 전시대에 비해 새로운 경학가들이 다수 발굴되어 권근·이언적·김장생·조익·윤휴·박세당·윤선도·한원진·이익·안정복·권철신·정약용·서명응·성해응·유장원 등으로 확대되었고, 삼국시대·고려시대·정조 시대·조선 후기 등 시대별 혹은 특정 시기별로 그 특성을 밝히려는 연구가 시도되었다.

그러나 전시대와 마찬가지로 특정 경학가에만 집중된 연구 경향은 여전하였다. 이 시기 생산된 66편의 논저 가운데 정약용에 관한 논저가 27편으로 가장 많고, 그다음 이익에 관한 것으로 10편, 권근에 관한 것이 4편, 윤휴·박세당에 관한 것이 5편, 성호학파에 관한 것이 3편, 사계학파에 관한 것이 2편이다. 이를 보면, 여전히 조선 후기 실학적 사고를 하거나 탈주자학적 성향을 보이는 경학가들에 관심이 집중되고 있음을 알 수 있다.

이 시기에 특기할 만한 점은 권근權近의 경학이 새롭게 주목받았다는 점과 조익趙翼·유장원柳長源·한원진韓元震·서명응徐命膺·성해응成海應 등 새로운 경학가들이 발굴되었다는 점이다. 그러나 새로 발굴된 경학가들의 경학에 대한 연구가 지속되지 못하고 단편적으로 끝남으로써 심도 있게 조명되지 못한 아쉬움이 있다. 이 시기에 경학 연구를 활발히 한 대표적 연구자로서는 조선 후기 시경론을 연구한 김흥규와 이익의 경학을 연구한 송갑준, 윤휴·유장원 등의 경학을 연구한 안병걸, 정약용의 경학을 중점적으로 연구한 안진오와 정병련 등을 꼽을 수 있다.

⑤ 1990년대는 80년대에 비해, 양적·질적으로 비약적인 발전을 이룩한 시기이다. 이 시기에 생산된 논저는 총 176편이며, 연구자는 모두 94명이다. 우선 연구자가 전 시기에 비해 2배로 증가하였고, 논저의 숫자도 3배 정도 증가하였다. 그러나 이 시기의 연구 성향은 1980년대의 연장선 위에 있다. 다만 연구의 범주가 확대되고, 질적으로 깊이를 더한 것이 특징이라 할 수 있다.

이 시기에 생산된 총 176편의 논저 가운데 정약용에 관한 것이 무려 61편으로 3분의 1이 넘고, 이익에 관한 것이 13편, 윤휴에 관한 것이 10편으로, 이 세 경학가에 관한 연구가 절반이 넘는다. 이런 점에서 볼 때, 전 시대 연구 경향의 연장선에 있음을 확인할 수 있다. 다만 조선 후기의 유신환·박문호·이만부·곽종석·성해응·홍석주·오재순·이서구·위백규·윤증·심대윤·윤정기 등과 조선 중기의 이언적·허목·김장생·조익 등의 경학가들이 새로 발굴되었다는 점이 특징이라 하겠다. 또한 조선 후기 특히 정조대의 경학이 집중적으로 탐구되었다는 것도 특징적인 현상이다.

이 시기에 빼놓을 수 없는 주요 업적이 성균관대학교 대동문화연구원에서 사서오경에 관한 자료를 집성하여 '한국경학자료집성' 147책을 영인 출간하였다는 점이다.8) 이 책이 간행됨으로써 경학 연구는 새로운 전환점을 마련하였다. 또한 대동문화연구원에서는 1995년 '한·중·일 삼국의 경학(17-19C)발전의 의미와 성격이란 주제로 국제학술대회를 개최함으로써 경학을 현대 학문의 영역에 자리매김하는 데 크게 기여하였다.

이 시기 논저 3편 이상의 업적을 생산한 연구자들로는 권문봉(4편), 금장태(4편), 김문식(8편), 김영호(10편), 심경호(4편), 안병걸(9편), 이지형(7편), 이해영(4편), 장병한(3편), 정병련(5편), 정일균(4편), 최대우(3편), 최석기(17편) 등이 있다. 이를 통해 알 수 있는 것은, 이지형·정병련·안병걸 등 기존의 연구자들보다 신진 연구자가 상당수 늘어났으며, 이들에 의해 경학 연구가 활발하게 이루어졌다는 사실이다.

⑥ 2000년대 경학 연구는 1990년대 연구 성향과 거의 유사하다. 다만 눈에 띄는 것은 이황 탄생 500주년을 맞이하여 각종 학술대회가 개최되면서 이황의 경학에 대한 연구가 활발하게 이루어졌다는 점과 17세기의 경학에 대한 연구가 눈에 띄게 늘어난 것이 특징이다.

이후 지금까지 20여 년 동안의 경학 연구는 연구자가 대폭 늘어나 16종의 경전을 연구하는 연구자가 나타났고, 그동안 빛을 보지 못한 다수의 경학가를 발굴하여 새롭게 조명해 지평을 넓혔다는 긍정적인 면이 있다. 그러나 연구 성향을 보면 여전히 조선 후기 특정 경학가에 치중되어 있으며, 전혀 연구하지 않은 경학가와 그들의 저술이 산더미처럼 쌓여 있다는 사실이다. 또한 경전별

---

8) 성균관대학교 대동문화연구원에서는 1988년부터 이 사업을 진행하여 1998년 영인한 자료에 해제를 붙여 자료집 146책, 총목록 1책, 총 147책의 巨帙로 간행하였다.

로 개별 연구가 아직 턱없이 부족하여 경학사적 맥락에 대한 이해가 매우 부족하다는 점이다.

2) 경학 연구의 대상 시기 및 경학가별 연구 성향

여기서는 연구자들이 연구 대상으로 한 인물이나 학파나 시대를 일단 시기별로 나누어 살펴보고, 연구 대상이 된 경학가별로 분류하여 연구의 집중도 내지 편향성을 살펴보기로 하겠다.

① 우선 경학 연구의 대상이 된 시대를 편의상 왕조별로 크게 분류하고, 그에 따른 연구 성과를 살펴보면 다음과 같다.

① 삼국시대 경학 연구: 3편
② 고려시대 경학 연구: 5편
③ 조선시대 경학 연구: 306편

①과 ②의 경우는 대체로 그 시대의 경학에 대해 전반적으로 개괄한 연구가 대부분이고, 개별 경학가에 대한 연구는 안향安珦의 경학에 대한 연구가 유일하다. 이는 자료 부족으로 기인한 것인 만큼, 연구 편수가 적다고 탓할 일은 아니다. 오히려 이 정도의 연구 성과가 나온 것만으로도 각별한 의미를 부여할 수 있을 것이다.

③의 조선시대 경학 연구는 편의상 이를 다시 전기와 후기로 나누어 살펴보기로 하겠다.

㉮ 조선 전기(14~16C) 경학 연구: 38편
㉯ 조선 후기(17~19C) 경학 연구: 276편

이 수치가 말해 주듯, 한국경학에 대한 연구는 조선 후기 경학가에게 집중되어 있다. 그것은 우리나라 경학 연구가 실학 연구의 연장선상에서 시작되다 보니, 주자학을 극복하려 한 것에 각별한 의미를 두고 주목한 점과 경학 자료가 전기에 비해 후기에 집중된 점이 그런 결과를 낳은 것이다. 이를 탓할 수는 없다. 여기서 우리나라 경학 연구의 현황을 살피기 위해, 연구 성과를 경학가별로 분류해 보기로 한다. 조선 전기 경학 연구 논문 38편을 연구자들이 연구 대상으로 한 경학가별로 분류해 보면 다음과 같다.

- 권근權近에 관한 논문 12편
- 이언적李彦迪에 관한 논문 4편
- 조식曺植에 관한 논문 1편
- 김우옹金宇顒에 관한 논문 1편
- 기타 3편
- 유숭조柳崇祖에 관한 논문 1편
- 이황李滉에 관한 논문 12편
- 이이李珥에 관한 논문 3편
- 고응척高應陟에 관한 논문 1편

여기서 알 수 있듯이, 조선 전기의 경학 연구는 권근權近과 이황李滉에게 집중되어 있다. 그것은 이들이 남긴 자료가 연구 대상으로 주목받을 만하기 때문일 것이다. 그러나 이 두 학자의 경학 외에는 과연 우리가 연구할 만한 인물이나 자료가 없는 것일까? 더 심하게 말해 위의 인물들 외에는 조선 전기에 활동한 경학가가 없는 것일까? 또한 조선 전기의 경학 연구가 권근·이황에게 집중되어 있는데, 이 두 경학가의 경학을 우리는 과연 얼마만큼 연구한 것일까?

우선 권근의 경학에 대한 연구 성과를 살펴보자. 기왕에 발표된 논문은 모두 12편이니, 편수로 보면 결코 적은 분량이 아니다. 그러나 이 가운데는 오경천견록五經淺見錄 전체를 대상으로 권근의 경학을 개괄적으로 논한 것이 2편, 『예기천견록』을 대상으로 한 것이 3편, 『주역천견록』을 대상으로 한 것이

4편, 『시경천견록』을 대상으로 한 것이 3편이다. 오경천견록 가운데 양적인 면에서 10분의 8이 『예기천견록』이고, 10분의 1이 『주역천견록』이고, 그 나머지 『시경천견록』·『서경천견록』·『춘추천견록』은 모두 합해야 10분의 1이 채 되지 않는다.

기왕의 연구에서 밝혀진 바에 의하면, 권근의 경학은 맹목적으로 송대의 주석을 따르지는 않고 있음이 확인된다. 예컨대 『시경천견록』에 대한 연구에 의하면, 권근의 시경학은 송대의 주석을 비판적으로 수용하고 있다.[9] 그렇다면 그 나머지 천견록도 이와 크게 다르지 않을 것이다. 그런데 『서경천견록』은 아직 연구가 전혀 없다. 『예기천견록』은 분량이 매우 방대한데, 이를 진호陳澔의 『예기집설禮記集說』과 면밀하게 대조 분석한다면 여러 편의 논문이 나올 터인데, 겨우 몇 편의 연구 성과만 있을 뿐이니, 아직 깊이 있는 분석이 이루어지지 않았다고 하겠다.

이런 점을 고려하면 권근의 경학에 대한 논문이 12편이나 되지만, 그의 경학에 대한 연구는 아직 성숙한 단계에 이르렀다고 볼 수 없다. 권근의 경학에 대한 연구가 어느 위치에 와 있는지를 가늠할 만한 것이 더 있다. 조선 초기 경학은 '주자의 사서집주를 당시 학자들이 얼마만큼 소화하고 있었는가?'가 관건이다. 권근은 여말선초에 학문의 중심에 서 있던 학자로서 많은 경학 업적을 남겼고, 사서 가운데 『대학』·『중용』에 대해 설을 남겼다. 그 설이 비록 얼마 되지 않지만, 『입학도설入學圖說』에 실린 『대학』·『중용』에 관한 설은 우리 경학사에서 그 의미가 지대하다고 하겠다.[10] 그런데 이에 대해서는 별로 주목

---

9) 최석기, 「陽村 權近의 詩經 解說—國風에 관한 諸說—」, 『漢文學研究』 제10집(啓明漢文學會, 1995); 「陽村 權近의 國風次序論」, 竹夫李篪衡教授定年退職紀念論叢 『韓國의 經學과 漢文學』(太學社, 1996).

10) 최석기, 「陽村 權近의 『大學』 해석과 그 意味」, 『한문학보』 제8집(우리한문학회, 2003); 「양촌 권근의 『中庸』 해석과 그 의미」, 『남명학연구』 제17집(경상대 남명학연구소,

하지 않았다.

이황의 경학에 대한 연구도 마찬가지다. 필자가 그의 『시석의詩釋義』를 분석해 본 바[11]에 의하면, 그의 삼경석의三經釋義는 경전별로 주자朱子·채침蔡沈 등의 주석과 정밀히 비교 분석해야 한다. 그런데도 현 단계의 연구는 사서석의四書釋義를 개괄하여 경학적 특징을 논하는 수준에 머물고 있다. 석의釋義는 현토懸吐와 언해諺解의 중간에 위치하는 해석으로, 송대의 설을 얼마만큼 이해하고 있는지를 잘 보여 주는 자료이다. 따라서 경전별로 주자의 집주와 정밀히 대조하여 주자의 주석을 어떻게 수용하고 있는지를 확인해야 할 것이며, 후대 언해본의 해석과도 비교 고찰해야 할 것이다.

② 다음은 조선 후기 연구 성향에 대해 살펴보기로 하겠다. 조선 후기(17~19C) 경학 연구 논저는 총 276편이다. 이를 3편 이상의 연구 결과가 나온 경학가를 대상으로 정리해 보면 다음과 같다.

- 김장생金長生에 관한 논저 5편
- 허목許穆에 관한 논저 4편
- 박세당朴世堂에 관한 논저 8편
- 한원진韓元震에 관한 논저 3편
- 정약용丁若鏞에 관한 논저 116편
- 심대윤沈大允에 관한 논저 6편
- 조익趙翼에 관한 논저 3편
- 윤휴尹鑴에 관한 논저 15편
- 정제두鄭齊斗에 관한 논저 3편
- 이익李瀷에 관한 논저 27편
- 정조正祖에 관한 논저 7편

이 외 1~2편의 연구 성과물이 나온 경학가로는 권득기·윤선도·윤증·유형원·박세채·최유지·이만부·권철신·안정복·이병휴·홍대용·이서구·

2004).

11) 최석기, 「退溪의 『詩釋義』에 대하여—釋義 內容을 중심으로—」, 『退溪學報』 제95집(退溪學研究院, 1997).

오재순 · 성해응 · 홍석주 · 신작 · 서명응 · 유장원 · 위백규 · 이형상 · 김창흡 ·
한석지 · 남공철 · 김정희 · 이제마 · 유신환 · 박문호 · 윤정기 · 곽종석 · 전우 ·
허전 등이 있다.

　이런 자료를 통해 알 수 있듯이, 조선 후기 경학 연구는 절반이 정약용에게
집중되어 있다. 그리고 김장생 · 한원진을 제외하고는 모두 주자학을 묵수墨守하
지 않고 비판적으로 수용하거나 그 사유의 틀에서 벗어나고자 하는 성향을
보인 경학가이다. 이를 통해 우리는 기왕의 경학 연구가 실학 연구의 연장선상
에서 이루어지면서 주자학을 극복하려는 사상을 가진 경학가만을 주목하여
연구가 지나치게 편중되어 있다는 것을 알 수 있다.

　③ 이런 연구의 집중화 내지 편향성은 특정 경학가의 경학을 밝히는 데에만
골몰함으로써 경학적 전통이나 그 맥락을 파악하는 데 소홀하였다. 그리하여
학파나 학맥의 경학적 전통을 추적하며 그 변화 양상을 살피는 방법론적 접근은
거의 없고, 오직 개별 경학가의 경학적 성향만을 밝히는 데 치중하였다.

　필자는 일차적으로는 개별 경학가의 경학을 경전별로 연구하고, 그다음
경전별로 사적史的인 연구가 이루어져야 하고, 그다음 전체적으로 한국경학사
가 서술되어야 마땅하다고 생각한다. 이런 연구를 토대로 할 때 개별 경학가의
경학적 성향이나 특징이 객관적으로 드러날 수 있으며, 경학사적 의미도 찾아낼
수 있으리라 여겨진다.

3) 연구 대상 경전별 분포 및 연구자별 연구 성향

　다음은 경학 연구의 대상이 된 경전별 분석을 통해 기왕의 연구가 어떻게
진행되었는지를 살펴보고, 마지막으로 논저 3편 이상의 업적을 남긴 연구자를
대상으로 어떤 연구 성향을 보이고 있는지를 살펴보도록 하겠다.

① 여기서는 앞에서 언급한 경전의 범주 16종 가운데 『소학』을 제외한 15종의 경전으로 한정하여 논의하기로 하겠다. 또한 개별 경학가든 특정 시대의 성향이든 경학 전반에 대해서 논의한 것은 제외하기로 한다. 다만 사서四書를 전체적으로 논한 것은 예외로 한다. 이를 기준으로 정리해 보면 다음과 같다.

- 사서四書 전체에 관한 논저 13편
- 『중용』에 관한 논저 25편
- 『맹자』에 관한 논저 8편
- 『서경』에 관한 논저 9편
- 삼례三禮에 관한 논저 6편
- 『효경』에 관한 논저 1편
- 『대학』에 관한 논저 46편
- 『논어』에 관한 논저 15편
- 『시경』에 관한 논저 30편
- 『주역』에 관한 논저 29편
- 『춘추』에 관한 논저 0편
- 『이아』에 관한 논저 0편

여기서 알 수 있듯이, 특정 경전을 대상으로 한 연구는 전체 314편 논저 가운데 182편에 불과하다. 그렇다면 그 나머지 연구는 무엇을 대상으로 한 것일까? 그것은 개별 경학가의 경학을 전체적으로 범범하게 논한 것이다. 이처럼 각 경전별로 연구하지 않고 경학가별로 연구하는 풍토가 전체 논저의 절반을 차지한다는 것은 무엇을 의미하는 것일까? 한마디로 경학 연구가 범범하게 경학관이나 경학사상을 개괄하는 수준에서 이루어졌다는 것을 의미한다.

위의 수치가 말해 주듯, 어떤 경전에 대해서는 거의 연구가 이루어지지 않은 것도 있다. 예컨대 『춘추春秋』・『이아爾雅』 등에 관한 연구가 거의 없는 것이 이를 증명해 준다. 『춘추』는 조선시대 사대부들에게 커다란 정신적 영향을 주었던 책이다. 예컨대 16세기 사림파의 출처관出處觀, 선조 연간 당쟁이 일어날 때의 군자소인론君子小人論, 명나라가 망한 뒤의 대의명분론大義名分論 등에는 그 근저에 춘추대의春秋大義의 정신이 흐르고 있다. 이처럼 『춘추』는 조선시대 사대부들의 정신세계에 커다란 영향을 준 경전인데, 이에 관한 연구가 거의 없다.

경학가별로 이루어진 연구는 자료를 분석하여 특징과 의미를 찾기보다는 경학사상을 개괄하는 쪽으로 진행되어 대체로 논저의 제목이 '○○○의 경학사상 연구', 혹은 '○○○의 경학관 연구'로 되어 있다. 이러한 연구는 경전별로 박사를 두어 사법師法이나 가법家法을 수립해 학문을 전수하던 학풍과는 상당히 거리가 멀다. 예컨대 『대학』의 경우, 『예기』에 수록된 고본의 「대학」과 주자가 개편한 『대학장구大學章句』가 무엇이 다른지, 『대학장구』가 통용된 뒤 이에 대한 개정은 어떻게 진행되었는지 등에 관한 개괄적인 안목이 있어야 한다. 이를 제대로 파악하지 않으면, 해당 경학가의 설이나 주자의 설과 다른 점만을 드러내는 데서 그치고 말 것이다. 따라서 한 경학가의 여러 경전에 대한 설을 한 연구자가 다 다루는 것은 무리가 뒤따를 수밖에 없다. 그러므로 깊이 있는 논의를 하지 못하고 '경학사상'이나 '경학관'을 범범하게 논하는 수준에서 그치고 만 것이다.

또한 조선시대 경학의 중심은 주자가 주를 낸 사서집주四書集註에 있다. 그리고 그 가운데서 주자학의 이념이 가장 잘 집약된 책이 『대학장구大學章句』와 『중용장구中庸章句』이다. 조선 전기의 학자들이 『대학』을 모든 경전의 근본으로 생각했던 것도 주자학에 대한 이해를 바탕으로 한 것이다. 특히 15세기 말부터 16세기에 걸쳐 성리학이 뿌리를 내리고 꽃을 피우기 시작하던 시기의 학자들은 『대학장구』를 학문의 근간으로 생각하였으며, 『대학장구』와 『중용장구』를 표리 관계로 파악하였다.

따라서 『대학』·『중용』은 조선시대 학문의 중심에 있었다고 해도 과언이 아니다. 그런데 이에 대한 연구는 매우 부진한 편이다. 이러한 현상 역시 경전별로 연구하기보다는 탈주자학적 성향을 보인 경학가 위주로 연구하는 풍토에서 연유한 것이다.

② 다음은 논저 3편 이상의 연구 성과물을 낸 연구자들을 대상으로 그들의 연구 성향을 고찰해 보도록 하겠다. 지금까지 경학을 연구한 사람은 대략 150명 정도이다. 이 가운데 3편 이상의 논저를 남긴 연구자는 26명에 불과하다. 이는 전문연구자보다 일회성 뜨내기 연구자가 훨씬 더 많았다는 것을 의미한다. 이 26명 연구자의 연구 성과를 토대로 연구 성향을 분석해 보는 것도 흥미로운 일이다. 여기서는 연구 성과를 생산한 시기에 맞추어 연구자별 연구 성향을 살펴보도록 하겠다.

우선 한국경학 연구의 초석을 놓은 이을호는 이제마에 관한 논문 1편을 제외하고는 모두 정약용에 관한 논저를 남겼다. 이을호는 정약용의 경학을 역학易學으로부터 시작하여 경학사상 전반을 다루면서 공맹의 원시유학인 수사학洙泗學, 주자학과 반대되는 반주자학, 혹은 개신유학改新儒學 등으로 그 성격을 규정하였다. 이을호의 다산경학에 대한 집중탐구는 상당한 영향을 주어 전라도 지역에서 안진오·정병련·최대우 등이 다산경학에 대한 연구를 진행하였다.

다음으로는 1970년대부터 경학 연구에 전념한 이지형을 들 수 있다. 이지형은 처음에는 경학을 실학적 관점으로 접근하여 이익·홍대용 등의 경학사상을 연구하였는데, 뒤에는 주로 정약용의 사서 및 『서경』 등을 연구하였다. 한편 안진오는 주로 정약용의 경학을 주자학과 비교하여 논하였는데, 정약용의 경학을 이지형과 마찬가지로 '실학적 경학'으로 파악하였다.

1970년대 후반부터 1980년대에 초반 사이 경학 연구에 뛰어든 연구자로는 김흥규·서경요·송석준·권정안·정병련·송갑준 등을 들 수 있다. 김흥규는 정약용의 시의식詩意識과 시경론詩經論에 관한 논문을 발표한 이래, 박세당·이익 및 정조 시대의 시경론에 관해 연구를 계속하여, 『조선 후기 시경론과 시의식』이란 역작을 출간하였다. 김흥규의 이런 연구 성과는 경학 연구를 문학 방면으로 확산시키는 데 큰 공헌을 하였으며, 특히 『시경』 연구에 실마리를 열어

놓았다.

그 외의 연구자들은 모두 한국철학을 전공한 학자들로, 다양한 연구 성향을 보여 주고 있다. 서경요는 김정희·성해응의 경학관에 관해 연구하고, 도설圖說을 통해 경학사상을 파악하는 시도를 하였다. 송석준은 한국 양명학파의 경학사상에 관한 연구를 시작하여 조익과 윤휴의『대학』해석을 양명학적 성향으로 파악하였고, 권정안은 권근의『예기천견록』에 대한 연구를 한 뒤로 박문호·전우의 경학사상을 연구하였다. 정병련은 주로 정약용의 사서 해석에 집중하여 세밀한 연구를 진행하였으며, 1994년『다산 사서학 연구』라는 거작을 출간하였다. 송갑준은 이익의 사서 해석을 중심으로 그의 경학관 내지 경학사상을 연구하였다.

1980년대 후반에는 위의 연구자들 이외에 김언종·최대우·이유진·안병걸·조성을·심경호·최석기·권문봉 등이 경학 연구에 참여하였는데, 한 가지 특기할 만한 것은 김언종·심경호·최석기·권문봉 등 한문학 분야의 연구자들이 다수 경학 연구에 뛰어들었다는 점이다. 김언종은 정약용의『논어』해석과 허목의 고학古學에 대해 연구하였고, 최대우는 주로 정약용의 사서 해석에 대해 연구하였다. 이유진은 정약용의『상서고훈尙書古訓』에 나타난 역사관과 그의 저술 속에 보이는『주례』적 요소를 연구하고,『고려사』예지禮志에 보이는『주례』수용 양상을 연구하였다. 우리나라 예의 제도에『주례』의 수용 양상을 검토하는 일은 매우 의미 있는 일로 여겨진다.

안병걸은 한국철학을 전공하는 학자로 사서 가운데서도 특히『중용』해석에 집중하여 17세기 윤휴·박세당·윤증 등 주자와 달리『중용』을 해석한 경학가들의 사상을 연구하였고, 나아가 퇴계학파의 사서 해석 및 유장원·배상열 등 영남 학자들의 사서 해석을 탐구하였다. 조성을은 역사학자로서 정약용의『서경』해석에 관해 주로 연구하였다. 심경호는 한문학과 시경론의 관계를

해명하는 데 주력하면서도 범위를 넓혀 정약용의 상서론尙書論, 정조의 경학사
상 및 조선 후기 경학 연구 방법에 대해 연구하였다.

한편 권문봉은 이익의 경학사상을 사서 해석에 국한해 연구하였고, 최석기
는 처음에는 이익의 경학에 관심을 두고 주로『시경』해석과 경학관에 관해
연구한 뒤, 나중에는 권근·이황·윤휴·한여유·이병휴 등 조선 초기부터 조
선 중기까지의『시경』해석에 관해 연구하였으며,『대학』해석에도 관심을
두고 이언적·고응척·최유지·이익·이병휴 및 근기 남인계 학자들의 경학적
전통을 추적하였고,『한국경학가사전』을 출간하였다.

1990년대로 들어오면 앞에서 거론한 연구자들 외에 새롭게 경학 연구에
관심을 보이며 연구에 참여한 학자들이 늘어났다. 그 가운데서 특히 한문학
분야에서 경학 연구에 깊은 관심을 보이기 시작했다. 1990년대 새로 경학 연구
에 뛰어든 학자로는 이동환·금장태·이해영·김영호·진재교·김문식·장병
한·정일균·이영호 등을 들 수 있다.

이동환은 정약용의 경학사상에서 '상제上帝' 문제에 특별히 주목하여 연구하
였고, 금장태는 철학적인 관점에서 이황·윤휴·정제두·정약용의 경학을 연구
하였다. 이해영은『중용』해석에 관심을 두고 이익·홍대용·정약용의『중용』
해석을 연구하였고, 김문식은 18세기 후반부터 19세기 전반까지의 정조·성해
응·홍석주·정약용의 경학사상과 경세론에 초점을 맞추어 연구하여『조선
후기 경학사상 연구』·『정조의 경학과 주자학』등의 성과물을 냈다.

김영호는 오재순의 경학에 관한 연구로부터 시작하여 주로『논어』해석에
관심을 두고 정약용의『논어』해석을 집중적으로 연구하여 여러 편의 논문을
발표한 뒤『다산의 논어 해석 연구』를 출간하였으며, 이황·이익 등으로 범위를
넓히고 있다. 진재교는 윤정기의『시경』해석 및 심대윤의 학문 자세를 연구하
였고, 장병한은 심대윤의 경학관을 실학적·탈성리학적인 관점에서 철학적인

면과 연관시켜 파악한 뒤, 범위를 넓혀 심대윤과 정약용의 경학을 비교하는 한편 정약용의 상서학尙書學으로 연구를 확대해 갔다. 정일균은 정약용의 사서 해석을 사회학적 시각으로 접근하여 몇 편의 논문을 발표한 뒤『다산 사서 경학 연구』를 저술하였으며, 이영호는 1999년「17세기 조선 학자들의『대학』 해석에 관한 연구」로 박사학위를 받은 뒤, 주로 17세기 경학을 탐구하며 활발한 연구를 하였다.

이상에서 3편 이상의 논저를 낸 전문 연구자를 중심으로 각각의 성향을 살펴보았다. 이 26명의 연구자가 연구 대상으로 한 경학가와 경학 자료를 정리해 보면 다음과 같다.

연구자명	연구 대상 주요 경학가	연구 대상 주요 경전
李乙浩(哲學)	丁若鏞	論語, 大學, 周易, 경학 일반
李箎衡(文學)	洪大容, 李瀷, 丁若鏞	論語, 大學, 中庸, 書經
安晉吾(哲學)	丁若鏞	大學, 中庸
金興圭(文學)	尹鑴, 朴世堂, 李瀷, 丁若鏞	詩經
徐坰遙(哲學)	成海應, 金正喜	경학 일반
宋錫準(哲學)	趙翼, 李瀷	大學
權正顔(哲學)	權近, 朴文鎬, 田愚	中庸, 禮記
鄭炳連(哲學)	丁若鏞	論語, 孟子, 大學, 中庸
宋甲準(哲學)	李瀷	論語, 孟子, 大學, 中庸
金彦鍾(文學)	丁若鏞	論語
崔大羽(哲學)	丁若鏞	孟子, 大學, 中庸
李裕鎭(哲學)	丁若鏞	書經, 周禮
安秉杰(哲學)	尹鑴, 朴世堂	大學, 中庸, 四書 전반
趙誠乙(史學)	丁若鏞	書經
沈慶昊(文學)	丁若鏞	詩經, 書經
崔錫起(文學)	權近, 李滉, 尹鑴, 韓汝愈, 高應陟, 崔攽之, 李瀷, 李秉休	大學, 詩經

연구자명	연구 대상 주요 경학가	연구 대상 주요 경전
權文奉(文學)	李瀷	大學, 中庸, 四書 전반
李東歡(文學)	丁若鏞	경학 일반
金文植(史學)	成海應, 洪奭周, 丁若鏞, 正祖	書經, 경학 일반
李海英(哲學)	洪大容, 李瀷, 丁若鏞	中庸
金曒鎬(哲學)	李滉, 吳載純, 李瀷, 丁若鏞	論語
陳在敎(文學)	尹珽琦	詩經
張炳漢(文學)	沈大允, 丁若鏞	書經, 경학 일반
鄭一均(社會學)	丁若鏞	大學, 中庸, 四書 전반
琴章泰(哲學)	李滉, 尹鑴, 丁若鏞	大學, 경학 일반
李昤昊(文學)	金長生, 朴世采, 尹鑴	大學

이를 통해, 우리는 다음과 같은 사실을 발견할 수 있다.

첫째, 경학 연구자를 분류해 볼 때, 초기 철학 분야의 주도에서 한문학 분야의 주도로 옮겨져 있다. 26명의 연구자 중 철학 분야가 13명, 문학 분야가 10명, 사학 분야가 2명, 사회학 분야가 1명으로 나타난다. 그러나 이를 다시 1980년대 후반을 기준으로 나누어 볼 때, 그 이전에는 철학 분야 연구자가 월등히 많지만, 그 이후에는 문학 분야 연구자가 현저히 많다.

둘째, 연구 대상으로 한 경학가를 보면, 권근·이황을 제외하고는 모두가 조선 후기 경학가이다. 이는 기왕의 경학 연구가 조선 후기의 경학가에 편중되어 있다는 것을 그대로 보여 준다.

셋째, 조선 후기 경학가 가운데서도 정약용의 경학을 연구한 사람이 17명, 이익의 경학을 연구한 사람이 8명, 윤휴의 경학을 연구한 사람이 5명이나 된다. 이는 조선 후기 경학가 가운데서도 주자학에서 이탈하는 성향을 보이거나 실학을 주도한 경학가에게 집중된 것을 말해 준다. 또한 26명의 전문 연구자 중에서 17명이 정약용의 경학을 연구했다는 것은 기왕의 연구가 정약용의 경학에 편중되어 있음을 그대로 보여 준다.

넷째, 근래 조선 후기의 새로운 경학가가 발굴되어 조명되고 있다. 특히 최석기·이영호 등에 의해 17세기 경학가가 다수 발굴되어 연구의 지평을 넓히는 데 중요한 역할을 했다.

다섯째, 연구자들이 연구 대상으로 한 주요 경전을 분류해 보면, 일회성 연구자들이 연구한 경우와는 달리 '경학 일반에 관한 것보다는 경전별로 연구한 것이 많다. 위의 표에 나타난 것을 보면, 『대학』이 13건, 『중용』이 10건, 『논어』가 6건, 『맹자』가 3건, 사서 전반의 내용에 관한 것이 3건으로 사서에 관한 것이 절반 이상을 차지한다. 그다음 『시경』이 4건, 『서경』이 6건, 『주역』이 1건, 『주례』가 1건, 『예기』가 1건이고 경학 일반에 관한 것이 6건이다. 이를 보면 오경 중 『시경』·『서경』에 관한 연구 외에는 거의 영세함을 면치 못하고 있다.

여섯째, 한 연구자가 주 연구 대상으로 한 경전이 너무 많다는 점을 들 수 있다. 사서는 초보적인 단계의 교과서로서 누구나 다 아는 쉬운 책으로 경시하는 경향이 있다. 그러다 보니 사서를 전반적으로 연구한 경우가 많다. 그러나 과연 해당 연구자가 그 경학가의 사서에 관한 해석을 전체적으로 빠짐없이 조명하였는가는 따져 보아야 할 일이다.

4. 한국경학 연구의 문제점과 향방

학술사적인 시각에서 보면, 당대 학문에 대한 반성은 곧 새로운 방향 모색으로 이어진다. 우리가 기왕의 연구 성과를 통해 한국경학 연구를 회고한 것은 결국 새로운 향방을 모색하기 위한 자가 진단이다. 이런 관점에서 기왕의 경학

연구에 나타난 문제점을 적시해 보고, 그런 문제점을 극복 또는 보완하며 바람직하게 나아가야 할 향방을 논의해 보도록 하겠다.

① 위의 논의를 통해 볼 때, 기왕의 한국경학 연구에는 다음과 같은 문제점이 드러난다.

첫째, 연구 대상이 조선 후기에 치우쳐 있는 데다 정약용과 같은 특정 경학가에게 편중되어 있다. 앞에서 살펴보았듯이, 1990년대 생산된 논저 176편 가운데 정약용의 경학에 대한 연구가 61편으로 3분의 1이 넘고, 또 경학을 전문으로 연구한 26명의 연구자 중 17명이 정약용의 경학을 연구하였다는 데에서 그런 사실이 입증된다. 정약용은 분명 위대한 경학가지만, 경학 연구가 이 한 경학가에게 집중된 것은 바람직한 현상이 아니다.

연구가 이처럼 특정 경학가에게 치중하다 보니, 정약용의 이외의 경학가에 대해서는 별 관심조차 두지 않는 현상을 초래하였다. 정약용의 설이 높은 수준에 이르렀다는 점에 대해서는 이론의 여지가 없지만, 그것만을 강조하면 결국 또 다른 교조적 이념으로 변하고 말 것이다. 아무리 훌륭한 사상일지라도 그것은 시대적 산물일 수밖에 없다. 이런 관점에서 보면, 정약용의 경학도 어디까지나 시대 배경에서 나온 것이다. 그렇다면 정약용의 경학이 나오기까지의 경학사적 흐름을 파악하는 일이 필요하다. 즉 정약용의 경학은 개인의 천재적 머릿속에서 나온 것이 아니라, 그 앞 시대부터 변화 발전해 오던 것이 정약용에 이르러 집대성된 것임을 밝혀야 한다. 그렇지 않고 정약용에게만 무게 중심을 두면, 모든 공을 성인에게 돌리던 중세적 사유와 다를 바 없다. 필자는 이런 관점에서 이제는 경학 연구가 개인의 업적에만 치중하지 말고, 그 계승 발전의 과정을 정밀히 추적하는 일에 관심을 가질 때가 되었다고 본다.

둘째, 해당 경학가의 설을 구체적으로 심도 있게 논의하지 않은 상태에서 그의 경학사상을 '반주자학'·'탈주자학'·'탈성리학' 등으로 성급히 결론지으려 하였다. 앞에서 살펴보았듯이, 우리나라 경학 연구는 실학 연구의 연장선상에서 시작되었다. 그러다 보니, 경학을 연구하면서 독자적인 시각을 마련하지 못하고 실학 연구의 시각을 그대로 답습하고 말았다. 그리하여 조선시대 지배 이념이었던 주자학의 틀에 안주하지 않고 새로운 모색을 한 경우, 그 실체를 규명하지 않고 주자학과 다른 몇 가지 점만을 들어 '반주자학'·'탈주자학'·'탈성리학' 등으로 그 성격을 규정하는 데 주저하지 않았다.

우리가 분명히 짚고 넘어가야 할 점은, 실학자들이 당대 학문의 폐단을 비판한 것이지, 성리학 자체를 비판한 것은 아니라는 것이다. 성리학이 조선에서 전개되면서 지나치게 형이상학적 명제의 탐구에 골몰하여 현실과 동떨어진 쪽으로 나아가니까, 이를 바로잡자는 문제의식에서 제기된 것이 실학이다. 따라서 실학자들을 탈성리학자로 보는 것은 적지 않은 문제가 있다. 예컨대 이용후생학파의 학자들이 이용利用·후생厚生을 중시했다고 해서, 아예 정덕正德을 가치 없는 것으로 폐기한 것은 아니다. 정덕·이용·후생에서 학문의 중심이 너무 정덕에 치우쳐 있으니까 이를 균형 있게 하자는 논리이거나, 이용·후생이 먼저 이루어지지 않으면 궁극적으로 정덕도 이룰 수 없다는 논리이다. 이를 두고 '탈성리학'이라고 하는 것이 과연 적당한 말일까? '탈성리학'이라는 말은 불가나 도가의 방외인들에게나 어울리는 말일 것이다.

다음 '탈주자학'·'반주자학'이라는 용어에 대해 생각해 보자. 탈주자학은 그래도 말이 된다. 주자학적 사유 체계에서 이탈한 점이 있기 때문이다. 실제로 정약용이 『대학』의 명덕明德을 주자처럼 허령불매虛靈不昧한 것으로 보지 않고 일상 속의 효孝·제悌·자慈로 파악한 것이 그런 변화된 사유를 대변해 준다. 그러나 '반주자학'이라는 용어는 엄밀히 말해, 우리나라 경학가 그 누구에게도 해당하지 않는다. 필자의 소견으로는, 주자의 설이라면 사사건건 변박辨駁한 모기령毛奇齡 같은 사람이 바로 '반주자학자'라고 생각한다. 즉 주자의 사유체계를 전적으로 반대하는 사상이 있어야 '반주자학'이 될 것이다. 그렇지 않고 주자의 설 중 일부분에 대해 견해를 달리한 것을 두고, '반주자학'이라고 보는 설은 전혀 타당하지 않다.

주자와 다른 설을 주장한 학자라고 하여, 주자학에 반대했다고 보는 시각은 분명 문제가 있다. 오히려 그들은 누구보다도 주자를 존중하고 주자학을 위대한 발명으로 보는 경우가 허다하다. 다만 그들은 후학의 입장에서 주자학을 묵수墨守하는 것은 진정한 학자가 아니라고 생각하며, 주자학을 계승 발전시키는 것을 자신들의 임무로 생각한다. 이들은 주자라는 선현보다는 도道를 더 중시한다. 그러기 때문에 주자의 설에 대해서도 이설異說을 펼 수 있다고 생각하며, 주자가 미처 밝히지 못한 것을 밝히는 것이 후학으로서 당연히 해야 할 임무라고 여긴다.

이런 사유를 하고 있던 학자들을 '주자학에 반대한 사람'이라고 논평하는 것은 엄밀히 말해 선인에 대한 모독이다. 그래서 필자는 이런 일군의 학자들을 묵수적 관점이 아닌 진보적 관점을 가진 학자로, 주자학을 맹신하는 것이 아니라 비판적으로 수용하며 계승 발전적 인식을 한 학자로 파악하였다.[12]

따라서 필자의 소견으로는, 경학 연구에 있어 예전처럼 '반주자학'·'탈주자학'·'탈성리학' 등으로 성격 지우는 데에서 결론을 맺을 것이 아니라, 주자의 설과 무엇이 다른지, 전대의 설과 무엇이 달라졌는지, 그 다른 주장은 무엇을 의미하는지 하는 문제들을 밝히는 일에 더 중점을 두어야 한다고 생각한다. 이런 논의가 충분히 이루어지고 난 뒤에 총체적인 시각에서 주자학에서 벗어났다거나, 주자학에 반대했다거나 하는 결론에 도달할 수 있을 것이다.

셋째, 경전별로 전문 연구자가 있어 각각의 경전 해석에 대한 변화·발전의

---

12) 최석기, 「근기 실학자들의 경세적 경학과 그 의미(1)」, 『대동문화연구』 제37집(성대 대동문화연구원, 2000).

양상을 추적하지 않고, 경학가별로 연구가 이루어졌다. 정약용과 같은 경학가의 경우, 한 연구자가 그의 경전 해석을 모두 연구하고 있다. 이것이 과연 바람직할까? 『시경』의 경우만 보더라도 총론에 해당하는 여러 설이 있다. 이런 설이 어떻게 변천해 왔는가에 대한 기초 지식이 없으면, 그 설이 무슨 의미가 있는지 논하기 어렵다. 사서로 좁혀 보더라도 『대학』·『중용』의 주요 사안에 대해 역대로 학자들이 어떤 문제의식을 느끼고 있었는지를 알아야 한다. 한 경전에 대해 해석사의 흐름을 파악하려 해도 수년이 걸릴 텐데, 이를 무시하고 과연 올바른 논의를 전개할 수 있을까? 한 연구자가 어떤 경학가의 『주역』에 관한 해석도 연구하고, 『서경』에 관한 해석도 연구하고, 『시경』에 관한 해석도 연구하는 것이 가능할까? 못 할 것은 없겠지만, 이는 결코 바람직한 방법이 아니다. 따라서 필자는 경학가별로 이루어지는 경학 연구는 불가피한 경우를 제외하고는 자제하고, 경전별로 연구하는 풍토가 조성되어야 한다고 본다.

넷째, 특정 경학가별로 연구가 이루어지다 보니, 한 경학가의 경학 세계를 총체적으로 파악하려 했다. 그리하여 연구 논저의 제목이 '○○○의 경학사상'처럼 나타나는 경우가 많다. 어떤 경학가의 경학을 연구하면서 그 성격을 밝히면 되지, '경학' 뒤에 다시 '사상'을 붙이는 것이 바람직할까? 경학가라고 해서 15종의 경전을 다 연구한 이는 드물 것이며, 경전별로 해석했을 것이다. 그렇다면 '○○○의 시경학 연구' 또는 '○○○의 『대학』 해석 연구' 정도로 논저의 제목을 붙이는 것이 타당하지, 그 위에다 다시 '경학'이라는 포장을 씌우고, 그 뒤에 다시 '사상'이라는 말을 붙여야 할까?

'경학사상'이라는 용어는 습관적으로 사용하는 말이라고 하더라도, 그 밑에 '사상'을 붙여 '시경학 사상'이라고 하면 다들 의아하게 여길 것이다. '경학'이 '문학'·'철학' 등과 마찬가지로 '사상'의 한 분야라면, 굳이 '○○○의 경학에 관한 사상'이라는 의미의 제목을 붙일 필요는 없을 것이다. 또한 정약용과 같은 경학가는 경학 관련 저술이 그야말로 한우충동汗牛充棟으로 많은데, 그의 경학사상을 언급하려면 적어도 사서에 관한 설은 충분히 파악하고 있어야 가능한 일이다. 그런데도 정약용의 경학을 처음 연구하는 사람들조차 그의 경학사상에 대해 이런저런 논의를 한 것이 있다.

경학 연구 방법은 앞 시대의 해석과 비교하며 축조심의하듯 분석해야 한다. 그렇게 하지 않고 한두 군데 문제가 됨직한 부분만 적출하여 논의하면 전체적인 성향과 특징을 파악할 수 없다. 기왕의 연구 성과 중 상당수 자기 입맛에 맞는 것만 골라 논의했다는 비판을 면키 어려울 것이다.

다섯째, 경전별로 전문 연구자가 있어 경학 연구가 이루어져야 할 텐데 그렇지 않다 보니, 어떤 경전에 대한 연구는 매우 미미하다는 것이다. 춘추삼전春秋三傳에 관한 연구와 『주례』·『의례』·『예기』의 삼례三禮에 관한 연구가 특히 그렇다.

여섯째, 한국경학은 한문학, 한국철학, 국사학, 사회학 등의 분야에서 연구하고 있는데, 유기적으로 연구 성과를 공유하지 못하여 각 분야에서 각자의 주장을 함으로써 넓은 시각을 확보하지 못하고 있다.

이 외에도 여러 가지 문제점을 더 지적할 수 있을 것이지만 이 정도에서 마무리하고, 다음은 앞으로의 과제와 나아가야 할 방향에 대해 논의해 보도록 하겠다.

② 우리나라 경학 연구는 반주자학이나 탈주자학에 너무 민감한 반응을 보였고, 그것만이 의미 있는 것인 양 강조하였다. 여기에는 조선시대 성리학 자체를 부정적으로 보는 인식이 개입되어 있다. 이는 성리학을 올바로 계승하지 못한 무지의 상태에다, 조선시대 성리학의 부정적인 점만을 주목하였기 때문이다.

성리학에는 현대 학문에서 찾을 수 없는 소중한 가치들이 들어 있다. 이런 가치가 있기 때문에 수백 년 동안 동아시아 전역에 널리 유행했다. 그런데 이에 반대한 것이 과연 그렇게 의미 있는 것일까? 문제는 주자학 자체에 있는 것이 아니고, 당시 학자들이 주자의 설만을 맹종하며 획일주의로 나아가 사상의 자유를 억압하니까, 그런 교조적인 사유 체계에서 벗어나 자유로운 사고로 진정한 학문을 하자는 목소리를 낸 것이다. 이를 두고 '반주자학', '탈주자학'이라 하는 것은 극단적 주장이다.

21세기 경학 연구는 이런 고정된 관념에서 벗어나야 한다. 오늘날의 학문 체계에서는 오히려 성리학적 요소가 절실히 요구된다. 즉 인간의 도덕성을 확립하고 인간다운 길을 가르치기 위해서는 성리학의 장점을 적극 수용해야 한다. 그런데 아직도 반주자학을 주장하고 있는 것은 자기 시대에 대한 현실 인식이 아니다.

우리는 앞으로 다음과 같은 두 줄기에서 조선시대 경학을 연구해야 할 것이다. 하나는 주자의 설을 비판적으로 수용하여 계승 발전시키려는 경학관을 가졌던 경학가의 경학적 특징과 그런 경학가의 경학적 전통을 추적하는 일이며, 다른 하나는 주자의 여러 설을 정리하여 정설定說을 확정하고 후대의 여러 설 중 주자의 본의와 다른 설을 분변하여 주자 설의 정통성을 확립하려 한 경학가의 경학적 특징과 그런 경학가의 경학적 성과와 의의를 새롭게 조명하는 일이다.

전자의 경우는, 주자를 존숭하더라도 맹목적으로 따르는 것을 거부하고, 선인이 밝히지 못한 것을 부단히 밝혀 나가는 것을 후학의 임무로 생각한다. 이들은 '천하의 의리는 무궁하다'고 생각하며, 주자와 같은 선현에 대해 극진히 존숭하되 그를 절대시하지 않는다. 이들은 성현을 존숭하고 따르는 데 목표를 두는 것이 아니라, 도를 추구하는 데 의미를 둔다. 예컨대, 16세기 이언적李彦迪에게서 이런 경향이 보이며, 17세기 중엽 이후 조경趙絅·윤휴尹鑴·이익李瀷 등 근기 남인계의 학자들에게서 이런 경학관을 확인할 수 있다. 또한 17세기 서인계의 일부 학자들, 예컨대 조익趙翼·최유해崔有海·최유지崔攸之 등에게서도 이런 인식이 보인다. 이들은 대체로 후대 소론계의 집안으로, 학문의 계승 발전적 인식을 한 측면에서 근기 남인계와 유사한 점이 발견된다.

이런 경학가들을 포함해 아직 발굴되지 않은 경학가들의 경학적 특징을 조명하고 그들의 경학적 전통을 추적한다면, 우리나라에서도 주자의 설을 맹목적으로 수용하지 않고 비판적으로 수용하며 자기화하려 한 학적 노력과 그 성과들이 나타날 것이다. 그렇게 되면 실학의 내재적 발전론도 힘을 얻게 될 것이다.

후자의 경우는 주자의 설을 절대시하고 주자를 성인처럼 존숭한다. 그러나 그들이 남긴 설에 전혀 의미가 없는 것이 아니다. 오히려 그들의 설에는 주자의 설에 대한 정밀한 해석과 명확한 분변이 들어 있다. 따라서 '주자학의 정통성 확립'이란 차원에서 보면, 주자학을 완성하려 한 학적 노력과 그 성과들이 들어 있다. 그러므로 이들의 설이 주자의 설에서 진일보하여 더 명확하고 정밀하게 주자학을 한 단계 끌어 올렸다는 점을 밝힐 수 있다면, 이는 우리가 주자학을 수입해 더욱 높은 수준으로 발전시킨 것이다. 16세기 이후의 주자학자들과 정조가 주자학을 집대성하려 한 것이 그런 의도를 보여 준다. 이를 밝혀 '주자학이 조선에서 더 높은 수준으로 발전하였다'는 것을 증명해 보인다면, 이보다 더 좋은 연구 주제는 없을 것이다.

후자의 경우는 아직 주목받지 못하였다. 그러나 조선에서의 주자학에 대한 발전 양상을 추적하는 일은 주목을 받기에 충분할 것이다. 다만 이 방면에 대한 연구는 주자의 설에 대한 풍부한 식견과 해당 경학가의 설을 정밀히 분석할 수 있는 안목이 필요하다.

전자의 경우는 대체로 근기 남인계의 학자들이 주목받았다. 그러나 앞에서 언급했듯이, 서인계 학자 중에서도 주자의 설과 다른 설을 조심스럽게 제기한 경우가 있다. 특히 후대 소론계로 분리되는 학통에서 이런 경향이 나타나는바, 이에 대한 정밀한 연구가 요구된다. 또한 재야 학자들 가운데서 주목해 볼 만한 인물들도 간혹 있을 것이다.

이처럼 두 줄기로 경학 연구가 이루어지면서, 다음과 같은 작업이 병행되어야 할 것이다.

첫째, 기왕에 연구되지 않은 다수 경학가에 대한 연구가 시급히 이루어져야 한다. 필자가 정리한 『한국경학사사전』에는 약 600명의 경학가가 수록되어 있는데, 지금까지 연구된 경학가는 이 가운데 약 10분의 1도 되지 않는다. 따라서 연구되지 않은 경학가에 대한 조명이 우선 진행되어야 할 것이다. 경학 전문 연구자가 경전별로 연구를 진행한다면 새로운 경학가들이 다수 발굴될 것이다.

둘째, 한 연구자가 어떤 경학가의 경학을 전체적으로 연구할 것이 아니라, 경전별로 전문적인 연구가 이루어져야 한다. 그리하여 경전별로 경학사를 쓰는 작업이 절실히 요청된다. 예컨대, 한국시경학사, 한국서경학사, 한국주역학사, 한국논어학사 등이 저술되어야 한다. 이는 우리나라 경학사의 흐름을 체계화시키는 작업으로, 한국경학사가 저술되는 기초가 될 것이다. 경전별로 이에 대한 전문 연구자가 서너 명 이상씩 나온다면 바람직할 것이다.

셋째, 동아시아 경학사의 흐름 속에서 비교 연구가 이루어져야 한다. 중국 경학사의 흐름이나 내용을 제대로 모르면서 어떤 경학가의 설이 독자적인 것처럼 말하는 것은 매우 위험한 발상이다. 이는 경전별로 연구가 이루어지면 어느 정도 해결될 수 있을 것이다.

넷째, 문자학·성운학 등 소학 방면의 연구도 필요하다. 특히 청대 중엽 이후 발달한 문자학·성운학 등이 우리나라 정조 연간 이후의 경전 해석에 어떤 영향을 끼치고 있는지는 면밀하게 비교 고찰해야 할 것이다.

다섯째, 위와 같은 연구가 어느 정도 축적되고 나면, 경전별로 경학사가 서술되고, 궁극적으로 이를 종합하여 한국경학사 서술되어야 할 것이다.

여섯째, 여러 분야의 연구 성과를 공유하여 넓은 안목으로 객관적이고 보편적인 가치를 추구하는 방향으로 나아가야 할 것이다.

5. 한국경학의 연구 시각

이상에서 한국경학 연구를 회고해 본 뒤, 문제점을 적시하고 나아갈 향방에 대해 논의해 보았다. 경학은 현대 학문에서 주목받지 못한 분야이다. 그러나 우리 학술사를 온전히 조명하기 위해서는 사상의 기저에 해당하는 경학을 정밀히 연구하지 않으면 안 된다. 우리는 중국으로부터 유교를 수입하여 그대로 답습하기만 한 것이 아니라, 우리 것으로 만들어 정착시켰고, 계승 발전시켜 보다 발전된 사상으로 만들었다. 우리는 경학 연구를 통해 이런 점을 밝혀야 할 것이다. 이것이 21세기 경학 연구자의 책무이다.

또한 경학은 현대 학문에서 인식 부족으로 그 존재 가치를 제대로 평가받지 못함으로써 여러 분야에서 편의적으로 접근하는 연구가 이루어졌다. 학제 간의 최소한의 합의도 없이 철학 분야에서, 사학 분야에서, 한문학 분야에서 독자적으로 연구가 진행되었다. 이를 극복하기 위해서는 학회를 중심으로 연구 성과를 공유하며 함께 고민해야 할 것이다.

경학 연구 방법의 측면에서 거시적으로 한국경학의 연구 시각을 몇 가지 제시해 본다.

첫째, 경전마다 전문 연구자가 있어 경전별로 연구가 심화하여야 한다. 한 연구자가 어떤 경학가의 경학을 모두 연구하는 것은 바람직하지 않다. 경전별로 그 경전이 지닌 내력, 주요한 명제와 해석의 전개 양상, 그 시대 그 사회의 조류 속에서의 어떤 의미가 있는지를 파악해야 한다. 예컨대『맹자』의 경우, 맹자의 성선설性善說과 왕도정치사상王道政治思想을 어떻게 유기적으로 파악할 것인지를 깊이 고찰해야 한다. 인성론人性論과 경세론經世論을 천도天道의 추구와 왕도王道의 구현이라는 두 측면에서 유기적으로 파악하지 못하면 한쪽으로 치우친 주장을 하게 될 것이다.

둘째, 동아시아 경학사의 흐름 속에서 역대의 설과 비교 검토해서 그 설의 특징을 찾아야 한다. 특징을 찾는 것은 변화된 인식의 지점을 확인하는 일이므로 연구자는 일차적으로 이를 규명해야 한다. 여기에서 선유의 설을 묵수墨守하고 있는가, 의리를 발명하였는가 하는 점이 관건일 것이다. 또한 주자의 설에 따르더라도 주자의 설을 더 진전시킨 것이 있을 수 있으므로 주자의 설과 정밀한 비교 분석이 필요하다. 특히 송대 정주학에 대한 해박한 이해를 바탕으로 해야 하며, 조선시대 학자들이 저본으로 삼은 사서삼경대전본에 대한 정밀한 이해가 바탕이 되어야 할 것이다. 그리고 조선시대 학자들의 설에 대해서도 개괄적으로 그 흐름과 특징을 파악하고 있어야 할 것이다.

셋째, 한 경학가의 특징적인 설이 갖는 의미를 찾는 일이다. 의미를 찾는 일은 매우 중요하다. 조선시대가 사대부 시대라는 점을 고려하면 더욱 그러하다. 사대부 시대는 사대부가 역사의 주체라는 의식을 갖기 때문에 시대정신이 경전 해석에 투영되어 있다. 예컨대 일본의 경우 사대부 시대가 없기 때문에 경전 해석에 독창적인 면이 있기는 하지만 사대부로서의 역사의 주체 의식이 희박하다. 또한 사대부 시대 학자의 경설經說에는 한 학파나 한 스승 밑에서도 다양한 견해가 나타나 서로 다른 해석을 한 경우가 있다. 즉 경전 해석에 개성이 드러난다. 그러므로 한 경학가의 경전 해석의 특징이나 개성을 도출하여 그 해석이 전후 해석사의 흐름 속에서 어떤 의미가 있는지, 그 사회의 사상적 조류 속에서 어떤 의미가 있는지를 살펴야 한다. 여기서 그 설이 갖는 시대정신, 현실 인식, 경세적 의미 등을 파악할 수 있다. 기실 기왕의 경학 연구는 다산의 경학이 주류를 이루다 보니, 경학을 경세학적인 것으로 보는 시각이 여전히 우세하다. 궁경窮經이 치용致用을 목표로 할지라도 경학이 곧 경세학은 아니다.

넷째, 연구자가 속한 한 분야의 조류에 치우치지 말고 인접 학문 분야의 연구 성과를 공유하면서 보편적이고 객관적인 분석과 의미 부여가 필요하다. 특히 자료의 선택에서 있어서 전체의 자료를 검토하지 않고 일부의 자료만을 보고 섣부른 주장을 하기보다는 시문집詩文集 등의 자료를 함께 통독하면서 경학 자료를 검토하는 시각이 필요하다. 그리고 시대사적인 안목을 확보하기 위해 인접 학문 분야의 연구 성과를 적극적으로 수용하는 자세를 가져야 한다.

제2장 조선 초기 경학사상의 문화다원론적 특징*
- 미시적 접근과 거시적 접근을 중심으로

엄연석

1. 서론

이 글은 조선 초기 경학사상이 내포하고 있는 문화다원론적 특성[1]을 미시적 관점과 거시적 관점에서 고찰하고자 한다. 이 글에서 조선 초기 경학사상의

---

* 이 논문은 2020년 대한민국 교육부와 한국연구재단의 지원을 받아 수행된 연구임 (NRF-2020S1A5B8103756)

　본 논문은 성균관대 유교문화연구소 비판유학·현대경학 연구센터에서 개최한 학술회의 〈현대경학의 방법론적 모색〉(2022.5.27.)에서 발표하고『공자학』제48호(2022.10.30.)에 게재된 논문을 수정 보완한 것임.

1) 문화다원론은 기본적으로 수많은 인류 종족의 문화적 다양성을 인정하고 각각의 문화는 독특한 역사적 환경의 측면에서 이해해야 한다는 주장이다. 특정한 사회의 역사적 맥락을 헤아려서 그 문화를 평가해야 하며, 어떤 문화 요소도 그 나름의 분명한 존립 근거가 있다는 것이다. 루스 베네딕트(Ruth F. Benedict)는『문화의 유형』에서 특정 문화권에서의 인간 행위가 그 사회의 관습에 따라 얼마나 다양한가를 보여 주었다. 그에 따르면 각각의 문화는 서로 상대적인 측면들을 가지고 있으며, 문화적 가치는 그 사회적 환경과 조건에 따라 고유한 의미를 내포하고 있어서, 각기 다른 규범체계를 구성한다. 이 또한 문화 사이의 가치론적 비교가 불가능하며, 평등한 시각에서 문화마다 그 요소들은 고유한 상대적 가치를 가지는 것으로 이해하는 입장이다. (엄연석, 「『주역』상징체계에 내포된 문화다원론적 함의와 도덕적 표준」, 『인문연구』 156호, 영남대 인문과학연구소, 2019, 158쪽)

문화다원론적 특징을 미시적 관점과 거시적 관점으로 살펴보기 위해서는 몇 가지 검토할 사항이 필요하다. 첫째는 '경학經學'이라는 말이 뜻하는 의미를 어떻게 규정할 것인가 하는 문제가 있다. 둘째는 경학이라는 말의 의미를 규정하는 것과 연관하여 '사상思想'이라는 개념의 의미를 설명하는 것이다. 셋째는 경학이 유학의 육경六經에 관한 주석과 해설, 그리고 정치적 제도화 등을 포괄하는 의미를 가지는 것으로 광의廣義로 해석할 때 경세론을 포함한다는 것에 대한 문제이다. 넷째는 이러한 검토에 근거하여 조선시대 경학사상의 문화다원론적 체계는 유학의 주석사로서 한당의 훈고학, 송대의 성리학, 명대의 양명학에 관한 주석 및 해설에 대한 연구를 수평적 시각에서 포괄하는 것에 대한 검토이다. 다섯째, 유가 경학經學의 내용이 사서삼경四書三經의 정치사상과 제도에 관한 문제들에 대한 주석과 해설을 포괄하고 있는 만큼, 정치제도와 사상을 중심으로 하는 경세론에 관한 내용을 검토하는 것이다. 여기에서는 조선 초기 경학에 대한 문화다원론적 특징을 성리학적 우주론, 심성론, 실천수양론, 정치경세론, 제도론 등으로 구분하여 이를 시대적 선후와 주제 영역을 수평적 다원적 관점에서 살펴보고자 하는 것이다.

조선 초기 경학사상의 문화다원론적 특징을 미시적 관점과 거시적 관점으로 구분하는 것에 이 논문의 특징이 있다. 먼저 미시적 관점의 연구가 경학사상에 대한 주석이나 해설 가운데 우주론과 심성론, 실천수양론에 대한 개념적, 분석적, 연역적 해명이라고 한다면, 거시적 관점의 연구는 정치사상 및 경세론, 제도론에 대한 경험적, 종합적, 귀납적 조명이라고 할 수 있다. 다시 말하면 미시적 해석이 현상으로 드러나기 이전의 현상을 드러내는 이치에 대한 미시적 양상에 대한 분석적 해명이라면, 거시적 해석은 이치가 드러난 현상이 지니는 양상에 대한 검토가 된다.

이 글은 성리학을 이념으로 하여 국가의 전장제도를 확립하는 데 강조점을 두었던 조선 초기와 왕조의 제도와 체계가 안정기에 접어든 조선 전기를 중심으로 미시적 관점 및 거시적 관점에서의 경학적 특징을 검토하고자 한다. 먼저 조선 초기는 왕조 건국의 기초를 이념적 제도적 기초를 세운 정도전鄭道傳과 권근權近, 변계량卞季良, 양성지梁誠之, 최항崔恒, 김종직金宗直, 성현成俔 등과 같은 관학파의 경학사상을 중점적으로 검토하고자 한다. 이들에 대한 조명을 통하여 조선 초기의 경학사상이 공시적 관점과 통시적 관점, 경학사상의 범위가 지니는 다양성에 따른 해석의 차이를 포함하여 문화다원론적 함의를 가지고 있음을 해명하고자 한다.

다음 제2절에서는 조선 초기 경학사상과 함께 경세론적 배경을 살펴보고자 한다. 제3절에서는 조선 초기 경학사상을 미시적 관점에서 해석하되, 리기理氣 개념에 내포된 보편성과 특수성에 주목하여 검토하고자 한다. 제4절에서는 조선 초기 경학사상의 거시적 측면으로서 경세론과 제도론으로 연역되는 측면을 해명하고자 한다. 마지막 맺음말에서는 조선 초기 경학사상이 경학과 경세론을 포괄하여 문화다원론적 의미를 내포하고 있음을 강조하고자 한다.

2. 조선 초기 경학사상의 배경과 경세론적 특성

이 장에서는 조선 초기 경학사상의 배경을 살펴보기 위하여 경학적 사유가 시원을 이루던 고려 후기 이후 정치적 사회경제적 제도 그리고 불교를 중심으로 하는 종교적 배경을 살펴보고자 한다. 이어서 경학적 사유를 구체적으로 행한 학자관료들의 기본적 학문적 특징을 검토하고자 한다.

고려시대는 중기 이후 무신정권이 이어지고, 원나라의 침략과 지배에 따른 정치사회적 환경의 변화로 급격하게 사회적 안정성이 무너지면서 적폐를 드러내기 시작하였다. 권문세족은 고려 후기에 선대의 공덕으로 음서蔭敍로 관인 신분을 세습하거나, 왕실과 혼인을 맺은 외척으로 범위를 넓혀 간 세력이었다. 원나라가 고려를 지배하게 된 이후 고려 왕실은 원元의 황실과 혼인 관계를 맺어 그들의 부마駙馬가 됨으로써 보호를 받고자 하였다. 이에 따라 고려의 주요 관제로 변경지방의 군사 문제를 의논하는 회의기관으로 도병마사都兵馬使는 각종 국사國事를 처리한 중심기구로서 도평의사사都評議使司로 개편되었다.

이 도평의사사에 참여하는 구성원이 거실의 자제로 권문세족 출신의 관인들이었으며, 이들은 국정 전반에 참여함으로써 자신들의 정치경제적 권리를 행사하며 지배계층으로 군림하였다. 이들은 거대한 농장農莊과 많은 노비를 소유하여 이를 자기 자손들에게 세습하였다. 이들 관인은 국가로부터는 녹봉 대신 녹과전祿科田도 지급받았다. 그리하여 이들이 소유한 농장은 수백 결, 수천 결에 달했고 산천을 경계로 하거나 주군州郡에 걸치는 광대한 것도 있었다.[2] 이들 권문세족들은 경제적으로 토지의 겸병과 독점을 통하여 고려 후기의 국가의 경제적 모순을 낳는 중심 세력이 되었다.

고려 말기에 접어들면서는 불교계가 사회경제적 폐단의 소굴이 되었다. 본래 고려시대에는 과거제도에 승과僧科를 두어 합격자에게 국가에서 직위와 토지를 하사하였다. 수준 높은 대우를 함에 따라 고려시대에는 승려가 되려는 사람이 많았다. 이렇게 불교가 융성하면서 폐단이 생기기 시작하였다. 세금과 군역을 피하고자 승려가 되려는 사람이 생겨났고, 사원은 재산을 늘리기 위하여 토지 겸병에 힘쓰고 상업이나 고리대업에도 종사하였다. 불교계는 말기에 부패가 심화되어 사원에서는 토지를 겸병하고 모리謀利의 소굴이 되고, 간승奸僧들이 발호하여 날마다 호화로운 생활을 하였다.[3] 고려 말기에 유학 지식을 통하여

<hr>

2) 한국사연구회 편, 『한국사연구입문』(지식산업사, 1982), 254쪽.
3) 이병도, 『한국유학사』(아세아문화사, 1987), 98쪽.

신진사대부로 성장한 학자들은 대부분 이러한 불교계의 모순과 폐단을 비판하는 대열에 참여하였다.

이처럼 국가의 토지와 농장을 대부분 권문세가와 불교사원이 사유지로 점령하여 전제田制가 문란하게 됨에 따라, 고려 말기는 국가의 재정이 파탄 나고 고갈되어 국가의 경제력이 극도로 쇠퇴하던 시기였다. 이러한 문제를 공민왕은 전민변정도감田民辨正都監을 설치하고, 신돈辛旽을 등용함으로써 여러 가지 개혁정책을 전개하고자 하였다. 여기에서 전민변정도감은 고려 후기 권세가에게 점탈된 토지·농민을 되찾기 위해 설치된 임시관서였으나, 권문세족의 반발로 실패하였다. 전제개혁을 위한 이러한 노력은 이후 1391년(공양왕 3)에 개혁파 신진사류이자 조선 왕조 건국공신인 조준趙浚이 과전법科田法4)을 시행한 것으로 결실을 맺었다.

고려 후기에 무신정권이 성립되고, 원나라의 지배가 시작되면서 권문세족과 불교 사원의 토지겸병과 독점으로 인한 국력의 약화로 고려는 유학과 성리학을 이념으로 삼아 새롭게 성장하기 시작한 신진사대부 세력에 의해 멸망되고 새로운 조선 왕조가 개창되었다. 여기에서 새 왕조를 열었던 신진사대부들이 지향했던 유학과 성리학 이념을 담은 경전經傳을 새 왕조의 운영원리이자 기초로 삼아 연구하는 학문을 경학經學이라고 일컬을 수 있다. 이제 조선 왕조의 통치 이념으로서 유학과 성리학을 토대로 하는 경학經學적 사유의 시원을 거슬러 올라가 보기로 한다. 경학의 시원을 거슬러 올라갈 때 그 기준을 경經을

---

4) 과전법은 토지분급에 관한 규정, 조세수취 규정, 전주와 전객의 관계에 관한 규정 등이 중심을 이루고 있다. 고려 말, 국가 재정의 고갈 문제를 해결하기 위해 권문세족이 불법으로 점유한 토지를 몰수하여 관리들에게 급료로 토지를 분급한 제도이다. 해당 관리는 과전에서 나오는 세금을 거두는 권리인 수조권을 부여받았다. 이는 조선 초 이 토지제도의 근간을 이루었다. 과전법 시행으로 개인수조지는 축소되고 국가수조지가 확대되어 국가를 지탱해 주는 물적 기반이 늘고, 농민들을 국가가 직접 파악함으로써 국가통치기능이 회복되었다.

학습하는 기관을 설립한 것으로부터 찾고자 한다면, 신라시대 국학에까지 올라가야 하지만 이 글에서는 고려시대의 경전 학습기관의 연원을 고찰하고자 한다.

『고려사高麗史』「선거지選擧志」「서문」에 '태조는 먼저 학교를 세웠다'고 하거나, 서경西京에 행차하여 그곳에 학원을 세웠다는 등의 기사로 볼 때 고려시대에는 태조 왕건이 건국을 한 초기부터 신라의 국학國學을 이은 국립대학이 있었을 것으로 추론된다. 이후 성종成宗 11년(992)에 "국자감國子監을 창건하라"는 기사가 전하는 것으로 보아 국자학, 태학, 사문학을 포함하는 국자감이 성종 시기에 세워졌으나 형식적인 기관만 설립하고 재정상 어려움과 사학私學의 성행으로 실질적인 교육이 이루어지지는 않은 것으로 추측된다. 예종睿宗과 인종仁宗 때는 관학진흥책을 썼는데, 특히 예종은 최충의 9재齋를 모방하여 7재齋를 설치하였다. 여기에는 7종의 전문 강좌로서 『주역周易』, 『상서尙書』, 『모시毛詩』, 『주례周禮』, 『대례戴禮』, 『춘추春秋』, 『무학武學』 등이 구성되었다. 이 가운데 앞의 6종이 유학재儒學齋로, 삼경三經을 포함하는 유가 경전을 공부하는 재齋이다.

고려시대 국자감의 유학부儒學部의 교육 과정과 수업 연한을 보더라도 효경孝經·논어論語, 상서尙書·공양전公羊傳·곡양전穀梁傳, 주역周易·모시毛詩·주례周禮·의례儀禮, 예기禮記·좌전左傳 등의 과목으로 이루어지며, 각각 1, 2, 2, 3년으로 이루어져 있다. 이들 경전은 모두 유학사상의 핵심을 이루는 경전들이며, 이들로부터 바로 경학 교육을 위한 제도적 장치가 고려 전기부터 갖추어져 있었음을 알 수 있다. 특히 학관學官으로 유학부에는 경학에 뛰어나고 언행이 독실하여 사범師範이 될 만한 인물을 박사조교로 삼아 각 경서를 가르치도록 하였다.[5] 이렇게 경학에 관한 교육을 국가적으로 정비하는 과정을 통해 유학을 학습한 학자들이 양성되었다.

---

5) 朴龍雲, 『高麗時代史』 上(1996), 367~373쪽.

안향安珦은 충렬왕 160년(1290)에 연경燕京에서 처음으로 신간 주자서朱子書를 얻어 보고 잠심 연구하여 그 내용이 공맹孔孟의 정맥임을 알고 그 책을 손수 베끼고 초상을 모사하여 돌아왔다. 이후 우탁禹倬과 권부權溥 등이 각각『주역』「정전程傳」을 도입하고, 『사서집주』를 간행하여 유학과 성리학을 수용하였다. 이들 성리학에 관한 서적 도입을 시초로 고려 후기에 이제현李齊賢, 이곡李穀, 백문보白文寶, 이색李穡 등은 유학에 기초를 두면서도 성리학을 학습하여 송대 리기심성론을 중심으로 하는 형이상학적 경학의 세례를 받기 시작하였다. 그러면 고려 말기와 조선 건국 시기에 활동했던 경학자들이 제시한 경학적 사유의 일단을 점검해 보고자 한다.

먼저 목은 이색은 고려 말기 경전 내용에 대하여 경학적 사유의 시원을 연 대표적 학자라 할 수 있다. 그는 리기론과 심성론, 수양론 등 성리학의 기본 이론을 받아들이면서도 유학의 경학적 사유를 제시하였다. 이색은『중용』과『주역』을 경학적 관점에서 이해하고자 하였다. 그는『중용』을 유가의 심법心法이 담겨 있는 경전으로 간주하였고, 성誠이 천도와 인도를 통일하는 기준이 되는 것으로 보았다. 또한 중화계구中和戒懼 등의 개념을 통하여 심성론과 수양론의 내용을 제시하는 측면에서『중용』의 경학적 측면을 해설하였다. 또『주역』의 경우는 정이 계열의 의리역의 관점에서 설명하였고, 강건한 양陽을 중시하였다. 나아가 정貞을『주역』의 중심 개념으로 해석하면서 이것으로 오경五經 전체를 일관되게 해석하였다.[6]

이어서 정몽주의 경학에 대한 이해는 「포은봉사고서圃隱奉使藁序」에 기록된 정도전의 증언을 통하여 알 수 있다. 그에 따르면 정몽주는『대학』의 핵심 요강을 제시하고『중용』의 극치를 이해하는 데서 도를 밝히고 전하는 요지를

---

6) 琴章泰, 『朝鮮前期의 儒學思想』(서울대학교출판부, 1997), 40쪽.

얻었고, 『논어』와 『맹자』의 정밀함에서 마음을 보존하고 본성을 함양하는 요점과 체험하고 넓히는 방법을 얻었다. 『주역』에서는 선천과 후천이 번갈아 체용體用이 되는 것을 알았고, 『서경』에서는 정일집중精一執中이 제왕이 전해 준 심법임을 알았다. 『시』는 인륜의 규범과 사물의 법칙에 대한 가르침이 근본하고, 『춘추』는 도리와 공리가 나뉨을 변별하였다.[7] 이러한 정몽주의 경전 이해는 경학을 통하여 성리학의 다양한 영역을 파악하는 것이고, 성리학적 경학의 핵심 요령을 제시하는 것이라 할 것이다.[8] 정몽주鄭夢周 이후 여말선초의 경학經學사상에 관하여 현저한 업적을 세우고 있는 학자이자 정치가로는 정도전鄭道傳(1342~1398)과 권근權近(1352~1409)을 들 수 있다. 정도전의 경학사상은 기본적으로 경세론적 필요성에 따라서 경전적 근거를 위하여 유학의 여러 경전을 원용하면서 그 제도적 실천적 의의를 해명하고자 한 것이다. 반면에 권근의 경학사상이 지니는 특징은 유학의 여러 경전經傳이 가지는 경세론적 실천적 의미와 함께 경전 자체와 경전 사이의 연관성을 체계적으로 이해하고자 했으며, 나아가 『오경천견록五經淺見錄』에서 볼 수 있듯이 개별 경전에 대한 전문적인 주석을 붙이고 있다는 점에서 뛰어난 성과를 이루었다고 할 수 있다.

정도전의 경학사상은 그의 재상중심론宰相中心論을 뒷받침하기 위한 경세론적 관심으로부터 시작하고 있다. 그의 경학사상은 그의 중심 저술인 『삼봉집三峯集』, 『조선경국전朝鮮經國典』, 『경제문감經濟文鑑』, 『경제문감별집經濟文鑑別集』 등에 편재하여 나타난다.[9] 그는 『논어』, 『맹자』, 『대학』, 『중용』 등에 대한 주자의

---

7) 『三峯集』, 卷3, 「圃隱奉使藁序」, "先生於大學之提綱, 中庸之會極, 得明道傳道之旨, 於論孟之精微, 得操存涵養之要, 體驗擴充之方, 至於易知先天後天, 相爲體用. 於書之精一執中, 爲帝王傳授心法, 時則本於民彝物則之訓, 春秋則辨其道誼功利之分."

8) 琴章泰, 『朝鮮前期의 儒學思想』(서울대학교출판부, 1997), 53쪽.

9) 금장태는 삼봉 정도전이 이들 저술을 지은 의의를 다음과 같이 요약하였다. "삼봉은 유가적 원리에 따라 『조선경국전』의 체계를 구성하면서 또한 중국과 우리나라의 역대 왕조를 통한 정치의 득실을 평가하여 귀감을 보이기 위해 『경제문감』, 『경제문감

해석을 토대로 성리학적인 인론(論)과 경세론을 제시하는 경학적 특색을 가지고 있다. 또한 『조선경국전』은 『주례(周禮)』의 육전(六典) 체제에 기초하여 원나라의 『경세대전』의 편목을 참고하였고, 그 구체적 내용은 남송대에 지어진 『주례정의』와 『산당고색』 등을 활용하였다. 그는 주자학의 정치 이념에 입각하여 새로운 왕조의 기반을 세우려고 하였고, 이를 『조선경국전』에 반영하고자 했다.

뿐만 아니라 그는 『경제문감』과 『경제문감별집』을 지어 『주례정의』에서 재상이 육전 전체를 총괄하고 궁정 사무까지 맡는 이른바 재상정치론을 원용하였다. 『경제문감』에서 그는 재상과 대관, 간관, 위병 등을 통하여 재상의 정치운영과 대간의 권력 견제를 중심으로 한 정치운영, 감사, 주목, 군태수, 현령 등을 통한 중앙과 지방의 통일적 집권 체제의 구상을 제시하였다. 『경제문감』에서는 『산당고색』, 『서산독서기』 등 사공학으로 분류된 서적에 실려 있는 주자의 견해를 대폭 수용하였다. 이처럼 『경제문감』은 성리학을 포용한 사공학의 경세론적 측면을 수용하면서 인성 혹은 도덕적 본성과 아울러 경세론까지 외연이 확대된 주자의 정치사상을 받아들였다.[10] 이처럼 정도전은 조선 왕조를 열기 위하여 유학과 성리학을 이념적 기초로 하고 그 경전적 근거를 세우기 위하여 『사서삼경』과 『주례』에 대한 여러 해석들을 원용함으로써 경세론적 관심에 중점이 두어진 경학사상적 특징을 보여 주고 있다.

권근의 경학사상은 오경(五經) 전체에 대한 주석서를 짓고, 이들 사이의 유가 철학적 의미구조를 체계화시키고 있다는 점에서 조선 건국 시기에 독보적 위치를 차지하고 있다고 해도 과언이 아니다. 권근의 경학에 관한 저술은 『입학도설

별집』을 저술하였다. 이들 저술은 유교 이념을 정치적으로 구체화하고 사회적으로 제도화하여 유교사회의 기반을 확립시키고 유교 이념의 이상을 구현하고자 한 의지를 발휘한 것이며, 성리학을 기반으로 한 도학적 경세론의 체계화이다."(금장태, 『朝鮮前期의 儒學思想』, 148쪽)

10) 도현철, 『조선 전기 정치사상사』(태학사, 2013), 65쪽.

入學圖說』과『오경천견록五經淺見錄』을 들 수 있다. 이러한 권근의 경학 저술은 그의 사상을 내포하고 있는 대표 저작일 뿐만 아니라 한국경학사에서도 유례를 찾기 힘든 체계성을 이루고 있다.『입학도설』과『오경천견록』을 중심으로 하는 그의 경학의 가장 커다란 특징은 사서오경을 그 의미 연관성에 따라 체계화하고 있다는 점이며 그 체계화의 방법에 성리학의 체용론體用論을 적용하고 있다는 점이다.

구체적으로 그는『입학도설』에서『대학』의 기본 구조를 체용體用, 본말本末, 지행知行, 공부와 공효의 대응 구조로 이해하며, 특히 3강령과 8조목을 각각 체용과 지행 구조로 파악하였다.『중용』에 대해서도 권근은 체용론에 따라 그 구조를 설명하는데, 중화를 체용體用과 리기理氣의 이원적 구조로 이해하였다. 권근이 체용론의 관점에서 해석한 유학경전 가운데는 오경五經을 체용 개념을 통하여 이해한 것이 백미百媚를 이룬다. 그는 오경 각각의 경전 자체를 체용으로 나누어 이해할 뿐만 아니라, 오경 사이의 관계를 체용론으로 이해하고 있다. 그는『역경』을 오경의 전체全體라 하고,『춘추』를 오경의 대용大用이라고 하여,『주역』과『춘추』를 오경의 체용적 기본 구조로 표출시키고 있다. 또한 그는 오경의 유가적 통합성을 확인하면서 오경五經을 성인聖人과 상응시켜 체용론으로 해설하는데, 곧 성인은 오경의 전체요, 오경은 성인의 대용이라는 것이다.11)

이처럼 권근은 여말선초 왕조 건국기에 성리학의 핵심 논리로서 체용론에 입각하여 여러 경전을 체계적으로 이해하고 있다는 점에서 성리학적 경학의 확고한 기초를 구축하였다.12) 강문식은 권근의『오경천견록』이 고려 중기 북송

---

11) 琴章泰,『朝鮮前期의 儒學思想』(서울대학교출판부, 1997), 164쪽.
12) 체용론이란 형식으로 체계화한 권근의 경학에 대하여 강문식은 권근의 경학 체계의 핵심 이론을 천인합일론으로 보았다. 그는 "그의 천인합일론은 고려 말 성리학 수용 이래 나타난 천리적 천관에 기초하여 성립된 것으로, 핵심은 천리의 분명한 실체를

성리학의 영향으로 형성된 이래 이제현, 이색 등을 거쳐 이어진 오경五經 중심의 경학풍을 수용하고 여기에 충렬왕 대 이후 수용된 성리학적 경학론을 반영함으로써 고려 경학을 총정리하고 동시에 조선 경학의 출발점이 되었던 중요한 저술13)이라고 평가하였다.

3. 조선 초기 경학사상에 대한 미시적 해석: 리기 개념에 내포된 보편성 과 특수성

인의예악에 기본을 두는 도덕적 이상 정치는 송대에 이르러 천리天理를 본체로 하는 리기론理氣論 형이상학에 근거를 두게 된다. 그런데 송대 주희에 의하여 집대성된 리기심성론 또한 자연과 인간을 포괄하여 근원적 실체를 전제하면서 이를 통하여 시공을 초월한 보편성을, 기를 통하여 시공에 제약을 받는 특수성을 드러내고 있다. 그러면 리기론에서 언급하는 리와 기 개념 각각이 지니는 특징과 이 양자 사이의 상관관계를 간략하게 정리해 보고자 한다.

리理는 선진시기에 본래 옥의 결이나 조리를 뜻하였다. 그러나 『순자』에서 마음을 성실하게 하여 의를 행하는 것이 리理14)라고 하는 것이나, 『예기』에서 '의리義理는 예禮의 문文이다15)라고 하는 것처럼 인간의 행동을 세련되게 하는

인식하고 그에 부합하는 인도를 구현함으로써 천인합일을 달성한 이상사회를 실현하는 것이라고 할 수 있다. 권근의 천인합일론은 오경 전체를 하나의 일관된 체계 속에서 이해할 수 있도록 해 주는 연결고리가 되며, 나아가 정치관 사회신분론, 예론 등 그의 모든 학문사상 체계의 이론적 출발점이 된다'(강문식, 『권근의 경학사상연구』, 일지사, 2008, 344쪽)라고 하였다.

13) 강문식, 『권근의 경학사상연구』(일지사, 2008), 345쪽.
14) 『荀子』, 「不苟」, "誠心行義則理, 理則明, 明則能變矣."
15) 『禮記』, 「禮器」, "義理, 禮之文也."

것으로서 사회적인 도리로 이해되었다. 이처럼 자연의 무늬 또는 인간의 사회적 도덕률을 규정하는 의미로 쓰이던 리理가 송대 주희에 이르러서는 현상사물의 배후에서 그것을 규정짓는 자연과 도덕을 포괄하는 형이상학적 실체의 의미를 가지게 되었다.

주희의 철학에서 핵심 개념은 리理이며, 이것은 그의 철학의 출발점이자 귀결처이지만, 반드시 기에 의지하여 비로소 물질적 토대를 가지고 운동할 수 있다. 그는 다음과 같이 리와 기의 상관관계를 언급하였다.

> 아래로부터 미루어 올라가면 오행五行은 단지 이기二氣이고, 이기二氣는 일리一理일 뿐이다. 위로부터 미루어 내려오면, 단지 이 하나의 리는 만물이 그것을 나누어 체體로 삼는다. 만물 가운데 다시 각각 하나의 리를 갖추고 있는 것이 이른바 "건의 도리가 변화하여 각각 성명을 바르게 가진다"고 하는 것이다. 그러나 총괄하면 또한 단지 하나의 리일 뿐이다.[16]

그는 리기 관계를 말하면서 위와 아래로 오고 가면서 오행五行과 이기二氣를 매개로 만 가지 사물로부터 하나의 리로, 하나의 리로부터 만 가지 사물로 사물과 이치의 순환적 변화를 강조하였다. 주희의 세계의 구조에 대한 이해에서 이는 우주만물의 본원이고, 인류사회의 최고의 원칙이다. 본체로서 이는 자체로 유일무이한 것이고 고요하여 움직이지 않는 것이다. 따라서 이것은 순수하게 절대적이고 공허한 리理이다.[17]

반면 기는 음양으로 분화되면서 천차만별한 구체적인 현상세계를 사물과 형형색색의 세계를 낳는 것이다. 주희는 천지 사이에서 음양이 갈마들어 수많

---

16) 『朱子語類』, 卷94, "自下推上去, 五行只是二氣, 二氣又只是一理. 自上推而下來, 只是此一个理, 萬物分之以爲體. 萬物之中, 又各具一理, 所謂乾道變化, 各正性命. 然總又只是一理."
17) 張立文, 『宋明理學硏究』(中國人民大學出版社, 1985), 398쪽.

은 사물을 산출하는 모습을 다음과 같이 묘사하였다.

> 천지의 시초에 단지 음양의 기만 있었는데, 이 기가 운행하여 갈고 문지르는
> 것이 빠르게 이루어지면 많은 찌꺼기를 빚어내게 된다. 속에서 나오지 못하는
> 것은 곧 중앙에 땅이 된다. 맑은 기는 하늘이 되고, 해와 달이 되며, 별이
> 되어, 단지 밖에서 지속적으로 돌고, 땅은 중앙에서 움직이지 않는다.[18]

음양의 두 기가 움직여서 빠르게 변화하면서 삼라만상의 사물이 빚어져
나와 하늘과 일월성신과 땅이 된다. 이때 자연사물에 있어서 기는 단순하게
사물의 특성을 다양하게 하는 질료적인 것이 되는 반면, 인간사회에 있어서
기는 청탁후박淸濁厚薄에 따라 도덕적 자질의 차이를 가져온다. 여기에서 자연
사물에서와 인간사회에 적용되는 리와 기의 상관관계는 필연성과 법칙성, 보편
성과 특수성, 단일성과 다양성, 당위성과 목적성 등의 관점에서 이해된다.

다시 말하면 성리학에서 언급되는 리기理氣 개념은 자연과 인간을 대상으로
할 때 그 의미가 다르게 이해된다. 뿐만 아니라 학자들마다 각각의 철학적
관점과 이론체계에 따라서 이들 개념에 함축되어 있는 의미가 달라진다. 이렇
게 학문적 체계에서 구별되는 의미가 현실적인 정치상의 제도에 적용될 때는
커다란 문화적 차이를 가져오게 된다. 이 점에서 개별 학자가 제기하는 리기심
성론 체계가 내포하고 있는 이론적 특성을 세밀하게 점검하는 것이 중요하다.

문화다원론 논의의 핵심 전제는 인류 종족의 모든 문화는 역사문화적 사회
적 환경과 조건에 따라 특수성과 다양성에 따라 고유성을 가지고 평등하고
상대적이라는 것이다. 문화다원론은 특수성과 개별성, 다양성과 평등성을 핵심

---

18) 『朱子語類』, 卷1, "天地初間, 只是陰陽之氣, 這一个氣運行, 磨來磨去, 磨得急了, 便拶許多渣
滓, 裡面無處出, 便結成个地在中央. 氣之淸者, 便爲天, 爲日月, 爲星辰, 只在外常周環運轉,
只便地在中央不動."

적인 특징으로 전제하는 이론이다. 이를 성리학의 리기理氣 개념의 본질적 특성에 대한 논의로 연역해 보면 다음과 같이 설명할 수 있다.

먼저 리기理氣 개념 가운데 문화다원론의 핵심 의미를 설명하는 데는 기氣 개념에 대한 분석적 이해가 필요하다. 기氣에 대한 철학적 논의를 본격적으로 진행한 학자는 북송대 장재張載(1020~1077)이다. 그는 기본론氣本論을 통하여 기氣를 중심으로 하는 우주론과 심성론을 제시하였다. 그는 "기는 텅 빈 무한한 공간에 차 있으면서 오르내리고 날아 퍼져서 잠시도 멈추어 있지 않으며" 이로부터 "비와 바람이 되고 서리와 눈이 되어, 온갖 사물이 유동적인 형태를 가지며, 산천이 응결되어 형체를 이루게 된다"[19]라고 하였다. 뿐만 아니라 "유동하는 기가 어지러이 얽히면서 결합하여 형질을 이루는 것이 사람과 사물의 온갖 차이를 낳는다. 음양의 두 극단이 그치지 않고 순환하는 것이 천지의 대의를 세운다"[20]라고도 하였다. 장재는 여기에서 성리학의 기본체론을 제기하면서 태허 본체기로부터 현상사물이 형성되는 과정을 묘사하면서 기氣가 온갖 사물의 특수성과 다양성을 낳는 근원이 되는 것으로 보았다. 여기에서 사물들은 어떤 의미에서 각각의 특수성과 고유성에 따라 상대적으로 평등한 가치를 갖는다. 특수성과 개별성의 계기로 다양성과 고유성을 가지는 이와 같은 기적氣的 현상은 바로 문화다원론이 전제하는 특성을 함축하고 있다. 요컨대, 문화다원론의 핵심 전제 또는 논의를 성리학으로부터 도출하고자 한다면 이러한 기론氣論은 그 철학적 근거가 된다고 할 수 있다.

하지만 문화다원론이 특수성과 다양성을 가지는 개별 문화의 고유하고 평등한 가치를 전제한다고 하더라도 이들 문화 사이에 고립과 대립과 같은 방향으로 치우칠 가능성을 가지고 있다. 따라서 문화다원론이 개별 문화의

---

19) 『正蒙』, 「太和」, "氣坱然太虛, 升降飛揚, 未嘗止息,……萬品之流形, 山川之凝結."
20) 『正蒙』, 「太和」, "游氣紛擾, 合而成質者, 生人物之萬殊. 其陰陽兩端循環不已者, 立天地之大義."

상대적 고유성을 인정하더라도 여러 문화의 전체적인 조화 또한 지향해야 하는 의미를 갖는다. 이런 점에서 볼 때, 문화다원론이 보편성과 통일성보다 특수성과 고유성, 다양성에 치우치는 가치를 제시하는 경향이 있다고 한다면, 성리학의 기론氣論은 필연적으로 보편적 의미를 가지는 '리理'와 결합하여 리기론理氣論으로 종합되기 때문에 문화다원론에 대한 철학적 근거가 될 수 있다.21)

그러면 미시적 관점에서 우주론과 심성론과 관련되는 개념에 대하여 다원론적 해석을 할 수 있는 사례를 들어 보기로 한다. 권근은 『입학도설』에서 「천인심성분석지도」를 제시하였는데, 여기에서 기화氣化와 리理, 성性 등을 통하여 그 의미를 불교의 공空과 양주楊朱의 혼混과 비교하여 설명하였다.

곧바로 '천天'이라고 하면 혹 어둡고 공허하여 전혀 주재하지 못한다고 생각하여 그것이 모든 이치의 근원이 됨을 모르고, 혹은 끝없이 두루 사물을 덮어서 기화를 행하는 것에 구애되어 하나의 근본이 오묘함을 지니고 있음을 모른다. 또 내게서 성性이 되는 것이 그 근원이 모두 천에서 나오며 그 리理가 모두

---

21) 장재와 정이는 각각 음양의 기의 다양성과 리의 통일성을 말한다. 장재는 "음양의 氣는 흩어지면 온갖 다르게 되어 사람은 그 하나가 됨을 알지 못하고, 합하면 뒤섞여서 사람은 그 다름을 알지 못한다"(陰陽之氣, 散則萬殊, 人莫知其一也. 合則混然, 人不見其殊也)라고 하였고, 정이는 "음양 두 기와 오행은 강유로 만 가지의 다름이 있지만 성인이 말미암는 것은 오직 一理이다"(二氣五行, 剛柔萬殊, 聖人所由惟一理)라고 하였다. 장재는 음양의 기가 다양한 방향성을 가지고 쉬지 않고 움직이면서도 그 속에 일정한 조리를 내포하고 있는데 이것을 性命의 理라고 하였다.(엄연석, 「신기선의 동도서기론과 동서사상의 지평융합」, 『동도서기의 의미지평』『근현대한국총서』 3), 동과서, 2019, 53쪽) 이렇게 성리학에서 氣가 사물의 모든 차이를 가져오는 계기가 되는 것이라면, 理는 이들을 하나로 통일시키는 원리라 할 수 있다. 이렇게 氣가 모든 현상의 다양성을 가져오는 근거가 된다면, 리는 모든 사물의 차이와 다름을 하나로 통일시키는 근거가 된다. 이 점에서 기는 문화다원론의 핵심 전제를 가능하게 하는 성리학적 존재론적 근거가 되는 것으로 해석할 수 있다. 다시 말하면 성리학의 理氣論에 내포되어 있는 이러한 보편성과 특수성의 이념을 정치적 측면, 사회적, 경제적 측면에 적용할 수도 있고, 문화적 측면에 적용할 수도 있다. 이것을 문화적 측면에 적용할 때 문화보편론 또는 문화다원론으로 논의를 나누어 전개할 수 있다.

나에게 갖추어져 있다는 것을 모르게 되어, 때로 불교의 공空과 양주의 혼매 (混)에 빠지게 될 것이다.[22]

성리학의 형이상학과 우주론에서는 형체가 없는 것을 리理라고 하고 형체를 형성하는 요소를 기氣로 규정하면서 온갖 사물의 이치와 현상, 존재와 유행을 설명하는 체계로 삼는다. 권근은 이 단락에서 천을 모든 현상적 이치의 근원으로서의 주재성과 만물의 하나의 근본으로서의 오묘함을 뜻하는 것으로 해석하였다. 또한 천은 나의 본성(性)의 근원인 동시에, 이 성은 바로 천의 리理가 나에게 구비되어 있는 것으로 보았다. 이어서 그는 이러한 하늘의 리理와 인간의 성性이 지니는 특성은 불교에서 말하는 공空의 세계와 구별되고, 도가의 시원이 된 양주楊朱의 혼混과도 구별되는 것으로 봄으로써, 이들 개념이 조선 왕조 건국 초기에 불교를 비판하는 이론적 근거가 되는 것으로 보는 것이라고 하겠다.

정도전은 『삼봉집三峯集』「천답天答」이라는 논설에서 천지만물이 기氣의 차원에서 하나로 연결되어 있다는 동중서의 이론에 근거하여 천인감응설天人感應說을 제시하였다. "대개 천지만물은 본래 하나의 동일한 몸이다. 그래서 내 마음이 바르면 천지의 마음도 바르고, 나의 기가 순조로우면 천지의 기도 순조롭다. 이것이 천지의 재이와 상서가 실로 인사의 득실에 말미암는다는 것이다"[23]라고 하였다. 정도전은 동중서의 동류상동同類相動으로서의 기氣의 의미를 받아들여 하늘과 인간은 동일한 유형의 기氣를 매개로 서로 감응하는 존재임을 강조하

---

22) 權近, 『入學圖說』, 「天人心性分釋之圖」, "直謂之天, 則或意其冥漠空虛都無主宰, 而不知其爲 萬理之源, 或拘於蒼茫遍覆以行氣化, 而不知其有一本之妙, 且又不知吾之所以爲性者, 其源皆 出於天, 其理皆備於我, 而或溺於佛氏之空楊氏之混矣."

23) 鄭道傳, 『三峯集』, 「天答」, "蓋天地萬物, 本同一體, 故人心之心正, 則天地之心亦正. 人之氣 順, 則天地之氣亦順. 是天地之有災祥, 良由人事之有得失也."

였다. 그가 받아들인 동중서의 기氣 개념에는 상서로운 기와 혼탁한 기가 있을 수 있으며. 이러한 시각에는 기氣를 천지와 인간이 공유하고 있다는 전제가 있는 것이다.

변계량은 한 걸음 나아가 동중서 천인감응설의 하나의 사례인 재이설災異說을 언급하면서 재이가 일어나는 이유에 대하여 다음과 같이 설명하고 있다.

> 지금의 재이의 변고는 하늘이 전하를 두터이 살펴서 경계하고 각성하게 함으로써 왕업을 무궁하게 영원히 다스려 안정시키고자 한 것입니다. 그러니 동중서가 말한 하늘이 임금을 어질게 사랑한다는 말을 어찌 믿지 않을 수 있겠습니까?[24]

그는 하늘이 재이를 내리는 목적이 지상에서의 정치적 실정에 대하여 경고하는 단순한 의미를 넘어, 보다 궁극적으로 임금이 실정에 대하여 반성하게 함으로써 다시 왕의 통치를 안정시키고자 하는 목적도 함께 있다는 것이다. 변계량의 재이에 대한 해석은 정치적 안정을 지향하여 임금의 계신공구 수양을 통한 왕조의 안정을 지향하고 있다. 이것은 '재이' 개념에 대하여 제왕의 수양이라는 미시적 관점과 통치의 안정이라는 거시적 관점을 연속적으로 보는 점에서 조선 초기 정치문화의 다원성을 강조하는 의미를 갖는다.[25]

---

24) 卞季良, 『春亭集』, 卷7, 「永樂十九年月日封事」, "今之災變, 又豈非天厚殿下, 俾之警省覺悟, 以保長治久安之業於無窮也耶. 董子所謂天心仁愛人君者, 豈不信哉."

25) "한대의 동중서 철학 내에는 『춘추』라는 학문의 이론 구축과 함께 그것에 기반한 대일통적 경세학이 종합되어 있어서, 미시적이고 거시적인 경학의 특징을 동시에 반영하고 있는 반면, 조선 초기에는 두 가지 특징이 함께 보이기는 하지만, 각각이 별개의 형태로 전개된 것처럼 보인다. 만약 두 가지 특징의 불가분의 관계, 즉 리기 개념에 기반한 경세론의 전개라는 특징이 명확하게 밝혀질 수 있다면 조선조의 경학이 문화다원론적 입장에서 조선시대를 이해하는 핵심 개념으로 정식화될 수 있을 것이다"라고 한 논문의 심사의견을 고려할 때, 변계량이 동중서의 천인감응설을 설명한 것은 조선 전기의 경학사상의 미시적 관점과 거시적 관점을 일관성을 가지고 이해하

4. 조선 초기 경학사상에 대한 거시적 해석: 경세론과 제도론으로 연역

이 절에서는 조선 초기 경학사상의 문화다원론적 특징을 거시적 관점에서 살펴보고자 한다. 조선 초기 경학사상에 대한 거시적 관점의 연구는 미시적 관점에서 연역되는 것으로서 정치사상 및 경세론, 제도론을 중심으로 하여 미시적 관점에서 도출된 이론을 사회문화적 현상으로 드러난 부분에 적용한 귀납적 종합적 조명이라고 할 수 있다. 다시 말하면 미시적 해석이 현상으로 드러나기 이전의 현상의 배후에서 작용하는 원리에 대한 미시적 분석적 해명이라면, 거시적 해석은 이치가 드러난 현상이 지니는 다양한 양상에 대한 경세론적 종합적 검토가 된다. 그러면 먼저 조선 초기 경학사상에 대한 거시적 관점에서의 탐색을 조선 건국 시기 전장제도의 확립을 통하여 조선 왕조의 국가 운영 체계 및 이념을 제시하고자 했던 정도전의 경학사상으로부터 시작해 보기로 한다.

정도전이 지은 책 가운데 조선 왕조 운영의 골격을 구성하는 핵심적 내용이 들어 있는 저술은 『경제문감經濟文鑑』이다. 그는 『경제문감』에서 『주례周禮』의 육전六典 체제를 기반으로 새로운 왕조의 권력 구조를 구상하였는데, 남송대 주례 주석서인 『주례정의』로부터 체제와 항목을 받아들였다. 또한 『산당고색』, 『서산독서기』와 같은 유서類書로부터 중국 역대 왕조의 정치 제도와 관직의 운영과 격언을 참고하면서, 중앙집권적 정치체제와 재상중심정치론에 부합하는 자료를 인용하여 『경제문감』을 완성하였다.[26]

구체적으로 『경제문감』에서 정도전은 향－현－주－제로－대성－재상(왕) 에 이르는 상하 통솔 체계를 밝혀서 재상(왕)이 지방의 최소 단위인 향까지

는 것이다.

26) 도현철, 『조선 전기 정치사상사』(태학사, 2013), 126쪽.

직접 파악하는 제민적 지배 체제를 지향하였다. 그의 이러한 정치론은 『주례』의 중앙집권적 정치체제를 실현한 송대 정치체제와 재상정치를 주장한 주자의 정치사상이 반영된 것이다. 이처럼 정도전은 보다 철저하게 주례의 육전적 정치체제를 조선 왕조의 정치구조로 확립하려고 하였다. 그에게서 특이한 점은 주자의 정치사상과 송의 정치체제와 재상정치론을 활용했다는 것이다.[27]

권근의 경우도 정도전과 마찬가지로 조선 왕조의 운영체제와 이념적 기초를 구축하는 데 중요한 기여를 하였다. 그러나 정도전이 국가 운영의 조직 체계와 운영조례에 확립하는 데 중점을 두었다면, 권근은 경세론적 논의도 개진했지만 유가 경학을 중심으로 하여 국가가 운영될 수 있는 이념적 지향과 이론적 학문적 논의를 구체화하였다. 그는 주로 『입학도설』과 『오경천견록』을 통하여 성리학을 중심으로 하는 경세의 이념을 제시하였다. 특히 『오경五經』과 관련해서는 체용론體用論에 따라 오경 각각에 있어서 그리고 다섯 경전 사이의 유기적 체계적 관계를 해설하였다.

거시적 관점과 관련하여, 그의 경세론 논의 중의 하나로서 국가조직에서 상하의 명분과 관련한 그의 논의를 살펴보기로 한다. 그는 『예기禮記』「예운禮運」편에서 상하의 명분을 세우는 것과 관련한 논의에서 다음과 같이 언급하였다.

사람에게 예가 있으면 그 직분(分)을 얻어서 편안해지기 때문에 반드시 살아나는 도리가 있으나, 예가 없으면 그 직분을 잃어버려서 위태롭게 되기 때문에,

---

27) 도현철, 『조선 전기 정치사상사』(태학사, 2013), 203쪽. 정도전은 고려의 정치체제를 개혁하고 대안으로 새로운 체제를 제시하는 데 사공학을 이용하였다. 사공학 계열은 정치체제, 문물제도에 대한 연구를 행하였다. 그는 곧 인간의 도덕적 본성과 수양을 강조하는 도학의 한계를 사공학으로 보완하고자 하였다. 그러나 성리학을 지향하는 정도전의 입장에서 사공학을 전면적으로 수용하는 것이 꺼려져서, 주자학의 논지와 배치되지 않은 사공학 계열의 유서를 활용하였다.(도현철, 『조선 전기 정치사상사』, 205쪽)

반드시 죽게 되는 이치가 있다. 이것은 예가 매우 중요한 것임을 밝히고
예가 없는 사람을 경계하기에 충분하다.[28]

　권근은 여기에서 사람이 살고 죽는 핵심 관건이 바로 상하上下의 직분을
규정하는 예禮에 달려 있는 것으로 해석하고 있다. 그는 상하의 직분이 분명해
질 때 사회가 안정을 유지하게 되고, 직분이 불분명하여 혼란스러울 때 사회는
어지럽게 돈다는 취지를 언급하였다. 강문식은 권근이 상하의 신분을 규정하는
예제를 엄격하게 적용해야 한다는 것이 『예기천견록』의 취지라고 설명하였다.
"『예기천견록』의 내용을 종합해 보면, 권근은 신분에 따른 예제의 엄격한 구별
을 중시하였음이 확인된다. 각 신분별로 적용되는 예제의 내용을 명확히 구별
하여 규정한 다음 이를 철저히 준수하는 것이 권근의 해법이라 할 수 있다"[29]고
하였다. 정도전이나 권근 모두 조선 왕조가 개창되고 나서 국가를 통치하는
기본 운영원리와 전장제도의 기초 구축, 정치적 신분질서의 확립이라는 시대적
요청에 따라 관료조직의 구성 체계를 『주례』로부터, 정치적 상하의 신분질서를
『예기』로부터 그 이론적 내용을 받아들이고 있다. 이때 정도전이 왕조의 거시
적 제도적 운영 체계를 적극적으로 구축하고자 했다면, 권근은 미시적 예법을
통하여 신분질서의 확립을 논의함으로써 미시적 이념과 규범에 주목했다고
할 수 있다.

　조선 초기와 전기에는 관학파 유학자들이 유학의 정치 이념과 문물제도와
같은 거시적 관점에서 조명할 수 있는 경세론을 다양한 주제로 제시하였다.
이들 관료 학자들에는 신숙주, 성현, 정초, 변계량, 양성지 등이 대표적이다.

---

28) 권근, 『禮記淺見錄』, 卷8, 「禮運」, "人有禮, 則得其分而安, 故有必生之道. 無禮則, 失其分而
　　危, 故有必死之理. 足以明其禮之甚重, 而警乎人之無禮者也."
29) 강문식, 『권근의 경학사상연구』(일지사, 2008), 293쪽.

그러면 이들이 제시한 유가적 경세론 중에 몇몇 주제에 관하여 검토하고자
한다.

먼저 신숙주는 언로言路를 사람의 몸 전체를 흐르는 혈기가 소통하는 것과
같다고 비유하면서 언로가 소통되고 개방되는 것을 강조하였다.

> 천하의 언로는 사람의 혈기와 같다. 혈기가 잠시라도 멈추면 온 몸은 병을
> 얻어 편할 수 없고, 언로가 하루라도 통하지 않으면 사방이 병을 얻어 임금이
> 편할 수가 없다. 그래서 옛날에 천하국가를 다스리는 사람에게는 여러 가지
> 통치술이 있었는데, 반드시 직언直言과 극간極諫을 찾는 것이 가장 먼저 해야
> 할 일이다.[30]

이 구절에서는 임금이 건강을 유지하기 위해서는 사람의 몸의 혈기가 원활
하게 순환해야 건강을 유지할 수 있듯이 혈기와 같은 국가의 언로를 소통시키는
것이 필수적이라고 말하고 있다. 그리하여 임금은 자신에게 직언을 하고 정의
로운 정사를 극력하게 권고하는 신하를 적극적으로 찾아서 임용해야 한다는
취지를 말하고 있다. 그래서 "신숙주는 간언을 하지 않은 중후한 신하보다는
극간極諫을 하는 경박한 신하가 나라에 도움이 된다고 하면서 선왕을 힐난한
박팽년朴彭年을 용서해 달라고 요청하여 언로개방에 대한 신념을 보여 주었다."[31]
정도전과 권근이 성리학적 이념에 입각하여 국가의 전장제도를 구성하는 데
여러 경학적 관심을 가졌다고 한다면, 신숙주는 군왕을 최고 정점으로 하는
위계적인 유가적 정치질서 속에서도 정부조직에 정당한 위치를 차지하며 공정

---

30) 申叔舟, 『保閑齋集』, 卷16, 「上文宗論言路宦官疏」, "言路之在天下, 猶血氣之在人身, 血氣一
息不行, 則百體受病而天君不能安. 言路一日不通, 則四方受病而人主不能安, 故古之爲天下國
家者, 蓋亦多術而必以求直言極諫爲先務."
31) 김홍경, 『조선 초기 관학파의 유학사상』(한길사, 1996), 228쪽.

과 정의를 지키는 간관諫官의 역할의 중요성을 강조하고 있다.

『용재총화慵齋叢話』를 저술하고 『악학궤범樂學軌範』을 편찬한 성현成俔은 유가적 도리를 실천하는 유자의 존재를 강조하면서 치도治道를 보완하는 사공과 실용학을 다음과 같이 중시하였다.

> 나라에 하루도 유학자가 없어서는 안 되니, 유학자가 없으면 도가 깃들 곳에 없게 되고, 도가 깃들 곳이 없으면 무엇으로 다스림을 이루겠는가? 옛날의 유학자는 크게는 하늘을 이어 인륜의 표준을 세우고, 세상을 경륜하여 만백성을 길러 주며, 그 다음으로 개물성무하여 사공을 베풀었다. 경술, 문장, 형명, 법률, 의복, 서화 같은 소소한 것에 이르기까지 각각 기예를 써서 치도를 보필하지 않음이 없었다. 임금은 모든 사람의 재주를 모아 크게 공업을 이루었으니, 마치 물줄기가 모여 큰 강이나 바다가 되는 것과 같았다.[32]

성현은 유학자가 새로이 개창한 왕조를 계승 발전시키는 필요충분조건을 언급하고 있다. 그에 따르면 유학자는 하늘과 사람을 관통하는 도道가 깃드는 주체가 되어 계천입극繼天立極하고 화육경륜化育經綸해야 한다고 강조하였다. 이 것은 백성들을 잘 다스리는 이념적 토대이자 강령으로 이상적 통치의 대전제라고 할 수 있다. 나아가 그는 개물성무開物成務의 구체적 과제로서 경술, 문장으로부터 법률, 서화에 이르기까지 여러 분야의 실용적 제도적 부분을 실행해야비로소 통치의 충분조건을 충족시키는 것으로 보았다. 성현의 이러한 관점은성리학적 이념을 강조하면서도 사공학事功學으로 이상적 통치 원리를 보완하고자 한 정도전의 경세론과 연속되는 측면이 있다.

---

32) 成俔, 『虛白堂集』, 卷8, 「儒者可與守成」, "國不可一日無儒也. 無儒則道無所寓. 道無所寓, 則治何由而得成乎! 古之儒者, 大則繼天立極, 經綸化育, 其次開物成務, 以施事功. 至於經術文章刑名法律醫卜書畫之微者, 莫不各售所技, 以補治道. 人君集衆而大成, 猶河海集衆流爲大也."

조선 초기에 경국經國의 기초적 요소로서 농업을 근본으로 강조하는 경향이 있었는데, 이런 흐름의 일환으로『농사직설農事直說』이 지어졌다.『농사직설』은 정초와 변효문이 왕명에 의하여 우리나라의 풍토에 맞는 농법으로 1429년에 간행한 농업서이다. 이런『농사직설』서문에서 정초는 다음과 같이 국가를 다스리는 근본으로서 농업의 중요성을 말하였다.

> 농사는 천하 국가의 커다란 근본이다. 옛날부터 성왕은 이것을 급선무로 삼지 않은 적이 없다.…… 참으로 나라의 제사를 받드는 데 쓰이는 곡물이나, 백성들이 삶을 영위하는 데 바탕이 되는 것이다. 이것이 아니면 할 수 있는 것이 없다.[33]

여기에서 정초는 유가적 예법의 중요한 요소로서 제례祭禮를 행하는 데 필요한 모든 제물을 생산하는 토대가 되는 것이 농업이라고 말하고 있다. 다시 말하면 유가적 예의를 행하는 근본이 되는 것이 바로 농사일이라는 것이다. 또한 이러한 예禮의 문제가 아니라고 하더라도 농사는 백성들이 삶을 영위하는 핵심 요소로 경제적 안정을 가능케 하는 전제가 되는 것이라는 측면에서 중시하고 있다. 이 구절은 실용학과 경세론의 관점에서 농사의 중요성을 언급하고 있는데, 국가 운영의 기초가 되는 농업생산의 중요성에 대한 조선 초기의 인식을 엿볼 수 있다.

반면 변계량은 다분히 패도霸道나 법가적 관점에서 임금의 권력과 이익이 아래로 내려가서는 안 된다고 하면서 군권 확립의 필요성을 역설하였다.

---

33)『世宗實錄』, 卷44, 11年 5月條 辛酉條, "農者, 天下國家之大本也. 自古聖王莫不以是務焉,……誠以粢盛之奉, 生養之育, 捨是無以爲也."

신이 생각건대 권력은 천하가 두려워하는 것이고, 이익은 천하 사람이 추구하는 것입니다. 권력과 이익의 권한은 하루라도 아랫사람에게 넘길 수 없습니다. 임금은 지극히 적은 유일자이고, 군신들은 지극히 많은데, 지극히 많은 신하가 지극히 적은 임금에게 복종하는 것은 대개 권력과 이익이 임금에게 있기 때문입니다. 그러니 그것을 신하에게 넘길 수 있겠습니까?[34]

변계량은 조선 초기 재상중심론을 제기하면서 왕실의 권위를 소홀히 함으로써 살해당한 정도전의 사례를 타산지석他山之石으로 삼아 신권보다는 군권을 확립하는 것이 국가의 정치적 안정을 위한 핵심 요소라고 간주하였다. 신하들이 임금에게 복종하는 유일한 이유는 왕이 권력과 이익(利)을 장악하고 있기 때문이라고 하여 현실적 경제력과 물리력이 왕권을 지탱해 주는 힘이라고 주장하였다. 그는 "권력과 이익을 행사하는 권한이 귀한 신하나 좌우 측근에게 넘어가면 천하 사람들은 이익을 구하고 권력을 두려워하여 임금 권력을 훔친 자가 큰 이익으로 유혹하고 권세로 위협하면 어쩔 수 없이 세가 그에게로 돌아가게 된다"[35]라고 주장하였다. 그는 권력과 이익을 지키고 있는 것이 신하들의 복종에 절대적 요소라는 점을 피력함으로써 조선 초기에 두 번에 걸친 왕자의 난을 거치면서 불안정했던 왕실의 안정을 기하고자 하는 시대적 필요성을 패도覇道와 법가적 통치론을 강조하는 경세론으로 제시하였다.

변계량은 조선이 중국에 종속되지 않고 독립하여 독자적인 왕조의 유구한 연원을 가지고 있음을 하늘에서 내려온 '단군檀君'에 대한 인식을 통하여 제시하

---

34) 卞季良, 『春亭集』, 卷6, 「永樂十三年六月日封事」, '御群臣條', "臣竊謂, 權者, 天下之所畏也. 利者, 天下之所求也. 權利之柄, 不可一日而移於下矣. 人主至寡也, 群臣至衆也. 以至衆而服役乎至寡者, 蓋以權利之在乎上也, 而移之可乎!"

35) 卞季良, 『春亭集』, 卷6, 「永樂十三年六月日封事」, '御群臣條', "蓋權利之柄, 或移於貴臣, 或移於左右, 彼天下之人, 惟利是求, 惟權是畏者, 其常也. 竊人主之柄者, 誘之以重利, 威之以權勢, 勢不得不歸焉."

고 있다. 곧, 그는 "우리 동방은 단군이 시조이니, 대개 하늘로부터 내려왔으며, 천자가 봉건하여 나누어 준 것이 아닙니다. 단군께서 내려오실 때는 요임금의 무진년(戊辰年)에 해당하니, 오늘에 이르기까지 3천 년이 지났습니다"[36]라 하였다. 그는 단군 왕조의 역사를 기존의 기자조선이나 위만조선과 같은 중국과 연결된 조선이라는 시각에서 벗어나, 독자적이고 주체적인 조선이라는 민족주의적 관점을 강조하였다. 이러한 주장에는 '중국과 동일한 민족사의 편년 체계 수립', '민족국가의 독립성이라는 자부심', '만 리 넓이의 대국으로서의 단군조선'이라는 의미가 내포되어 있다[37]고 하겠다. 변계량의 이러한 민족주의적인 단군관은 조선 건국 초기에 문화적 자주성과 독자성을 견지함으로써 중국과의 대등한 교린외교를 지향하고 있다는 점에서도 주체적인 경세론적 관점이라고 할 수 있다.

5. 맺음말

이 글은 조선 초기 경학사상이 내포하고 있는 문화다원론적 특성을 미시적 관점과 거시적 관점에서 고찰하고자 하였다. 먼저 미시적 관점을 통한 이해가 경학사상에 대한 주석이나 해설 가운데 우주론과 심성론, 실천수양론에 대한 개념적, 분석적, 연역적 해명이라고 한다면, 거시적 관점에서의 이해는 정치사상 및 경세론, 제도론에 대한 경험적, 종합적, 귀납적 조명이라고 할 수 있다. 다시 말하면 미시적 해석이 현상으로 드러나기 이전의 현상을 드러내는 이치에

---

36) 卞季良, 『春亭集』, 卷7, 「永樂十四年六月初一日封事」, "吾東方, 檀君始祖也. 蓋自天而降焉, 非天子分封地也. 檀君之降, 在帝堯之戊辰世, 迄今三千餘祀矣."
37) 김홍경, 『조선 초기 관학파의 유학사상』(한길사, 1996), 263쪽.

대한 미시적 양상에 대한 분석적 해명을 위주로 한다면, 거시적 해석은 이치가 드러난 다양한 현상에 대한 검토를 위주로 한다.

조선 초기 경학사상사에 대한 그동안의 연구를 살펴보면 성리학을 중심으로 한 지성사를 특징짓는 가장 핵심적인 주제는, 한편으로는 새로운 질서 창출을 위한 실천적 이념의 확립이었고, 다른 한편으로는 이단의 척결에 있었다. 조선 전기가 어지러워진 시대에 새로운 질서체계를 세우기 위하여 유학과 성리학 이념이 현실의 윤리적 정치적 실천 강령을 제공해 주는 수단적 역할을 했다면, 조선 중기에 이르러 성리학은 다양한 우주론적 도덕형이상학적 논변과 이론적 탐색을 특징으로 한다. 하지만 조선 후기에 이르면 성리학의 형이상학적 논쟁들은 다시 탈성리학과 실천 위주의 관점으로 경학사상의 코페르니쿠스적 전환이 발생한다.

조선 초기의 경학사상사가 인륜도덕과 경세론적 실천을 강조하였다면, 조선 중후기 경학사는 다분히 이론적으로 도덕형이상학적 근거에 대한 탐색과 심성수양론, 그리고 도덕실천론이 병행되는 복합적인 양상을 띠다가, 다산과 같은 학자에 이르러 반형이상학적 실천적 경험론으로 전환하는 것이다. 그동안 주로 퇴계학파와 율곡학파를 중심으로 하는 성리학과 탈성리학적 관점에서 연구되어 왔던 경학사상사의 해석적 '지평地平'(horizon)을 넘어서 보다 종합적이고 통섭적인 시각에서 연구하고 문화다원론적 시각에서 비판적으로 평가하는 것이 필요하다는 것이다. 다시 말하면 조선시대 경학사상사에 관한 문화다원론적 비판을 주제로 하는 연구는 조선시대 전반에 걸쳐 여러 흐름을 이루었던 경학사상들이 서로 경쟁하는 역동적 과정과 그들이 주장하는 철학적 근거를 구체적인 경전 해석 내용을 통해 비교분석하는 것이 필수적이다.

문화다원론이 보편성과 통일성보다 특수성과 고유성, 다양성에 따른 가치를 제시하는 것을 목표로 한다면, 성리학의 기론氣論은 필연적으로 보편적 의미를 가지는 '리理'와 결합하여 리기론理氣論으로 종합되기 때문에 문화다원론에 대한 철학적 근거가 될 수 있다. 조선 초기에 정도전은 동중서의 동류상동同類相動으로서의 기氣의 의미를 받아들여 하늘과 인간은 동일한 유형의 기氣를 매개로 서로 감응하는 존재임을 강조하였다. 그가 받아들인 동중서의 기氣 개념에는 상서로운 기와 혼탁한 기가 있을 수 있으며, 이러한 시각에는 기氣를 천지와 인간이 공유하고 있다는 전제가 있는 것이다. 변계량의 재이에 대한 해석은 결과에 대한 단순한 경고를 넘어서 정치적 안정을 지향하여 임금의 계신공구 수양을 통한 왕조의 안정을 지향하고 있다는 점에서 '재이' 개념에 관한 미시적 다원적 해석의 의미를 갖는다.

조선 초기와 전기에는 관학파 유학자들이 유학의 정치 이념과 문물제도와 같은 거시적 관점에서 조명할 수 있는 경세론을 다양한 주제로 제시하였다. 이들 관료 학자들에는 신숙주, 성현, 정초, 변계량, 양성지 등이 대표적이다. 변계량은 조선이 중국에 종속되지 않고 독립하여 독자적인 왕조의 유구한 연원을 가지고 있음을 하늘에서 내려온 '단군檀君'에 대한 인식을 통하여 제시하고 있다. 그의 이러한 민족주의적인 단군관은 조선 건국 초기에 문화적 자주성과 독자성을 견지함으로써 중국과의 대등한 교린외교를 지향하고 있다는 점에서도 주체적인 경세론적 관점이라고 할 수 있으며, 사대주의 역사관과 비교하여 정치문화적 다원론적 관점으로 해석할 수 있다.

요컨대, 이런 측면에서 조선 초기 경학사상사를 철학, 종교, 정치, 외교, 경제, 문화적 관점을 중심으로 문화다원론적 측면에서 연구하는 것은 이 시대를 보다 종합적으로 이해하는 첩경이 될 것이다. 나아가 조선 전기를 넘어 유학을 중심으로 하는 조선 중후기 지성사에 대한 전면적인 재검토와 함께 성리학과 실학 사이의 연속과 불연속의 계기와 상호 연관성에 대하여 새로운 이해의 시야를 확보해야 할 필요성이 있다. 종합하여, 조선시대 경학사상사에 대한 문화다원론적 연구는 조선시대 유학사상사의 다양한 흐름과 양태를 경학사의 관점에서 조명하되 유학과 성리학 내부의 이론들, 그리고 불교, 도교, 서학과 같은 외부의 이론들이 모두 수평적 특수성과 고유성을 가지는 측면을 규명하는 것으로 확대할 필요가 있다.

제3장 경학 금고문 논쟁의 경학사적 의미[*]
– 공양학과 좌씨학의 대립을 중심으로

김동민

1. 서론

    '경학經學'은 중국의 다양한 학술 사조 중의 하나이다. 풍우란馮友蘭은 공자로부터 동중서董仲舒 이전까지를 자학시대子學時代, 동중서부터 강유위康有爲까지를 경학시대經學時代로 구분했으며,[1] 시게자와 도시오(重澤俊郎)도 중국의 학술을 비경학시대非經學時代와 경학시대經學時代로 구분하는 것이 중국사상사 연구의 합리적인 시대구분법이라고 하고, 특히 경학은 고대 중국의 사회와 문화의 본질을 파악하고 규명하는 근본 문제라고 주장하였다.[2] 이와 같이 경학은 중국 학술을 관통하는 학술 사조로서 중국 학술사의 전체적인 면모를 이해하는 핵심 키워드라고 할 수 있다.[3]

---

[*] 본 논문은 2021년 대한민국 교육부와 한국연구재단의 지원을 받아 수행된 연구임 (NRF-2021S1A5C2A02089018)

   본 논문은 성균관대 유교문화연구소 비판유학·현대경학 연구센터에서 개최한 학술회의 〈현대경학의 방법론적 모색〉(2022.5.27.)에서 발표하고 『공자학』 제48호(2022.10.30.)에 게재된 논문을 수정 보완한 것임.

1) 馮友蘭, 『中國哲學史』 下冊(華東師範大學出版社, 2000), 34쪽 참조.
2) 重澤俊郎, 『原始儒家思想と經學』(東京: 岩波書店, 1949), 193~196쪽 참조.

경학이 이처럼 중국 학술의 중심적 위치에서 긴 역사 동안 그 생명력을 이어 올 수 있었던 원인은 무엇인가? 본 논문에서는 경학이 수천 년 동안 다양한 변화 과정을 겪으면서도, 결코 단절되지 않은 채 중국 학술의 주류로서 그 생명력을 유지할 수 있었던 근본적인 원인의 소재에 주목하였다. 쑨사오(孫曉)는 한대 경학의 발전 과정에 대한 연구에서 학술의 발생과 발전이 '이론 심화(內純)와 외적 확산(致治) 법칙'을 따른다는 관점을 제시하였다. 즉 "이론 심화와 외적 확산은 학술 유파가 발전 과정 중에 있을 때 반드시 이론 핵심의 순수와 심화를 보장하고, 아울러 시의적절하게 이론의 실용 기능을 개척해야 한다는 것을 가리킨다"는 의미이다.[4] 그는 이러한 법칙에 근거하여 한대 경학의 성립과 전개 과정을 매우 치밀하게 분석하였다.

경학사에서 금고문 논쟁이 차지하는 의미에 대해, 주여동周予同도 경학이 중국 2천여 년의 정치 · 문화 · 사상 · 철학 등의 각종 방면에서 주체의 역할을 했는데, 경학사에서 가장 관건이 되는 문제는 금고문학今古文學과 관련된 문제라고 주장하였다.[5] 그는 이러한 시각에 기초하여 경학의 발전 단계를 서한시대의 금문학今文學, 동한시대의 고문학古文學, 그리고 송학宋學 등의 세 단계로만 분류하였다.[6] 한대 학술을 경학이라는 하나의 학술 사조로 묶지 않고, 금문학과 고문학이라는 두 가지의 개별 학문 단위로 구별함으로써 경학사에서 차지하는 두 학문의 독자성과 차별성을 강조한 것이다.

---

3) 쑨사오(孫曉)는 학술사의 관점에서 兩漢의 經學은 선진유학에 대한 이론의 심화 과정이며, 양한 이후 魏晉의 玄學, 宋明의 理學과 心學, 淸代의 漢學도 또한 經學의 이론 심화 과정이라고 하여, 경학이 중국학술사를 주도한 핵심적인 학술 유파라고 주장하였다. 이에 대한 자세한 내용은 쑨사오 지음, 김경호 옮김, 『한대 경학의 발전과 사회 변화』(성균관대출판부, 2015), 13~22쪽 참조.
4) 쑨사오 지음, 김경호 옮김, 『한대 경학의 발전과 사회 변화』(성균관대출판부, 2015), 13쪽 참조.
5) 周予同, 『經學史論著選集』(上海人民出版社, 1996), 679쪽 참조.
6) 周予同, 『經學史論著選集』(上海人民出版社, 1996), 93쪽 참조.

본 논문에서는 하나의 학문 단위로서의 금문학과 고문학이라는 시각에 동의하는 한편, 더 나아가 두 학문의 독자적 발전을 가능하게 했던 원동력, 즉 두 학문 상호간의 불가분의 관계성에 주목하였다. 금문학과 고문학이 서로 분리된 채 개별적인 발전을 이룬 것이 아니라, 상호 대립과 논쟁에 의한 자극과 긴장이 오히려 대응 논리를 모색하고 새로운 이론을 구축하는 자극제가 된 것으로 여겨진다. 다시 말해서 금고문 논쟁은 각 학문의 연구를 촉진하는 기제로 작용함으로써 결과적으로 두 학문이 자신들만의 독자적인 학문 체계와 특성을 확립하는 데 결정적인 역할을 한 것으로 보인다. 따라서 "중국경학의 발전사는 어떤 의미에서 보면, 바로 금문경학과 고문경학의 상호 투쟁과 상호 의존, 상호 의존하면서 성장한 역사"[7]라고도 볼 수 있다. 이처럼 금고문경학은 각각 별개의 영역으로 분리되어 독자적인 학문 세계를 구축한 것이 아니라, 상호간의 대립과 논쟁을 통해 각자의 존재 이유를 확인함으로써 자신들의 학문 정체성을 확립했으며, 지속적인 상호 관계를 통해 새로운 담론 생산과 이론 강화를 촉진시킴으로써 경학이 그 생명력을 잃지 않고 발전할 수 있는 원동력이 되었다.

이상의 문제의식을 바탕으로 본 논문에서는 금고문 논쟁 속에서 두 학파가 학문적 정체성을 확립하고, 그것을 바탕으로 각자가 독자적인 학문 특성을 강화해 가는 과정을 살펴보고자 한다. 한대의 금고문 논쟁은 총 4차례 진행되었는데, 논쟁의 주요 주제는 『춘추』 관련 경전의 학관 설립과 각 학파별 춘추학 이론의 차이에 집중되었다.[8] 즉 "금문학과 고문학은 오경 전체가 그 학설을

---

7) 鄭杰文・傅永庫 主編, 『經學十二講』(北京: 中華書局, 2007), 42쪽. 鄭杰文(같은 책, 42~44쪽)이 금고문의 관계를 '진동식 발전'(振蕩式發展), 즉 전류의 주기적인 진동에 비유한 것은 금고문경학의 역사적 전개를 비교적 정확하게 포착한 표현이라고 할 수 있다. 전류가 비록 불안정하게 떨리거나 흔들리면서 진동하지만 그 진동 자체는 주기적으로 계속되면서 멈추지 않듯이, 금문학과 고문학의 논쟁이 비록 다양한 형태로 발생했지만 그것 자체가 경학에 생명력을 불어넣음으로써 경학이 끊임없이 발전하는 원동력으로 작용했다는 의미이다.

달리하는데, 고문은『좌씨전』과『주례』, 금문은『공양전』과『예기』를 중심 문헌으로 삼았다. 특히『춘추』 방면에서 양자의 주장이 첨예하게 대립하였고, 고문과 금문의 논쟁은 마치『좌씨전』 대『공양전』의 형태로 집약되어 표출되었다.”9) 따라서 본 논문에서도 금문경학과 고문경학을 대표하는 공양학과 좌씨학의 대립을 위주로 이 논쟁의 경학사적 의미를 밝히는 데 집중하고자 한다.

2. 학관學官과 금고문경학의 성립

경학은 한대를 대표하는 학술 사조이며, 그 시작은 국가가 주도한 학관學官의 박사博士 제도와 불가분의 관계에 있다. 한대 이전에도 이미 '박사博士'라는 명칭과 학관學官이 존재했지만, 그 당시에 학관에 설치된 박사는 경전經典뿐만 아니라 제자諸子와 전기傳記 등 다양한 학문이 포함되어 있었다.10) 오로지 유가의 경전을 위주로 한 오경박사五經博士가 처음으로 설치된 것은 한무제漢武帝 건원建元 5년이다.11) 그 이후 오경의 학문은 경전의 종류나 학파의 구성 등에는 변화가 있었지만, 학관을 통해 국가의 지원을 받는 국가 공인의 학문이 되었다.

---

8) 금고문 논쟁에 관한 학계의 성과로는 박동인의 「劉歆의 古文經學과 그 사회·정치철학적 함의」(『퇴계학보』 134, 퇴계학연구원, 2013), 김동민의 「경학 금고문논쟁과 賈逵의 左氏學」(『동양철학연구』 51, 동양철학연구회, 2007) 및 「何休와 鄭玄 금고문논쟁의 경학사적 의의」(『동양철학연구』 49, 동양철학연구회, 2007) 등이 보인다. 이 논문들은 1~4차 논쟁 중 한두 가지 논쟁을 집중 분석한 것이다. 현재까지 금고문 논쟁의 전체 양상과 그것이 경학사의 형성과 전개에 끼친 영향에 대한 종합적인 연구는 보이지 않는다.
9) 히하라 도시쿠니 지음, 김동민 옮김,『국가와 백성 사이의 漢』(글항아리, 2013), 21쪽.
10) 전국시대부터 漢武帝 이전의 '博士'와 학관의 설립 등과 관련된 구체적인 내용은 曾亦·郭曉東 저, 김동민 역,『춘추공양학사(상)』(예문서원, 2022), 189~192쪽 참조.
11)『漢書』, 「武帝紀」.

그런데 오경을 연구한 여러 학파의 학문이 모두 학관에 세워진 것이 아니라, 그 중 소수만이 그 대상이 되었다는 점이 문제가 되었기 때문에 학파 간 분쟁의 소지가 다분하였다. 학관에 세워진 학문은 연구를 위한 물적 토대가 충족되고 연구자의 공급이 원활하게 이루어지기 때문에 안정적인 학문 연구와 전승을 보장받을 수 있는 반면, 학관에서 제외된 학문은 그 존립마저 위협받을 수밖에 없는 상황이었기 때문이다. "하나의 경전에 대한 이론이 100여 만 마디에 이르고, 뛰어난 스승 아래의 무리가 1,000여 명에 이르렀다. 작록爵祿의 이로움이라는 길이 그렇게 만든 것이다."12) 이처럼 학관은 학문의 존폐와 전승에 절대적인 영향을 미쳤기 때문에 학관이 처음 생긴 이래로 학파 간 분쟁의 불씨를 안고 있었는데, 그것이 국가적 차원의 문제로 표출된 것이 바로 금문경학과 고문경학 사이에 벌어진 경학 논쟁이다. 이 논쟁은 한대에 시작되어 청대 말기까지 이어진 일종의 학술 논쟁인데, 한대에 4차에 걸쳐 집중적으로 발생한 것을 일반적으로 금고문 논쟁이라고 부른다.13)

금고문 논쟁은 유흠劉歆의 고문경전 발굴과 그 경전의 학관 설립 추진에서 시작되었다고 보는 것이 학계의 일반적인 시각이다. 논쟁은 사실상 어떤 학파의 어떤 경전을 학관에 세울 것인가와 관련된 정치적 사안에서 촉발되었다. "당시 박사관은 특정 학문 분야의 체계적인 연구는 물론 안정적인 학문의 전승을 가능하게 해 주는 필수적인 요건이었다. 그뿐만 아니라 정치적인 측면에서도 정계 진출의 주요한 통로로 기능하거나 특정 학파의 정치 이론을 현실 정치에 적용해 볼 수 있는 기회까지도 제공해 주었다. 따라서 이 논쟁은 단순한 학술적 대립이라는 차원을 뛰어넘어, 현실적인 이해관계가 복잡하게 얽혀 있는

---

12) 『漢書』, 「儒林傳」.
13) 한대 금고문 논쟁의 전반적인 양상에 대해서는 周予同, 『經學史論著選集』(上海人民出版社, 1996), 9~14쪽 및 김동민, 『춘추논쟁』(글항아리, 2005), 197~260쪽 참조.

중대한 정치적 문제이기도 했다."14) 이처럼 고문경학의 출현이 비록 정치적 측면과 깊은 연관이 있었다는 점은 인정할 수밖에 없는 사실이라고 하더라도, 경학 내부의 학술적 측면도 결코 무시할 수 없는 요인으로 작용하였다. 예를 들어 "고문경학의 출현은 금문경학의 비현실적 논리와 미신적이며 저속한 경향에 대한 반동으로 경학의 학술적 이론심화 과정 중에서의 자체적인 요구였다"15)라는 쑨사오의 주장이 대표적이다. 이처럼 고문경학의 출현은 당시 정치와 학술 분야의 여러 가지 요인이 복합적으로 작용한 사건이라고 할 수 있다.

따라서 고문경전의 출현은 기존의 금문경전 중심의 학술계와 정치계에 큰 반향을 일으켰다. 먼저 학술적인 측면에서는 유흠 이후의 고문경학가들을 '당시의 사상혁명가'16)라고 부른 것에서 알 수 있듯이, 학문의 주도권과 관련된 중대한 사안이었기 때문에 금문경학 중심의 당시 사상계는 크게 긴장할 수밖에 없었다. 정치적인 측면에서는 학관이 안정적인 연구를 위한 이록利祿과 체계적인 학문 전수를 보장받을 수 있는 최선의 장치였기 때문에 학파의 미래가 달린 중대한 문제이기도 했다. 다시 말해서 당시 기득권을 쥐고 있던 금문경학의 입장에서 보면, 고문경학의 도전은 금문경학의 현재와 미래를 결정할 수 있는 심각한 위협이자 위기로 여겨질 수밖에 없었다.

고문경전 중에서도 논쟁의 중심에 선 경전은 『좌씨전』이다. 전한시대 말기에 유흠은 궁중의 비장도서 속에서 고문으로 된 『좌씨춘추』를 발견하고, 그 책을 세상에 공개함과 동시에 본인 스스로 그 책에 대한 본격적인 연구를 진행하였다.

---

14) 김동민, 『춘추논쟁』(글항아리, 2005), 202쪽.
15) 쑨사오 지음, 김경호 옮김, 『한대 경학의 발전과 사회 변화』(성균관대출판부, 2015), 472~473쪽.
16) 馮友蘭, 『中國哲學史』(華東師範大學出版社, 2000), 57쪽.

유흠이 궁중의 비장도서를 교정하면서, 고문으로 된 『춘추좌씨전』을 발견하고서 그 책을 매우 좋아하였다. 당시에 승상사丞相史 윤함尹咸이 『좌씨전』 연구에 뛰어나서, 유흠과 함께 경전經傳을 교정하고 있었다. 유흠은 윤함과 승상丞相 적방진翟方進에게 나아가 배우면서 『좌씨전』의 대의大義에 대해 질문하였다. 원래 『좌씨전』에는 옛 글자와 옛 말이 많아서 학자들은 그 훈고訓詁만을 전할 뿐이었다. 그런데 유흠이 『좌씨전』을 연구하면서 『좌씨전』의 문장을 끌어와서 『춘추』의 경문을 해석하고, 경문과 전문을 서로 드러내 밝힘으로써 장구章句의 의리가 갖추어졌다.[17]

이 기록을 통해서만 보면, 유흠은 『춘추』와는 별개로 통행되던 『좌씨전』을 하나의 전문적인 『춘추』 해석서로 만드는 데 결정적인 역할을 하였다. 『춘추』의 경문經文과 『좌씨전』의 전문傳文이 상호 연결되도록 배치하여 그 의미가 통하도록 풀이함으로써 『좌씨전』을 『춘추』의 전문적인 전傳이 되도록 만든 것이다. 이 작업이 비록 『좌씨전』 자체를 좋게 여긴 순수한 의도에서 출발했다고 하더라도, 최종 목적은 "『좌씨춘추』 및 『모시』·『일례』·『고문상서』를 모두 학관에 세우고자 한 것"[18]이었고, 결과적으로 이 고문경전들은 모두 학관에 세워지게 된다.

그런데 유흠이 학관 설립을 추천한 책이 모두 고문경전이라는 점이 이후 발생한 분란의 원인을 제공하였다. "한나라에서 박사 14명을 세울 때에는 모두 금문가今文家였고 고문이 일어나기 전에는 금문이라는 별도의 명칭이 존재하지 않았다.…… 유흠에 이르러 처음으로 『고문상서』·『모시』·『주관』·『좌씨춘추』를 더 두었다. 이미 학관에 세워진 이상 반드시 그 경전에 대한 새로운 해설을 만들어야 한다."[19] 고문경전이 유흠에 의해 처음으로 세상에 알려지게 되었고,

---

17) 『漢書』, 「楚元王傳」.
18) 『漢書』, 「楚元王傳」.

그것이 당시 학관에서 통행되던 금문경전과는 다르다는 점이 부각될 수밖에 없었다. 이 일은 곧바로 학문의 기득권을 가지고 있던 박사들의 강한 반발을 초래함으로써 결국 논쟁의 서막을 열게 된다.

피석서의 주장에 의하면, 유흠의『좌씨전』연구는 사실상 학자로서의 순수한 열정이라기보다는 학관 설립을 위한 사전 작업의 성격이 짙다고 볼 수 있다. 유흠의 입장에서 보면, 당시 기득권을 가지고 있던 금문경학의 반발과 견제에 대응하는 학술적 방법을 찾는 것이 최대 관건이었고, 그가 선택한 방법은『좌씨전』을 포함한 고문경전이 가진 장점을 최대한 부각시킴으로써 기존 금문경전과의 차별성을 드러내는 것이다.

> 유흠은 생각하기에, 좌구명左丘明은 좋아하고 싫어하는 것이 성인과 같았고 공자를 직접 보았지만, 공양公羊과 곡량穀梁은 공자의 70명 제자의 후학이기 때문에 전해들은 것과 직접 본 것에서 좌구명과 공양·곡량의 상세함과 간략함이 같지 않다고 여겼다.[20]

> 이 고문古文으로 된 옛 서적들은 모두 증거가 있고, 그것이 안팎으로 서로 맞아 떨어지는데, 어찌 구차하게 내버릴 수 있겠는가![21]

유흠은 고문경전의 학관 설립의 당위성을 본격적으로 주장하기에 앞서, 고문경전을 대표하는『좌씨전』의 장점을 간단명료하게 언급하였다.『좌씨전』은 학관에 있는『공양전』과 비교했을 때, 공자의 생각을 가장 잘 담고 있을

---

19) 皮錫瑞, 앞의 책, 55쪽. 今文經과 古文經의 차이에 대해서는 다양한 견해가 있지만, 皮錫瑞는 今古文 구분의 기준을 隸書와 篆書라는 文字의 차이에서 찾고 있다. 이 점에 대해서는 皮錫瑞, 앞의 책, 54~56쪽 참조.
20)『漢書』,「楚元王傳」.
21)『漢書』,「楚元王傳」.

뿐만 아니라, 내용면에서도 『공양전』과 비교할 수 없는 수준이라는 것이다. 『춘추』가 공자로부터 나와서 후대로 전해졌지만, "공자가 죽자 미언微言이 끊어졌고, 70여 명의 제자가 죽자 대의大義가 어그러졌다."[22] 따라서 현재 『공양전』을 통해 전해지고 있는 공자의 미언과 제자들의 대의는 매우 불완전한 상태라고 할 수 있다. 그에 반해 『좌씨전』은 공자와 동시대에 살았던 좌구명이 공자에게 직접 들은 것을 기록한 책이기 때문에 『춘추』의 본의가 거의 완전하게 포함되어 있다. 그뿐만 아니라, 고문경전은 그 기록을 증명할 만한 증거를 책 속에 모두 갖추고 있고, 역사적 사실과 비교해 보더라도 모두 실증 가능하기 때문에 학문적으로도 매우 중요한 연구 대상이다. 이러한 고문경전이 발견된 과정에 대해 유흠은 다음과 같이 설명하였다.

> 좌구명이 손질한 『춘추좌씨전』은 모두 고문으로 된 옛날 책이며, 많게는 20여 통通이 되는데, 비부祕府에 보관된 채 감추어져서 세상에 드러나지 않았다. 성제成帝가 학문이 손상되고 문장이 누락되어 그 본래의 모습과 점차 멀어지는 것을 걱정하여, 비부에 보관된 책을 개방하여 옛 글들을 교정하고 정리하여 이 세 가지 책을 얻게 되었다. 이 책을 가지고 학관에서 전해진 경전을 고찰해 보니, 경문經文에 혹 빠진 부분이 있고, 전문傳文에 혹 누락된 부분이 있었다.[23]

유흠은 계속해서 경전 자체의 결함 유무를 객관적으로 비교함으로써 고문경전이 학관에 세워져야 할 당위성을 부각시켰다. 즉 현행 금문경전의 불완전함을 집요하게 지적함으로써 상대적으로 완전한 고문경전의 가치를 드러내려고 한 것이다. 그가 황실 소장의 도서를 교정하고 정리하게 된 배경도 사실은

---

22) 『漢書』, 「楚元王傳」.
23) 『漢書』, 「楚元王傳」.

자신의 주관적인 판단이 아니라, 학관에 있는 금문경전의 불완전함, 즉 "성제가 학문이 손상되고 문장이 누락되어 그 본래의 모습과 점차 멀어지는 것을 걱정했기" 때문이다. 이처럼 현행 금문경전에 문제가 많음에도 불구하고 학자들은 그 경전만을 고수한 채 새로운 경전에는 전혀 관심을 보이지 않는다.

> 과거에 옛 학문만을 고수하는 선비들은 경전의 내용이 폐기되거나 없어져서 결함이 있다는 것을 생각하지 못하고서, 구차하게 천박하고 좁은 지식으로 문장을 나누거나 글자를 분석하고, 번잡하고 자잘구레한 말로 풀이하니, 배우는 자들이 지치고 늙을 때까지 또한 하나의 경전도 제대로 연구하지 못한다. 입으로 전한 내용만을 믿고 전기傳記의 기록을 외면하며, 말단적인 학문을 하는 스승만을 옳다고 여기고 옛날의 기록을 비난한다. 국가에 장차 큰일이 있을 때, 예를 들어 벽옹辟雍이나 봉선封禪, 순수巡狩의 의례를 세울 때 어둡고 무지몽매하여 그 일들의 근원을 아는 사람이 아무도 없다. 그런데도 여전히 손상되고 누락된 책만을 보존하고 고수하려고 하면서, 논파를 당할까 두려워하는 사사로운 뜻을 품은 채, 옳음을 따르고 의로움에 복종하는 공평한 마음이 없다. 혹 질투심을 품고서 정확한 실정을 따지지도 않으며, 뇌화부동하여 서로 따르면서 서로의 목소리를 좇아서 시비를 판단한다. 이 세 가지 학문을 억압하여, 금문『상서』는 다 갖추어진 책으로 여기고, 『좌씨전』은 『춘추』에 전傳을 단 것이 아니라고 말하니, 어찌 슬프지 않겠는가!24)

유흠의 말에서 알 수 있듯이, 금문학자들은 금문경전의 결함을 전혀 인정하지 않고, 평생 동안 그 책만을 고수한 채 잘못된 공부를 하고 있다. 심지어 고문경전이 신뢰할 만한 기록을 담은 책임에도 불구하고 전혀 보려고도 하지 않고, 단지 입으로만 전수받은 금문경전만을 절대적으로 신봉할 뿐이다. 그

---

24) 『漢書』, 「楚元王傳」.

결과 금문『상서』가 이미 완벽한 책이기 때문에 고문『상서』는 불필요하다고 여기고, 『좌씨전』은 『춘추』와는 무관한 책이기 때문에 또한 경전의 대열에 둘 수 없다는 억지 주장을 펼친다. 이러한 유흠의 지적은 당시 금문경학의 문제점을 정확하게 간파한 것이라고 할 수 있다. 이에 대해 히하라 도시쿠니(日原利國)는 당시의 학계를 '금문경학의 동맥경화'라고 규정하고, 그 이유를 다음과 같이 설명했다. "사설師說이나 가법家法의 묵수가 고루한 정통성 싸움을 야기함으로써 수많은 학파들이 생겨났다. 해석상의 미세한 부분을 가지고 고의로 다른 이론을 세워서 문호 사이에 서로 대립하였다. 학문을 당세에 펼쳐 보려는 정열은 사라졌고, 직업화한 박사풍의 학문은 말단적인 자구의 천착에만 일관하였다."25) 이미 학문적 담론 생산을 포기한 채 내부 학파 간의 싸움에만 집중하는 금문경학의 현실을 날카롭게 분석한 것이다. 사실상 당시의 금문경학은 학문의 기득권을 지키려는 정치적 욕망만 있을 뿐 학문적 열정은 사라졌기 때문에 고문경학에 대적할 만한 학문적 역량을 기대하기는 어려운 상태라고 할 수 있다.

이와는 달리, 고문경전은 국가의 의례와 관련된 예법의 근원을 모두 갖추고 있고, 금문경전에는 없는 참된 진리를 담고 있는 책이다. 그렇지만 고문경전으로 인해 금문경전의 잘못된 이론이 밝혀지거나 공격을 받을까 두려워하여 금문경학이 처한 현실을 외면하고 있다. 심지어 황제가 조서를 내려 『좌씨전』의 학관 설립 여부를 검토해 보고, 학자들이 힘을 합쳐서 미약한 고문경전의 부흥을 지시했음에도 불구하고, 학자들은 문을 걸어 잠근 채 황제의 지시마저 따르지 않고 있으니, 그나마 미약하나마 남아 있던 학문마저도 완전히 사라지기를 원하기 때문이다.26)

---

25) 히하라 도시쿠니 지음, 김동민 옮김, 『국가와 백성 사이의 漢』(글항아리, 2013), 20~21쪽.

유흠의 주장은 당시 학자들의 큰 반감을 불러일으켰다. "유흠이 옛 전장제
도를 고쳐서 혼란스럽게 하고, 앞선 황제가 세운 원칙을 비난하고 훼손했다"는
상주문[27]과 심지어 "국사國師 가신공嘉信公 유흠이 오경을 뒤집어 놓고 스승의
법도를 허물어서 학사들이 의혹을 품도록 했다.…… 마땅히 이 몇 사람을 주살
하여 천하를 위로해야 한다"는 상주문[28]까지 올라올 정도였다. 이러한 강한
반발은 역으로 고문경전의 출현이 당시의 학계와 정계에 얼마나 큰 충격을
주었는지 보여 주는 반증이며, 고문경학가들을 '당시의 사상혁명가'라고 부른
이유이기도 하다. 결과적으로 보면, 유흠은 수많은 학자들의 비난을 두려워하
여 스스로 자청하여 지방관으로 좌천됨으로써[29] 학관 설립을 통해 고문경전의
위상을 세우려고 했던 목적을 달성하지 못했다. 그러나 평제平帝 시기에 잠시나
마 『좌씨춘추』·『모시』·『일례』·『고문상서』 등의 네 가지 고문경전이 학관에
세워짐으로써[30] 고문경전은 국가가 인정하는 정식 학문으로서 그 존재를 각인
시켰다. 이후에는 고문경전이 금문경전과 정식으로 논쟁을 벌이면서 학문의
주도권을 다투는 위치까지 급부상하게 된다. 이처럼 유흠은 고문경전의 발굴을
통해 고문경전이 금문경전과 대등한 위치에서 논쟁하면서 발전할 수 있는 출발
점을 열었다는 점에서 매우 큰 학술사적 공헌이 있다고 평가할 수 있다.

유흠 이후, 금고문 논쟁은 새로운 경전의 학관 설립 문제에 집중되었고,
특히 고문경전의 학관 설립의 정당성 여부가 최대의 논제가 되었다. 금문경학
에서는 『좌씨전』을 비롯한 고문경전의 문제점을 지적함으로써 그것의 학관
설립이 초래할 학문적이고 정치적인 파장을 최대한 부각시켰다. 이에 대해

---

26) 『漢書』, 「楚元王傳」.
27) 『漢書』, 「楚元王傳」.
28) 『漢書』, 「王莽傳」.
29) 『漢書』, 「楚元王傳」.
30) 『漢書』, 「儒林傳」.

고문경학에서는 고문경전이 금문경전보다 뛰어난 점을 실증적으로 제시함으로써 유흠의 주장이 타당함을 증명함과 동시에, 학관 설립의 당위성을 제고하는데 집중하였다. 이 논쟁은 금문학자인 범승范升과 고문학자인 한흠韓歆 · 진원陳元의 2차 논쟁, 그리고 고문학자인 가규賈逵와 금문학자인 이육李育의 3차 논쟁이다. 2차와 3차 논쟁도 외형적으로는 고문경전의 학관 설립이 핵심 주제였지만, 그 중에서도 『좌씨전』이 주요 대상이었다.

먼저 금문학자 범승은 고문경전 중에서도 특히 『좌씨전』이 공자와는 무관한 좌구명으로부터 나왔고, 그 학문을 전수한 전문가가 없을 뿐만 아니라 이전에 학관에 세워졌던 경전도 아니라는 이유로 『좌씨전』의 학관 설립을 강력하게 반대하였다.[31] 그는 또 『비씨역』이나 『좌씨전』 등과 같이 스승이 없거나 학자들의 반대가 심한 학문을 학관에 세운다면, 오경과 관련된 또 다른 기이한 학문들까지도 모두 학관 설립을 요청할 것이며, 그렇게 되면 각각 자기 이론을 고집하면서 다툼으로써 큰 혼란이 초래될 것이라고 주장하였다.[32] 범승은 특히 『좌씨전』을 주요 비판 대상으로 삼아서, 『좌씨전』의 14가지 잘못과 『좌씨전』에 기록되어서는 안 될 31가지 일 등을 구체적으로 제시함으로써 『좌씨전』이 학관에 세울 만한 경전으로서의 가치가 없다는 점을 강조하였다.[33] 이처럼 『좌씨전』이 주요 비판 대상이 되었던 것은 유흠이 『좌씨전』을 가장 중시하여 고문경전을 대표하는 경전으로 내세웠기 때문이다. 그리고 『좌씨전』의 학관 설립은 금문경전을 대표하는 『공양전』에 직접적인 악영향을 끼치기 때문에, 금문경학 전체의 위상에 타격을 줄 수 있는 심각한 문제이기도 했다.

이상과 같은 범승의 주장에 대해 진원은 앞선 유흠과 마찬가지로 기존

---

31) 『後漢書』, 「范升傳」.
32) 『後漢書』, 「范升傳」.
33) 『後漢書』, 「范升傳」. 범승이 제시한 『좌씨전』의 12가지 일이나 31가지 일 등과 관련된 구체적인 사료는 현재 전하지 않는다.

금문학자들의 잘못된 학문 태도를 지적하였다. "지금 토론하는 자들은 자신이 배운 것에 매몰되어 옛 지식만을 익숙하게 여겨 고수하면서, 자신이 전수받은 실속 없는 이론만을 굳게 집착함으로써 직접 본 실제의 도리를 비난한다. 『좌씨전』은 고립된 학문으로서 연구에 참여하는 사람이 적기 때문에 마침내 다른 학파의 모함을 받게 되었다."[34] 이것은 앞서 유흠이 "입으로 전한 내용만을 믿고 전기傳記의 기록을 외면하며, 말단적인 학문을 하는 스승만을 옳다고 여기고 옛날의 기록을 비난한다"[35]고 말한 것과 동일한 논조이다. 즉 현재의 학자들은 자신이 배운 것만을 묵수한 채 『좌씨전』 등의 우수성이나 학문적 가치는 돌아보지 않고 무조건 배척한다는 지적이다. 심지어 그들의 비판 내용을 살펴보더라도, "글자가 빠진 것이나 미세한 잘못을 큰 허물로 지적하고, 작은 하자나 오류를 들추어내고 큰 장점을 가려 버렸기" 때문에 학문적인 측면에서도 전혀 수용할 수 없는 억지 주장이다.[36]

진원은 또한 좌씨가 공자를 직접 보았다는 사실과 『좌씨전』이 내용상 『공양전』에 비해 더욱 상세하다는 유흠의 주장을 그대로 이어서, "좌구명左丘明은 지극한 현인으로서 공자로부터 직접 전수받았으며, 『공양전』·『곡량전』은 『좌씨전』보다 더 늦게 세상에 전해졌다"[37]고 주장하였다. 이처럼 고문경학에서는 유흠 이후 계속해서 좌구명이 공자에게 직접 전수받았다는 점과 『좌씨전』의 빠른 출현 시기 등을 『좌씨전』이 『공양전』보다 뛰어남과 동시에 학관에 세워야 할 이유라는 점을 피력하였다. 그런데 금문경학의 입장에서 보면, 이 문제에 대한 합리적인 반박은 역으로 고문경학을 무력화시킬 수 있는 최상의 해결책이 될 수 있다. 따라서 좌구명과 공자의 관계 및 『좌씨전』이 『춘추』의 전傳인가의

---

34) 『後漢書』, 「范升傳」.
35) 『漢書』, 「楚元王傳」.
36) 『後漢書』, 「范升傳」.
37) 『後漢書』, 「范升傳」.

여부, 『좌씨전』의 위조 문제 등을 고문경학을 공격하는 핵심 논제로 삼았다. 이후 10여 차례 계속된 2차 논쟁의 결과, 광무제 때 4명의 『좌씨전』 박사가 세워졌지만, 얼마 지나지 않아 다시 폐지되었다.[38]

　　이상에서 알 수 있듯이, 1차와 2차의 "금고문 논쟁은 사실상 이록利祿이라는 사사로운 이익의 추구와도 무관하지 않은"[39], 아니 오히려 학관을 둘러싼 이록利祿의 충돌이라고 해도 과언이 아니다. 그렇다고 해서 학관 설립을 두고 벌인 논쟁이 부정적인 측면만 있는 것은 아니다. 논쟁의 승리를 위해 상대 이론에 대한 비판적 분석과 자기 이론의 논리 강화 등 상당히 깊이 있는 연구가 진행되었다. 이와 같은 1차와 2차 논쟁을 발판으로 삼아서, 3차와 4차 논쟁은 금고문경학이 본격적인 이론 논쟁을 통해 각자의 학문적 독자성을 확보함으로써 경학이 마침내 주요 학술의 하나로 정립되어 그 생명력을 이어 갈 수 있는 토대를 마련하였다.

3. 금고문의 학문 독자성과 경학의 생명력

　　1차와 2차 논쟁이 학자들의 개인적인 의견 개진이나 상주문의 형식으로 진행된 것과는 달리, 3차 논쟁은 장제章帝가 백호관白虎觀에 경학자들을 직접 소집하여 회의를 주관하는 형식으로 이루어졌다. 선제宣帝 때의 석거각石渠閣 회의를 모델로 삼아서, 국가 주도의 대규모 경학 토론의 장을 마련한 것이다.[40] 그렇다면 장제가 직접 나서서 이러한 경학 토론회를 개최하게 된 이유와 목적은

---

38) 『後漢書』, 「范升傳」.
39) 曾亦·郭曉東 저, 김동민 역, 『춘추공양학사(상)』(예문서원, 2022), 202쪽.
40) 『後漢書』, 「章帝紀」.

무엇인가? 당시의 관련 기록을 살펴보면, 토론을 개최한 이유는 "오경五經의 동이同異를 강의하는 것" 또는 "오경의 동이를 상세하게 살피는 것"이다.[41] 그런데 주목할 점은 여기에서 말한 '동이同異'는 금문경전과 고문경전의 차이가 아니라 금문경전 내부의 다양한 이론의 차이를 의미한다. 즉 후한시대는 사법師法에 의해 전수되던 경전이 가법家法으로 분화되어 다양한 이론이 나왔고, 그 이론들의 차이로 인해 금문경학 내부에서 서로 대립하고 배척하는 현상이 발생하기 시작하였다. "조정에서 박사 및 제자를 설치하여 경전의 과목을 두고 인재를 선발하니, 이것은 또한 학자들이 공명功名과 이록利祿을 좇도록 경쟁하는 계기를 연 것이다. 결국 학자들은 각자가 자신들의 견해를 고집하여, 자기가 옳다고 여긴 것은 옳다고 여기고 그르다고 여긴 것은 그르다고 여겼으니, 문호의 견해가 특히 깊이 반영된 것이다."[42] 가법에 의한 문호의 형성은 학관 중심으로 전개되던 국가 학문의 분열을 초래했을 뿐만 아니라, 고문경학의 도전에 대항하는 힘을 분산시키는 결과를 초래하였다. 따라서 풍우란은 "백호관회의는 금문경학 내부의 투쟁이다. 백호관회의의 목적은 금문경학을 재정비함으로써 고문경학을 반대하는 데 있다"[43]고 3차 논쟁의 성격을 규정하였다. 또한 가노 나오키(狩野直喜)도 『백호통의白虎通義』가 금문경학의 내용으로 기재되어 있고, 또 회의 참석자 중 가규賈逵만이 유일한 고문학자였다는 점을 근거로, 이 회의는 오직 금문학, 즉 관학官學에 세워져 있던 경학 내의 수많은 분파의 이론을 바로잡을 목적으로 거행된 것이라고 했다. 즉 금문학 내에서 수많은 가법의 출현으로 인해 경설經說의 혼란이 초래되었기 때문에 회의를 통해 오경의 동이

---

41) 『後漢書』 「章帝紀」에는 "講議五經同異", 「儒林傳」에는 "考詳同異"라고 기록되어 있다.
42) 曾亦・郭曉東 저, 김동민 역, 『춘추공양학사(상)』(예문서원, 2022), 186쪽. 師法과 家法에 대한 자세한 내용은 皮錫瑞, 「師法與家法之起源」(앞의 책, 91쪽) 및 「師法與家法之區別」(鄺士元, 『中國學術思想史』, 臺北: 里仁書局, 1981, 115~118쪽) 참조.
43) 馮友蘭, 『中國哲學史新編』(北京: 人民出版社, 1992), 239쪽.

를 바로잡는다는 의미도 결국 광범위하게 금고문학의 이론을 통합하는 것이 아니라, 단지 금문경학 내의 이론을 통일하는 것이라고 주장했다.44)

3차 논쟁의 성격이 금문경학 내부의 이론 통일이라는 점과 함께, 논쟁의 주체와 그 내용의 측면에서 두 가지의 주요한 특징은 첫째 국가 권력의 적극적 개입, 둘째 『좌씨전』이라는 고문경전의 적극적 활용이다. 먼저 논쟁의 주체와 관련하여, 당시의 회의가 장제의 명에 의해 개최되었을 뿐만 아니라, "오관중랑장五官中郞將 위응魏應에게 황제의 칙명을 받들어 오경의 일을 묻고 의론하도록 했으며, 시중侍中 순우공淳于恭에게 아뢰게 하고, 황제가 친히 '제왈制曰'이라고 칭하고서 직접 참석하여 토론한 것을 결정하였다"45)라는 말에서 알 수 있듯이, 장제가 회의의 주제를 정해 주었을 뿐만 아니라 토론의 결과를 본인이 직접 살펴보고 결정하였다. 이것은 이 회의가 단순히 경전 이론의 통일이라는 학술적 목적을 뛰어넘어 황제의 정치적 의도가 강하게 담겨 있다는 것을 의미한다. 따라서 히하라 도시쿠니(日原利國)는 "백호관의 학술토론 집회는 천자의 카리스마적 권위의 확립과 지배 이념의 통일 강화가 그 목적"46)이라고 단정하였다. 즉 "경학이 지배의 근간인 이상, 금고문의 논쟁은 국가적 견지에서도 조정되지 않으면 안 되었다. 왜냐하면 일원적 세계관의 확립은 지배 이론의 통일 강화와 직결되는 문제이기 때문이다."47)

다음으로 논쟁의 내용과 관련하여, 이 회의가 비록 금문경학 내부의 이론 통일을 목적으로 삼았지만, 그 이론들을 서로 조정하고 통일하는 토론의 과정에서 고문경학의 이론이 적극적으로 활용되었다. 즉 당시 주목받던 고문경학의 이론을 제시함으로써 금문경학 내부에서 그에 대항할 수 있는 이론의 조정과

---

44) 狩野直喜, 『兩漢學術考』(東京: 筑摩書房, 1964), 110~111쪽 참조.
45) 『後漢書』, 「章帝紀」.
46) 히하라 도시쿠니 지음, 김동민 옮김, 『국가와 백성 사이의 漢』(글항아리, 2013), 29쪽.
47) 히하라 도시쿠니 지음, 김동민 옮김, 『국가와 백성 사이의 漢』(글항아리, 2013), 22쪽.

통일을 유도한 것이다. 장제는 이러한 목적을 달성하기 위해 회의가 개최되기 전에 이미 치밀하게 사전 작업을 진행했으며, 그 임무를 수행한 인물이 바로 좌씨학자인 가규賈逵이다. 그는 장제의 전폭적인 지원 하에 좌씨학의 장점으로 공양학의 약점을 집요하게 공격함으로써 좌씨학 부흥에 결정적인 역할을 한 인물이다.[48]

장제는 즉위한 뒤에 유학에 큰 관심을 보였으며, 그 중에서도 특히『고문상서』와『좌씨전』을 좋아하여 건초建初 원년에 가규를 불러들여 경전을 강의하도록 하였다.[49] 장제는 가규의 강의에 크게 만족하였고, 특히『좌씨전』의 대의大義 중에서『공양전』·『곡량전』보다 뛰어난 점을 찾아내라고 지시하였다.[50] 장제가 가규에게『좌씨전』연구를 공개적으로 지시한 것은 매우 의미 있는 사건이라고 할 수 있다. 고문경전은 1차와 2차 논쟁을 거치면서 세상에 알려졌지만, 여전히 학술과 정치 분야에서 기득권을 가지고 있던 금문경학과 대적할 수준은 아니었다. 그런데 황제의『좌씨전』에 대한 관심과 지지는 단순히 학관의 설립 문제를 뛰어넘어, 학문의 주도권과 경학의 성격 변화에도 영향을 끼칠 수 있는 중대한 사안이라고 할 수 있다. 장제의 이러한 행동은 마치 향후 개최될 백호관 회의의 사전 예고처럼 보이며, 공양학 연구자들에게는 일종의 경고처럼 여겨질 수 있다. 즉 공양학 내부의 대립과 분열을 멈추고 좌씨학의 도전에 대응할 수 있는 대비책을 강구하라는 모종의 압력으로 읽힐 수 있기 때문이다. 반면 좌씨학의 입장에서는 황제의 요구에 적절하게 대응할 수만 있다면 학관은 물론 학문의 주도권을 확보할 수 있는 절호의 기회라고 할 수 있다.

가규는 장제의 지시에 따라『좌씨전』의 대의를 찾아 상주하면서,『좌씨전』

---

48) 鎌田正,『左傳の成立と其の展開』(東京: 大修館書店, 1963), 470~471쪽 참조.
49) 『後漢書』,「賈逵傳」.
50) 『後漢書』,「賈逵傳」.

이 세상에서 주목받지 못한 이유를 유흠의 잘못에서 찾았다. 즉 "『좌씨전』의
대의大義를 먼저 강렬하게 논하지 않고 태상박사에게 경박하게 편지를 보냈으
며, 『좌씨전』의 의리가 뛰어나다는 것을 믿고서 많은 학자들을 꾸짖고 욕보였
기" 때문이다. 그 결과 학자들이 불복하는 마음을 품었고, 『좌씨전』을 공격하는
학자들이 더욱 많아졌다는 것이다.[51] 이처럼 가규賈逵는 유흠이 실패한 원인이
고문경학의 장점을 제대로 피력하지 못한 점에 있다고 분석하고, 금문경학에
대한 비판이 아니라 고문경학의 이론 강화를 통해 그 해결책을 찾으려고 했다.
『좌씨전』의 장점을 아무런 근거도 없이 무조건 믿고서 내세울 것이 아니라,
『좌씨전』의 대의를 객관적으로 제시함으로써 기존 학자들이 학문적으로 받아
들일 수 있도록 해야 한다는 것이다.

> 신이 삼가 『좌씨전』에서 가장 드러난 30가지 일을 발췌했는데, 그것은 모두
> 군신君臣의 올바른 의리와 부자父子의 기강입니다. 그 나머지는 『공양전』과
> 6~7할이 같고, 혹 문장이 조금 다르기는 하지만 전체적인 의미에는 해가
> 되지 않습니다. 채중祭仲·기계紀季·오자서伍子胥·숙술叔術과 같은 부류의 경
> 우, 『좌씨전』은 군부君父에 대해 의리가 깊고, 『공양전』은 대부분 임기응변의
> 권도權道에 치중하고 있습니다. 서로 간의 차이가 본래 매우 크지만, 비슷하다
> 는 누명이 오래 누적되어 구별하려고 하지 않습니다.…… 지금 『좌씨전』은
> 군부君父를 숭상하고 신자臣子를 낮추어 보며, 줄기를 강하게 하고 지엽을
> 약하게 하며, 선을 권장하고 악을 경계하며, 지극히 밝고 지극히 절실하며,
> 지극히 곧고 지극히 이치에 맞습니다.[52]

1차와 2차 논쟁이 주로 금문경학의 병폐를 지적하고, 『좌씨전』의 존재를

---

51) 『後漢書』, 「賈逵傳」.
52) 『後漢書』, 「賈逵傳」.

세상에 알리는 정도의 수준이었던 것과는 달리, 가규는 『좌씨전』의 장점을 구체적으로 거론함으로써 그 이론의 학문적 특징과 현실적 가치를 적극적으로 표명하였다. 가규가 발견한 『좌씨전』의 장점은 한마디로 '군부君父에 대한 깊은 의리'이다. 그는 또 『좌씨전』의 의리를 '임기응변의 권도權道'에 치중한 『공양전』의 의리와 극단적으로 대별시킴으로써 『좌씨전』만의 독자적 차별성을 강하게 부각시키고자 하였다. 이러한 해석은 학자로서의 가규가 두 전傳의 특징을 치밀하게 분석하여 도출한 학문적 접근이라고 볼 수도 있지만, 장제의 의도에 맞춘 정치적 해석이라는 의심도 배제할 수 없다. 즉 장제의 시대는 장기적이고 지속적인 정치 안정을 추구하고 있었기 때문에 공양학의 권도는 사실상 장제의 국정 철학과는 맞지 않는 이론이다. 현재의 정치적 상황은 군부의 의리를 강점으로 하는 좌씨학의 이론을 채택하여 국가의 기강을 공고하게 다지고, 인륜의 상도를 지속적으로 유지하는 방향으로 나아가는 것이 더 적합하다고 할 수 있다.[53] 따라서 가규가 공양학의 권도와 차별화되는 좌씨학의 의리를 특별히 부각시킴으로써 권력의 요구에 의도적으로 맞추려고 한 혐의는 피할 수가 없을 것이다.

이와 같은 가규의 의도는 장제의 반응을 통해서도 확인할 수 있다. 장제는 가규의 의론을 좋다고 여겨서, 그에게 『공양전』의 엄팽조嚴彭祖·안안락顏安樂 학파의 학생들 중에서 우수한 자 20명을 직접 선발하여 『좌씨전』을 가르치라고 명령하였다.[54] 『좌씨전』이 비록 학관에 세워지지는 않았지만, 국가가 공식적으로 인정하는 학문이 되는 순간이다. 이러한 사전 작업을 거쳐 장제 건초 4년에 정식으로 백호관회의가 개최되었다. 앞에서 살펴보았듯이, 이 회의는 '오경의 동의를 토론하는 것'을 주제로 삼았지만, 그것은 표면적인 슬로건에 지나지

---

53) 鎌田正, 『左傳の成立と其の展開』(東京: 大修館書店, 1963), 471~472쪽 참조.
54) 『後漢書』, 「賈逵傳」.

않는다. 그 이면에는 금문경학 이론의 종합을 통한 국가지배이론의 강화라는
정치적 목적이 숨어 있었다.

　토론의 결과는 『백호통의白虎通義』라는 책으로 정리되었는데, 구체적인 토
론 내용과 결론의 도출 과정 등은 알 수 없지만, 토론의 주제는 이 책을 통해
확인할 수 있다. 이 토론에서 가규의 역할은 "건초 4년 조서를 내려 (李育에게)
여러 학자들과 함께 백호관에서 오경의 동이를 토론하도록 했다. 이육은 『공양
전』의 의리로 가규를 비판했는데, 주고받은 내용이 모두 합당한 증거가 있었기
때문에 뛰어난 통유通儒가 되었다"55)는 말에 근거하면, 가규가 공양학의 대표자
인 이육과 『춘추』에 관한 토론을 벌인 것으로 보인다. 그리고 앞에서 가규가
상주했던 내용을 살펴보면, 『좌씨전』의 군부에 대한 의리와 『공양전』의 권도의
의리가 토론의 주요 내용이었을 가능성이 크다. 이 토론과 관련된 대표적인
사례는 가규가 상주문에서 예로 들었던 채중祭仲 사건이다. 『춘추』 환공 11년에
"송나라 사람이 정나라 채중을 붙잡았다"(宋人執鄭祭仲)는 기록이 보인다. 이 사건
에 대해 가규는 다음과 같이 해석하였다.

　　송나라 사람이 정나라 채중을 체포하고서, "돌突을 군주에 세우지 않으면
　　현재의 군주를 죽일 것이다"라고 말했다. 채중이 그것을 허락하고, 마침내
　　소공昭公을 쫓아내고 여공厲公을 세웠다. 『공양전』에서 말했다. "채중은 누구
　　인가? 정나라의 재상이다. 무엇 때문에 이름을 기록하지 않았는가? 현명하게
　　여긴 것이다. 무엇 때문에 채중을 현명하게 여겼는가? 그가 권도權道를 안다고
　　여긴 것이다. 그가 권도를 안다는 것은 어째서인가? 송나라 사람이 그를 체포
　　하고서, 우리나라를 위해서 홀忽을 축출하고 돌突을 세우라고 했는데, 채중이
　　그 말을 따르지 않으면 군주는 반드시 죽게 되고 나라는 반드시 망하게 되며,
　　그 말을 따르면 군주도 살 수 있고 나라도 보존될 수 있다. 옛날 사람 중에

---

55) 『後漢書』, 「儒林傳」.

권도를 아는 자가 있었으니, 채중의 권도가 이것이다."(『공양전』, 환공 11년) 만약 신자臣子에게 권도를 행할 수 있도록 한다면, 군신의 도리를 폐기하고, 찬탈하고 시해하는 길을 열어놓는 것이다.56)

채중의 행위에 대해, 『공양전』에서는 권도權道의 전형이라고 극찬한 반면, 가규賈逵는 신하의 권도가 초래할 부정적인 결과를 강력하게 비난하였다. 가규는 군부君父에 대한 의리를 강조하고, "군부君父를 숭상하고 신자臣子를 낮추어 보며, 줄기를 강하게 하고 지엽을 약하게 하는 것"을 그 핵심 강령으로 제시했기 때문에 좌씨학의 입장에서 신하의 권도는 사실상 군신 관계를 파괴하는 최악의 월권이다. 논쟁의 상대인 이육은 공양학파의 대표자였기 때문에 가규와 이 주제를 가지고 격론을 벌였을 가능성이 크지만, 현재로서는 확인할 방법이 없다. 다만 국가지배이론의 강화를 추진했던 장제의 입장에서 어떤 이론이 그의 의도에 더 부합되는지는 말할 필요가 없을 것이다. 토론의 결과물인 『백호통의』에 "신하의 군주에 대한 관계는 자식의 부모에 대한 관계와 같으니, 지극히 존귀한 자와 신자臣子의 의리를 드러내 밝힌 것이다"57)와 같이 군신의 의리를 강조하는 내용이 많은 점 등도 또한 토론의 승패를 짐작하게 해 준다.

3차 논쟁이 끝난 이후, 『좌씨전』 등의 고문경전이 학관에 세워지지 않았기 때문에 표면적으로는 금문경학의 승리로 논쟁이 끝났다고 볼 수 있다. 즉 "금문학의 학문적 권위가 재확인됨으로써 그 정치적 지위가 국가권력에 의해 다시 보증되었다고도 볼 수 있다."58) 그런데 장제는 처음에 가규의 상주를 받았을 때와 마찬가지로, 재능에 뛰어난 자들을 모아서 『좌씨전』뿐만 아니라 『고문상서』・『모시』 등의 고문경전을 배우도록 하고, 고문경전에 뛰어난 인재들을 발

---

56) 賈逵, 『春秋左氏長經章句』(『玉函山房輯佚書』 二, 1237쪽).
57) 『白虎通義』, 「喪服」.
58) 히하라 도시쿠니 지음, 김동민 옮김, 『국가와 백성 사이의 漢』(글항아리, 2013), 218쪽.

탁하여 강랑講郎에 임명하고 황제 측근의 부서에서 근무하도록 지시했다.59)
또한 건초 8년에 "여러 학자들이 뛰어난 제자들을 선발하여, 『좌씨전』·『곡량
전』·『고문상서』·『모시』를 수학함으로써 미약한 학문을 북돋우고 기존과는
다른 이론을 널리 연구하도록 명하노라"60)라는 조서를 내렸다. 고문경전의
위상 변화를 분명하게 확인할 수 있는 대목이다. 이것은 학관의 설립 문제와는
별개로, 고문경전이 금문경전의 학문적 약점을 보완할 만한, 더 나아가서 동등
한 입장에서 대적할 만한 학문으로서의 가치를 공식적으로 인정받은 것이라고
볼 수 있다.

이상을 통해 알 수 있듯이, 1차와 2차 논쟁은 학관의 설립이라는 이록利祿의
문제가 주요한 목적 중의 하나였지만, 3차 논쟁 이후에는 "이록의 길이라는
측면에서 말하면, 고문경전을 연구하는 것이 이미 박사 제자보다 못한 것이
아니었다."61) 즉 고문경전이 비록 학관에 세워지지는 않았지만, 이미 국가에
의해 신진 연구자들이 양성됨으로써 안정적인 연구를 위한 토대가 마련되었다
고 할 수 있다. 심지어 고문경전은 금문경전의 부족한 점을 보완하여 경전이
본래 모습을 바로잡는 데 없어서는 안 될 학문으로 인식됨으로써 고문경학이
학문의 주도권에서 우위를 점하기 시작하였다고도 평가할 수 있다. 따라서
이 논쟁은 금고문경학의 판도 변화에 결정적인 역할을 했다. 즉 표면적으로는
금문경학이 학관 중심의 기득권을 여전히 유지했지만, 후한시대의 정치와 학문
은 실질적으로 고문경학이 주도하는 시대로 재편되었다고 할 수 있다.62)

한편 금문경학의 입장에서 보면, 고문경학 중에서도 특히 좌씨학의 위상이
급부상함으로써 금문경학을 대표하는 공양학에 미친 여파가 가장 강력했는데,

---

59) 『後漢書』, 「儒林傳」.
60) 『後漢書』, 「章帝紀」.
61) 曾亦·郭曉東 저, 김동민 역, 『춘추공양학사(상)』(예문서원, 2022), 208쪽.
62) 김동민, 『춘추논쟁』(글항아리, 2005), 156쪽 참조.

하휴何休는 당시의 상황을 공양학의 위기라고까지 진단하였다. "고문경학을 전공하여 문장을 귀중하게 여기는 자를 속유俗儒라고 하는데, 심지어 가규賈逵에게 공양학의 허점을 이용하여 글을 쓰도록 함으로써 공양학의 지위를 빼앗고 좌씨학을 흥기시킬 수 있다고 여기게 만들었다."[63] 그렇다면 하휴가 파악한 공양학의 허점은 무엇인가? "그 내용 중에는 상당히 이상한 의리와 괴상하게 여길 만한 논리가 매우 많기 때문에 『춘추』를 이야기하는 자들이 의혹을 품었다. 심지어 경經의 뜻을 위배하여 마음대로 해석하거나 전傳의 뜻을 위배하여 틀리게 해석하는 자도 있었다.…… 다른 경전을 인용하여 (『공양전』을) 잘못 해석하여 (『공양전』에는) 없는 이론을 있다고 하니, 정말 민망하고 비웃음 받을 만한 일을 이루 다 기록할 수가 없다."[64] 공양학 자체에 이와 같은 큰 문제가 있음에도 불구하고, 공양학자들은 현실의 기득권에 안주하여 연구를 등한시함으로써 좌씨학에 대응할 수 있는 이론 체계를 갖추지 못했다. "이것이 어찌 『공양전』의 문장만을 지키고 공양학의 이론만을 고수한 채, 좌씨학에게 패배하고 근거할 만한 이론조차 가지지 못한 잘못에서 기인한 것이 아니겠는가?"[65] 하휴는 공양학 내부의 문제가 현재의 위기를 자초한 근본 원인이기 때문에 그 해결책도 공양학 자체에서 찾아야 한다고 판단하고, 자기 학문에 대한 철저한 반성을 통해 새로운 방향성을 모색하고자 했다.

　　이와 같은 경학 내부의 시대적 추세가 그대로 반영된 것이 4차 논쟁이다. 이 논쟁은 고문경학의 입장에 서서 금고문경학의 통합을 시도한 정현鄭玄과 금문경학을 대표하는 하휴何休 사이에 벌어진 『춘추』 논쟁이다. 하휴는 공양학의 존립 위기가 체계적 이론과 새로운 담론의 부재에서 초래되었다고 진단했기

---

63) 『公羊傳』, 何休 「序」.
64) 『公羊傳』, 何休 「序」.
65) 『公羊傳』, 何休 「序」.

때문에 공양학 이론의 재정비가 최선의 방법이라고 생각하였다. 따라서 그는 공양학의 장점을 최대한 드러낼 수 있는 대표적인 사상을 중심으로 체계적인 이론화 작업을 진행하였다. 이에 반해 좌씨학은 학문의 주도권을 장악할 수 있었던 좌씨의 장점을 이론적으로 더욱 강화하는 방향으로 연구가 진행되었는데, 그러한 학문 방법의 전형을 보여 준 인물이 바로 정현이다.

당시 최고의 학자로 여겨졌던 두 사람의 논쟁은 전국적으로 큰 반향을 일으켰다. "정현이 봉기하여 하휴의 글을 비판하자, 배움을 바라는 사람들이 천 리를 멀다하지 않고 식량을 싸 가지고 이르렀는데, 마치 작은 강물이 거대한 바다로 몰려드는 것과 같았다. 당시 수도에서는 정현을 경학의 신으로, 하휴를 학문의 바다로 여겼다."[66] 이 논쟁은 "정현이 봉기하여 하휴의 글을 비판했다"는 기록에 의하면, 두 사람이 직접 만나서 논쟁을 벌였는지의 여부는 확인할 수 없지만, 정현이 하휴의 저서를 비판하는 형식이었다는 점은 알 수 있다. 정현이 비판의 대상으로 삼았던 하휴의 책은 『공양묵수公羊墨守』・『좌씨고황左氏膏肓』・『곡량폐질穀梁廢疾』이다. 하휴가 가규와 논쟁을 벌였던 이육李育의 뜻을 이어받아서 이 책들을 지었다는 기록[67]에 근거하면, 이 책들은 하휴가 3차 논쟁 이후 드러난 공양학의 문제점을 보완하여 지었을 가능성이 크다. 한편 정현은 이 책들을 비판하면서 『발묵수發墨守』・『침고황鍼膏肓』・『기폐질起廢疾』이라는 책을 지었다.[68] 책의 제목에서 알 수 있듯이, 하휴는 『공양전』의 입장에서 『좌씨전』과 『곡량전』을 비판했고, 정현은 하휴의 저술 전체를 비판의 대상으

---

66) 王嘉, 『拾遺記』, 권6(王先謙, 『後漢書集解』 注에서 재인용).

67) 『後漢書』, 「儒林傳」.

68) 현재 이 책들은 일부 조목만 다음의 두 책 속에 남아 있다. 王雲五 主編, 『叢書集成』(上海: 商務印書館, 1936) 및 鍾肇鵬 編, 『古籍叢殘彙編』 五(北京圖書館出版社, 2001). 정현이 하휴의 『춘추공양전해고』를 비판 대상으로 삼아서 세 책을 지었고, 하휴는 정현의 비판 이후에 다시 세 책을 지었다는 주장도 있다. 이에 대해서는 黃朴民, 『何休評傳』(南京大學出版社, 1998), 78쪽 참조.

로 삼았다.[69)]

　　1~3차 논쟁이 관학 내부에서 학문의 주도권을 둘러싼 공식 토론의 형식이
었던 것과는 달리, 4차 논쟁은 금고문경학을 대표하는 두 학자 사이의 사적인
이론 대립이었기 때문에 논쟁의 성격이 완전히 다르다고 할 수 있다. 학관의
설립이나 경전 이론의 통일과 같은 정치계와 학술계가 공통으로 주목한 민감한
사안이 아니라, 상대 저술의 해석이나 이론의 타당성을 따진 두 학자의 지극히
개인적인 학술 토론에 지나지 않는다. 그럼에도 불구하고 이 논쟁에 주목하는
이유는 두 사람이 금고문경학을 대표하는 학자이고, 두 사람의 논쟁을 통해
당시 금고문경학의 연구 방법과 학문 성격의 차이를 명확하게 확인할 수 있기
때문이다. 간단히 요약하면, 하휴가 공양학의 이론화를 바탕으로 『춘추』 이론
의 외연을 확장한 반면, 정현은 『춘추』 삼전三傳의 종합화를 통해 『춘추』 해석의
내실을 다졌다고 볼 수 있다. 이처럼 두 사람의 춘추학이 학문의 지향점을
달리했기 때문에 동시대의 대가인 두 사람의 논쟁은 자연스러운 결과라고 할
수 있다. 현재 논쟁 관련 자료 중에 일부만 남아 있지만, 두 사람의 학문적
차별성은 다음의 몇 가지 사례를 통해서도 확인할 수 있다.

　　먼저 하휴는 삼세이사三世異辭라는 독창적인 이론을 제시함으로써 공양학적
담론의 외연 확장을 위한 토대 이론을 구축하였다. 『춘추』 은공 원년 '공자
익사가 죽었다'(公子益師卒)라는 기록에 대해, 하휴는 『곡량폐질穀梁廢疾』에서 다음
과 같이 말했다.

　　『공양전』에서 날짜를 기록하는 것과 기록하지 않는 것의 차이는 (기록하는
　　시점에서 이 사건이) 멀거나 가까운 데에 따라 말을 다르게 하기 때문이다.

---

　69) 이 자료의 전반적인 내용 및 이 자료에 관한 주요 연구 성과는 김동민, 『춘추논쟁』(글
　　　항아리, 2005), 244~260쪽 참조.

만약 『곡량전』에서 말한 것처럼, 익사가 악하기 때문에 날짜를 기록하지 않았다고 한다면, 공자公子 아牙와 계손의여季孫意如에 대해서는 무엇 때문에 날짜를 기록했는가?[70]

『춘추』 경문에서는 이 사건에 대해 날짜를 기록하지 않았는데, 『곡량전』에서 "대부가 죽은 날짜를 기록하는 것은 올바르다. 죽은 날짜를 기록하지 않은 것은 그를 미워했기 때문이다"[71]라고 풀이하였다. 대부의 죽음에 날짜를 기록하는지의 여부는 그 대부에 대한 기록자의 호오好惡가 판단의 기준이라는 해석이다. 기록자의 호오는 당연히 사건 당사자의 평소 행위에 대한 포폄褒貶을 의미한다. 그런데 하휴는 기존에는 없던 『공양전』의 '삼세이사三世異辭'라는 새로운 개념을 가지고 『곡량전』을 비판했으며, 그것을 더욱 확대 해석하여 '삼세설三世說'을 제시했는데, 이것은 이후 공양학의 대표 이론이 되었다.

보다 자세히 살펴보면, 『공양전』에서는 『춘추』의 이러한 기록 방식에 대해, "왜 죽은 날짜를 기록하지 않았는가? 공자孔子와의 시간적 거리가 멀기 때문이다. 직접 본 세대에 대해 말을 달리하고, 직접 들은 세대에 대해 말을 달리하며, 전해들은 세대에 대해 말을 달리한다"[72]고 해석하였다. 기록자인 공자의 입장에서 보면, 『춘추』 경문의 기록은 전해들은 세대(所傳聞, 고조·증조의 시대)·직접 들은 세대(所聞, 조부의 시대)·직접 본 세대(所見, 부모와 자신의 시대) 등 삼세三世의 일로 구분되는데, 공자가 각 세대의 일을 기록하는 방식이 서로 달랐다는 의미이다. 이것은 단지 시대의 원근에 따라 그 기록 방식을 달리했다는 일종의 『춘추』 기록 원칙에 지나지 않는다. 하휴는 이 원칙을 더욱 확장하여 '삼세설'이

---

70) 何休, 『穀梁廢疾』(王雲五 主編, 『叢書集成』, 上海: 商務印書館, 1936, 1쪽).

71) 『穀梁傳』, 隱公 원년.

72) 『公羊傳』, 隱公 원년. "所見異辭, 所聞異辭, 所傳聞異辭"라는 내용은 환공 2년과 애공 14년에도 보인다.

라는 일종의 역사 발전 이론을 도출하였다. 역사적 관점에서 보면, 소전문所傳聞 · 소문所聞 · 소견所見의 삼세는 각각 쇠란衰亂 · 승평升平 · 태평太平의 정치를 기록한 것이며, 그것은 곧 역사가 쇠란 → 승평 → 태평이라는 삼 단계의 과정을 거쳐서 단계적으로 발전한다는 도식을 보여 준다. 즉 "이 삼 단계의 시대는 공양가가 이상으로 하는 공자의 『춘추』 왕조 발전의 삼 단계"[73]를 의미하며, 이것은 이후 공양학의 대표적인 역사 이론이 되었다.[74] 이처럼 하휴는 『공양전』의 해석을 더욱 확장하여 공양학만의 독자적인 이론 체계를 구축하고자 하였다.

한편 정현은 고문경학을 위주로 금문경학을 통합한 인물로 평가받는다. 그의 『춘추』 해석은 고문경전인 『좌씨전』을 중심에 두고 삼전의 해석을 종합하려고 했는데, 삼전의 해석 중에서 가장 합리적인 부분을 취사선택하여 해석의 객관성을 담보하려고 하였다. 예를 들어 『춘추』 희공 22년에 "송나라 양공襄公이 초나라 사람과 홍泓 땅에서 전쟁했는데, 송나라 군대가 크게 패배하였다"(宋公及楚人戰于泓, 宋師敗績)는 기록이 보인다. 당시 초나라가 송나라를 정벌하는 과정에, 두 나라가 홍수泓水를 사이에 두고 대치하는 상황이 벌어졌다. 『좌씨전』에 의하면, 대사마大司馬 자어子魚는 홍수를 건너면서 대열을 잃어서 어수선한 적을 공격해야 한다고 요청하였다. 그러나 양공은 진열을 갖추지 못한 적을 공격해서는 안 된다고 말하고, 그들이 홍수를 건너서 완전히 진열을 갖춘 이후에 정식으로 전투를 벌이다가 크게 패배하였다.[75] 『좌씨전』에서는 적의 불리한 상황을 최대한 이용하는 것이 전쟁에서 승리하는 방법이라는 자어의 말을 근거로, 결과적으로 전쟁에서 패배한 양공의 잘못을 비난하였다.[76]

---

73) 馮友蘭, 『中國哲學史新編』(北京: 人民出版社, 1992), 312쪽.
74) 何休의 三世說에 대한 보다 구체적인 내용은 김동민, 『춘추논쟁』(글항아리, 2005), 268 ~272쪽 참조.
75) 『左氏傳』, 僖公 22년.
76) 『左氏傳』, 僖公 22년.

이 사건에 대해, 하휴는『좌씨고황左氏膏肓』에서 다음과 같이 해석하였다. "『좌씨전』에서는 자어子魚의 계책을 사용하지 않아서 군대가 패배하고, 양공은 부상을 당하는 지경에 이르렀다고 여겼기 때문에 양공을 책망하였다. 그런데 『공양전』에서는 양공을 좋게 여겨서, '문왕文王의 전쟁도 또한 이보다는 낫지 않을 것이다'라고 했다."77) 전쟁의 승패와 상관없이, 양공이 예의를 지켜서 올바른 군주의 도리를 보여 주었다고 극찬하였다. 이에 대해 정현은 다음과 같이 반박하였다.

양공을 비난한 것은 자신의 덕을 헤아리지 않고 자신의 힘을 헤아리지 않았기 때문이다. 『고이우考異郵』를 인용해 보면, (이와 관련된 내용이) '양공은 큰 욕을 당하고 군대는 홍 땅에서 패배하였다. 단지 신의만 있을 뿐 임기응변의 계책을 알지 못해서, 이웃 나라와 교제하거나 먼 국경지역을 안정시키기에는 부족하다'라고 말하는 정도까지 이른다. 이것은 군대가 패배한 것을 비난한 것이다. 그런데 『공양전』에서는 그것을 비난하지 않으니, 『고이우』의 내용에 위배되는 것이다.78)

정현은 기본적으로『좌씨전』의 입장에 서서 군대의 패배라는 결과를 초래한 양공의 행위를 비판하였다.『좌씨전』은 객관적인 현실 상황에 기초한 결과에 주목했기 때문에 그 해석이 더욱 현실적이면서도 합리적이라고 말할 수 있기 때문이다.79) 그렇지만 그가 오로지 고문경학의 입장만을 고수하여『좌씨

---

77) 何休,『左氏膏肓』(王雲五 主編,『叢書集成』, 上海: 商務印書館, 1936, 14쪽).『공양전』에서는 다음과 같이 해석했다. "군자는 적군의 진영이 갖추어지지 않았을 때 진격하지 않고, 전쟁이라는 큰일에 임해서 큰 예의를 잊어버리지 않은 양공의 행동을 크게 여겼으니, 올바른 군주는 있는데 올바른 신하가 없는 것이다. 비록 문왕이 崇을 정벌했던 전쟁도 또한 이 전쟁보다는 낫지 않을 것이다."
78) 何休,『箴膏肓』(王雲五 主編,『叢書集成』, 上海: 商務印書館, 1936, 14쪽).
79) 富谷至,「西漢後半期の政治と春秋學」,『東洋史研究』제36권 제4호(1977), 71쪽 참조.

전』의 해석을 맹목적으로 따른 것은 아니다. 그는 『좌씨전』의 해석에 만족하지 않고 당시의 상황을 보다 이성적으로 판단함으로써 양공에 대한 비판의 정당성을 확보하려고 하였다. 즉 『좌씨전』에서는 단순히 전쟁의 패배라는 결과에만 주목하여, 자어의 말을 듣지 않은 양공의 잘못된 태도에서 그 원인을 찾은 반면, 정현은 전쟁에 패배할 수밖에 없었던 객관적 원인을 제시함으로써 양공이 전쟁을 벌인 일 자체가 양공의 패착이며, 전쟁의 패배는 당연한 결과임을 자연스럽게 도출하였다. "자신의 덕을 헤아리지 않고 자신의 힘을 헤아리지 않았다"는 해석은 패자로서의 양공의 자격과 송나라의 현실적 군사력이라는 객관적 기준에 따라 양공을 판단한 것이다.

다시 말해서 정현은 양공의 인물됨 자체가 패자로서의 자격이 부족할 뿐만 아니라 송나라가 초나라의 막강한 군사력에 대항할 수 없는 현실 상황을 합리적으로 판단하지 못하고, 오로지 천하의 패권을 차지하려는 욕심 때문에 일을 그르친 잘못을 지적하였다. 송나라는 초나라와 천하의 패권을 다투는 과정에서 제후들을 복종시키기 위해 많은 전쟁을 일으켰다. 『춘추』 희공 19년에 조나라를 공격하여 포위한 것도 단지 조나라가 복종하지 않는다는 이유로 토벌한 것일 뿐이다. 당시 자어는 주나라 문왕文王의 숭崇나라 정벌을 예로 들면서, 양공의 덕이 부족하여 정벌을 통해 남을 복종시킬 수 없으므로 우선 안으로 자신의 덕을 반성할 것을 요구하였다.[80] 양공은 덕으로 제후를 복종시켜서 천하를 다스린 문왕에 미치지 못하기 때문에 우선 패자로서의 덕을 닦아야 한다는 충고이다. 사실상 자어는 양공을 가장 가까이에서 모시던 신하였기 때문에 양공의 자질을 정확하게 파악하고 있었다. 그러나 양공은 여전히 자어의 말을 듣지 않고, 다음 해에는 제후 전체를 규합하여 패자가 되고자 시도하

---

80) 『左氏傳』, 僖公 19년.

였다. 이에 대해 노나라 대부 장문중臧文仲은 패자가 되고자 하는 양공의 욕심은 결코 성공하지 못할 것이라고 경고하였다.[81] 심지어 그 다음 해인 희공 21년 봄에는 강대국인 제나라·초나라와 맹약을 맺으면서 초나라에게 자신을 맹약의 주체로 추대해 줄 것을 요구하였다. 이때에도 "소국이 맹약의 주체가 되기를 다투는 것은 화를 부르는 것이니, 송나라는 망할 것이다. 행운이 있다면 패전하는 정도에 그칠 것이다"라는 비판을 받았다.[82] 그럼에도 불구하고 양공의 패권 욕심은 더욱 심해졌고, 같은 해 가을에 결국 제후들과 회합을 가졌다. 그러나 그 회합에서 패권을 다투던 초나라에 의해 양공은 포로가 되고 송나라는 초나라의 침략을 받는 화를 입게 된다.[83] 당시에도 자어는 양공의 패권 욕심이 너무 심하여 감당할 수 없을 지경이라고 한탄하였고, 양공이 별다른 제재 없이 석방되자 훗날에 발생할 재앙에 대해 걱정하였다.[84] 그리고 마지막으로 22년에 정나라가 초나라와 친선 관계를 맺자 양공이 정나라를 정벌했는데, 초나라가 정나라를 구원하기 위해 송나라를 토벌하여 홍수에서의 전쟁이 벌어진 것이다.[85] 양공이 초나라와 전쟁하려고 할 때, 자어가 "하늘이 상商나라를 버린지 오래되었는데도 임금께서 부흥시키려고 하니, 하늘이 용서하지 않을 것이다"[86]라고 말한 것은 양공이 패자로서의 자격이 없음을 직설적으로 말한 것이다. 정현은 이러한 객관적 사실을 해석의 근거로 삼음으로써 그 타당성을 높이고자 하였다.

한편 정현의 해석에서 더욱 주목할 만한 점은 위서緯書와 공양학 이론의

---

81) 『左氏傳』, 僖公 20년.
82) 『春秋』, 僖公 21년; 『左氏傳』, 僖公 21년. 杜預의 注에서는 "송나라 양공이 덕도 없으면서 맹약의 주체가 되기를 다투어 제후의 미움을 샀다"고 풀이하였다.
83) 『春秋』, 僖公 21년.
84) 『左氏傳』, 僖公 21년.
85) 『左氏傳』, 僖公 22년.
86) 『左氏傳』, 僖公 22년.

적극적 활용이다. 정현이 위서를 주장의 근거로 인용한 것은 사실 당시 학계의 일반적인 풍토가 반영된 것이다. 후한시대는 참위讖緯의 시대라고 해도 과언이 아닐 정도로 위서는 학자들의 필독서처럼 여겨졌다. "후한 광무제光武帝 이후 참위는 완전히 경학 속으로 침투하여, 환담桓譚·왕충王充·장형張衡과 같은 몇몇 비판자들을 제외하고, 대부분의 경학 연구자들은 참위를 끌어들여 경전을 해석 하거나 그 내용을 천착하여 학문 토론의 도구로 활용하였다."[87] 심지어 가규賈逵는 『좌씨전』에서 참위를 언급한 것이 좌씨학의 장점이라고까지 말할 정도였다.[88] 정현은 참위에 뛰어나다는 이유로 스승이었던 마융馬融에게 실력을 인정받았다 고 전해지며, 위서에 깊은 관심을 가지고 다양한 위서에 주석 작업을 하기도 하였다.[89] 이처럼 몇몇 학자들의 부정적인 시각은 있었지만, 금문경학은 물론 이고 고문경학 분야에서도 참위는 주요한 연구의 대상이었으며, 정현도 또한 예외가 아니었다. 다만 여기에서는 그가 위서를 활용한 목적에 주목할 필요가 있다. 앞서 가규가 단지 당파적 입장에서 『좌씨전』의 장점을 부각하기 위해 참위를 끌어들인 것과는 달리, 정현은 학파적 입장과는 무관하게 오로지 정확한 해석을 위한 근거로 위서를 활용했을 뿐이다.

또 한 가지 정현의 해석에서 가장 눈여겨볼 만한 점은 공양학 이론을 끌어와 서 하휴의 해석을 비판한 것이다. 정현의 입장에서 보면, 양공은 패자로서의 자격과 자국의 군사력 등을 정확하게 판단하여 패자가 되는 것을 스스로 포기하 고 덕을 닦는 쪽을 선택하는 것이 올바른 자세이지만, 일단 전쟁에 참여한 이후에는 반드시 좋은 결과를 내야 한다. 정현이 양공의 군대가 패배한 것을

---

87) 김동민, 『춘추논쟁』(글항아리, 2005), 174쪽. 『後漢書』「方術列傳」에 의하면, 鄭興과 賈 逵 등은 황제의 참위 신봉에 잘 대응하여 출세하였고, 桓譚과 尹敏 등은 참위를 비판 했다는 이유로 정치권으로 진출하지 못했다.
88) 『後漢書』, 「賈逵傳」.
89) 『後漢書』, 「鄭玄傳」.

비난한 이유는 "단지 신의만 있을 뿐 임기응변의 계책을 알지 못했기" 때문이라고 지적하였다. 임기응변의 계책을 활용할 줄 아는 역량이 부족하기 때문에 "이웃 나라와 교제하거나 먼 국경지역을 안정시키는" 패자의 책무를 수행할 수 없다는 것이다. 임기응변의 계책(權謀之謀)은 상황에 따라 대처하는 일종의 권도權道이다. 가규가 "『좌씨전』은 군부君父에 대해 의리가 깊고, 『공양전』은 대부분 임기응변의 권도權道에 치중하고 있다"고 말했던 것과 같이, 권도는 좌씨학에서 가장 비판하는 공양학의 핵심 이론이다. 앞에서 살펴보았듯이, 정나라의 채중祭仲이 송나라의 위협을 받고 자신의 군주를 축출하고, 송나라에서 추대한 사람을 군주로 세웠는데, 『공양전』에서는 그의 행동이 임금을 살리고 나라를 보존한 권도라고 극찬하였다.[90]

정현은 하휴가 이 이론을 가지고 양공의 행위를 비판하지 않은 것을 오히려 비판했을 뿐만 아니라, 역으로 이 이론을 가지고 양공의 전쟁 패배를 비판한 『좌씨전』 해석의 이론적 근거로 삼았다. 『좌씨전』에서는 전쟁 패배의 원인을 단지 자어의 말을 따르지 않았다는 현실적인 이유에서 찾았지만, 정현은 더 나아가 공양학의 대표 이론을 끌어와서 그것을 자기주장의 논거로 활용함으로써 논리적 설득력을 높였을 뿐만 아니라, 하휴의 해석까지도 완벽하게 반박하였다. 물론 『공양전』의 권도 해석을 자세히 분석해 보면, 정현이 『공양전』의 권도를 단장취의한 혐의를 발견할 수 있다. 왜냐하면 『공양전』의 권도는 그 사용 범위가 엄격하게 제한되어 있기 때문이다.

> 권도가 시행되는 것은 임금이 죽고 나라가 망하는 경우 이외에는 시행되지 않는다. 권도를 실행하는 데에는 방법이 있으니, 스스로를 깎아 내리면서 권도를 실행하지, 다른 사람에게 해를 입히면서 권도를 실행하지 않는다.

---

90) 『公羊傳』, 桓公 11년.

다른 사람을 죽여서 스스로를 살리고, 다른 나라를 망하게 해서 자신의 나라를 보존케 하는 짓을 군자는 하지 않는다.[91]

정현의 주장에 따르면, 양공의 입장에서는 전쟁과 같이 국가의 흥망이 달린 위급한 상황에서 권도를 시행하여 국가를 구제하는 것이 마땅하다. 그러나 『공양전』에서는 아무리 국가의 존망과 관련된 위급한 상황이라고 하더라도, 채중의 사례와 같이 임금이나 국가를 살리면서도 자신은 오히려 큰 오명을 뒤집어 쓴 경우와 같이 특정한 상황에서만 권도의 시행이 용인되는 것이지, 자신에게만 이롭고 남에게는 큰 피해를 끼치는 경우에는 결코 시행해서는 안 된다고 규정하였다. 양공이 만약 권도를 시행했다면 본인과 송나라는 살릴 수 있지만, 초나라에게는 큰 피해를 끼치기 때문에 『공양전』의 권도 원칙에는 위배된다. 그러나 정현은 앞선 가규의 사례와 마찬가지로, 『공양전』의 권도를 결과적으로 좋은 결말을 내는 행위 전체로 일반화시켜서 그 본래의 의미를 왜곡했다고 볼 수 있다. 그렇지만 하휴가 정현의 책을 보고서, "정현이 나의 방으로 들어와서, 나의 창을 들고서 나를 공격하는구나"[92]라고 한탄한 것을 보면, 정현이 공양학의 이론을 활용한 논법은 성공한 것으로 보인다. 이처럼 정현은 고문경학의 입장에 선 학자이지만, 당파적 시각에 얽매이지 않고 전과 위서, 심지어 상대 학파의 이론 등 활용 가능한 논거를 모두 활용하여 합리적인 해석을 도출하려고 하였다.

이상과 같이 두 사람의 논쟁을 통해 금문경학과 고문경학의 학문 방법의 차별성을 분명하게 확인할 수 있다. 특히 이후 금고문경학은 두 사람의 해석 방법을 기초로 삼아서, 각자의 학문적 특성을 더욱 강화하는 방식으로 연구를

---

91) 『公羊傳』, 桓公 11년.
92) 『後漢書』, 「鄭玄傳」.

진행함으로써 각자만의 독자적인 학문 영역을 구축하였다.

4. 결론

　　본 논문에서는 경학 금고문 논쟁의 진행 과정에서 확립된 각 학파의 학문적 특성을 살펴보고, 경학사에서 차지하는 이 논쟁의 사상사적 의미를 탐구하였다. 4차에 걸쳐 진행된 금고문 논쟁은 한대라는 한 시대의 특수한 정치적·학술적 여건이 반영된 시대적 산물이지만, 그것이 중국경학사 전체에 끼친 영향은 매우 크다고 할 수 있다. 한대 이후 경학이라는 학술 사조는 사실상 이 논쟁으로 인해 수천 년간 그 생명력을 유지할 수 있는 원천을 확보했기 때문이다. "중국 경학의 발전사는 어떤 의미에서 보면, 바로 금문경학과 고문경학의 상호 투쟁과 상호 의존으로 성장한 역사"[93]라는 진단은 금고문논쟁의 학술사적 의미를 가장 정확하게 간파한 말이라고 할 수 있다. 한대 이후 금문학과 고문학은 역사의 진행 과정에서 많은 변화를 겪게 되지만, 두 학파가 모두 사라지지 않고 그 명맥을 유지할 수 있었던 것은 각각의 학파가 지닌 독자적인 학문적 특성 때문이며, 그것은 곧 금고문 논쟁을 통해 확립되었다는 것이 본 논문의 핵심 요지이다. 즉 금고문 논쟁의 과정 속에서 금문경학은 시대의 요구에 대응할 수 있는 현실 담론의 개발을 통해 경전 해석의 현실성을 높이는 데 집중한 반면, 고문경학은 경전 이론의 고증학적 탐색을 통해 경전 해석의 합리성을 제고하는 데 심혈을 기울였다.[94] 이와 같은 두 학파의 독자적인 연구 방법은 상호 대립하면

---

93) 鄭杰文·傅永庫 主編, 『經學十二講』(北京: 中華書局, 2007), 42쪽.

94) 금고문경학의 학술적 차이에 대해, 쑨사오도 비슷한 견해를 제시하였다. 즉 금문경학
　　은 의리를 밝히는 것을 학문의 목적으로 삼고, 현재를 상세히 규명하고 과거를 소략

서도 보완하는 관계를 형성하면서 경학의 발전을 추동하였다.

다만 주목할 점은 두 학파가 비록 각자의 학문적 특성을 강화하면서 독자적 학문 영역을 구축하였지만, 두 학파의 관계는 마치 동전의 양면처럼 매우 독특한 양상을 띤다. 즉 두 학파는 대립과 투쟁의 관계인 동시에, 상대의 존재를 절대적으로 필요로 하는 공존의 관계를 유지했으며, 상대에 대한 강한 대결 의식과 긴장 관계의 유지가 경학의 발전을 추동하는 결정적인 요인으로 작용하였다. 따라서 "금문학파와 고문학파는 각각 경학의 발전에 공헌하였다. 고문학파가 없으면 전통적인 경학이 이어질 수 없고, 금문학파가 없으면 경학은 사회 발전에 따른 요구에 적응하지 못하고 문화재로 방치될 것이다.…… 두 학파는 오랜 시간 서로 의지하고 견제하면서 경학의 진동식 발전(振蕩式發展)을 이루었다"[95]는 주장은 두 학파의 불가분의 관계를 정확하게 표현한 말이다.

두 학파의 학문적 특성은 송대 이후 경전에 대한 두 가지 접근 방식, 즉 시대성을 반영한 의리적 해석과 합리성에 기반한 고증학적 분석이라는 두 가지의 주요한 경학 연구 방법론으로 정착되었다. 예를 들어 주자는『춘추』삼전의 차이를 다음과 같이 구분하였다. "삼전으로 말한다면,『좌씨전』은 사학史學이고,『공양전』과『곡량전』은 경학經學이다. 사학자들은 일에 대한 기록은 상세하지만, 도리의 측면에서는 수준이 떨어진다. 경학자들은 의리의 측면에서는 공적이 있지만, 일의 기록에는 오류가 많다."[96] 또 말했다. "좌씨는 일찍이 나라의 역사서를 보았기 때문에 일에 대한 고찰이 매우 정밀하다.…… 공양과 곡량은

하게 연구하는 방법을 취하기 때문에 그 학술 방향은 '通經致用'이며, 고문경학은 훈고를 밝히는 것을 학문의 수단으로 삼고, 과거를 상세히 규명하고 현재를 소략하게 연구하는 방법을 취하기 때문에 그 학술 방향은 '通經致古'이라는 것이다. 이에 대한 자세한 내용은 쑨샤오 지음, 김경호 옮김,『한대 경학의 발전과 사회 변화』(성균관대 출판부, 2015), 470~471쪽 참조.

95) 鄭杰文·傅永庫 主編,『經學十二講』(北京: 中華書局, 2007), 46쪽.
96)『朱子語類』, 권83,「春秋」.

일에 대한 고찰이 매우 소략하지만, 의리는 오히려 정밀하다."97) 주자의 말을 종합하면, 『좌씨전』은 일에 대한 기록이 상세한 사학이고, 『공양전』은 의리에 대한 해석이 정밀한 경학이다. 다시 말해서 『좌씨전』을 대표로 하는 고문경학은 고증학적 분석을 통한 사실 기록에 뛰어나고, 『공양전』을 대표로 하는 금문경학은 의리적 접근을 통한 철학적 해석에 뛰어나다는 것이다. 근대의 주여동周予同도 금문학은 경학파經學派, 고문학은 사학파史學派라고 구분하였다. 즉 금문학은 소왕素王이자 철학자로서의 공자가 탁고개제託古改制를 위해 육경을 직접 지었다고 여기기 때문에 경전 속에 담긴 공자의 미언대의를 발굴하여 철학적으로 해석하는 것을 학문의 주요 방법으로 삼는다. 이와는 달리 고문학은 공자를 선사先師이자 사학가史學家로, 육경을 주공周公이 지은 고대의 사료로 여기기 때문에 역사적 사실을 밝히고 고증하는 것을 학문의 주요 방법으로 삼는다는 것이다.98) 이와 같은 경학적 연구 방법과 사학적 연구 방법은 두 학파의 고유한 학문적 특징이자 경학의 양대 연구 방법으로서 현재까지도 경학을 연구하는 주요한 접근법으로 여겨지고 있다.

이상을 종합하면, 금고문 논쟁은 한편으로는 두 학파가 대립하는 과정에서 자신의 장점을 발굴하여 자기 학문의 특성을 더욱 차별화하였고, 다른 한편으로는 상대의 장점을 흡수하여 자신의 약점을 보완함으로써 자기 학문의 발전 동력으로 삼았다. 고문경학은 경전의 사실 고증을 통해 학문의 엄밀성과 객관성을 추구함으로써 학문의 내실을 탄탄하게 만들었다. 금문경학은 경전의 미언

---

97) 『朱子語類』, 권83, 「春秋」.
98) 周予同, 『經學史論著選集』(上海人民出版社, 1996), 4~9쪽 참조. 금문학과 고문학의 차이를 처음으로 분명하게 구분한 것은 청대 廖平이라는 인물이다. 주여동의 분류도 사실상 그 연원이 요평의 「今古學宗旨不同表」에서 비롯된 것이다. 이 표는 李耀仙 主編, 『廖平選集』 下(成都: 巴蜀書社, 1998), 44~45쪽에 보인다. 한편 廖平과 周予同의 관계에 대해서는 쑨사오 지음, 김경호 옮김, 『한대 경학의 발전과 사회 변화』(성균관대출판부, 2015), 467~470쪽 참조.

대의微言大義 해석을 통해 학문의 시대성과 현실성을 도모함으로써 학문의 외연을 확장하였다. 이처럼 금고문 논쟁은 두 학파가 각자의 연구 방법론을 찾아 학문의 독자성을 확립하는 결정적인 계기가 되었으며, 경학은 이러한 두 학파의 학문을 학적 기반으로 삼아 중국학술사를 대표하는 학술 사조로 자리매김할 수 있었다. 나아가 두 학파에 의한 끊임없는 학문의 내실화와 외연화는 경학이 수천 년 역사의 변화 속에서도 학문의 정체성을 지키면서 그 생명력을 유지할 수 있는 결정적인 원인으로 작용하였다. 한대 금고문 논쟁 이후 전개된 금고문 경학의 시대별 양상과 그 구체적인 이론에 대한 탐구는 차후의 연구 주제로 남겨 둔다.

제4장 퇴계학退溪學 혹은 학퇴계學退溪의 사이*

이영호

1. 서론

일찍이 한유韓愈(768~824)는 선생의 자격에 대하여, "선생이란, 도를 전하고 학업을 전수하며 의혹을 풀어 주는 분"[1]이라고 규정하였다. 즉 진리를 전달하고, 지식을 전수하며, 의혹을 풀어 줄 수 있어야만 선생인 것이다. 선생으로서 이 세 가지를 수행하려면 난점이 있다. 바로 전달하려는 진리를 그 자신이 깨우치고 있어야 하고, 전수하려는 지식을 그 자신이 알고 있어야 하며, 이 진리와 지식을 적절한 언어로 제자에게 전해 주어 그 의혹을 풀어 줄 수 있어야만 한다.

퇴계학에는 한유가 이야기하는 선생의 자격으로서의 도와 지식과 언어의 세 층위가 공존한다. 퇴계와 그의 제자들의 이야기를 담고 있는 기록물을 보면, 퇴계는 자신이 깨우친 진리와 알고 있는 지식을 최선의 언어를 통해 전달하고자

---

* 본 논문은 성균관대 유교문화연구소 비판유학 · 현대경학 연구센터에서 개최한 학술회의 〈현대경학의 방법론적 모색〉(2022.5.27.)에서 발표하고 『공자학』 제48호(2022.10.30.)에 게재된 논문을 수정 보완한 것임.
1) 『古文眞寶 後集』, 卷4, 「師說」, "師者, 所以傳道授業解惑也."

애쓴 흔적이 역력하다.

여기에서 퇴계의 학문과 퇴계를 배우고자 하는 제자들 사이의 맥락, 즉 퇴계학退溪學과 학퇴계學退溪의 양상이 형성된다. 이런 양상을 담고 있는 기록물에는 '학퇴계'의 정수라 할 수 있는 이덕홍李德弘의 『계산기선록溪山記善錄』과 '질의質疑'시리즈(사서, 『주역』, 『심경』, 『고문진보』 등)가 있다.

이덕홍뿐 만이 아니다. 흔히 수제자로 일컬어지는 김성일金誠一을 비롯한 많은 이들이 퇴계를 배운 기록들이 전해지고 있다. 이러한 기록들을 모아서 정리한 저서로 권두경權斗經의 『퇴계선생언행통록』, 이수연李守淵의 『퇴계선생언행록』, 임영林泳의 『퇴계어록』, 이익李瀷의 『이자수어李子粹語』 등을 들 수 있다.

이 기록물에는 퇴계학의 요체가 드러나 있으며, 이를 배우고자 하는 제자들의 분투가 담겨 있다. 본고에서는 이 기록물에 대한 분석을 통해 퇴계학의 근본인 내성의 모습을 묘사해 보고자 한다. 또한 퇴계학과 학퇴계의 사이에 존재하는 어떤 간극도 고찰해 보고자 한다. 이는 제자들이 퇴계를 배움에 그 길이 미묘하게 달라짐으로써 조선유학의 양상을 다변화시켰기 때문이다.

2. 『계산기선록』의 내성지도

유학의 양대 축은 내성외왕內聖外王, 혹은 수기치인修己治人이다. 『대학』의 용어로 이야기하면, 명명덕明明德과 신민新民일 것이다.

퇴계와 그 제자들 사이에서 주고받은 것도 이 내성외왕을 넘어서지 않는다. 그 내성외왕의 양상이 어떻게 구현되고 있는지를, 앞서 언급한 『계산기선록』과 『퇴계선생언행록』의 목차를 통해 성글게나마 살펴보기로 하자.

『계산기선록』은 간재艮齋 이덕홍李德弘(1541~1596)의 저술이다. 퇴계 말년의 제자였던 이덕홍은, 선생인 퇴계가 세상을 뜰 때까지 12년간 곁에서 모시면서 학문의 전수받았다. 이때 이덕홍은 퇴계의 평소 언동言動을 자세히 살펴 기록하였는데, 그 결과물이 바로 『계산기선록溪山記善錄』이라는 이름으로 발간된 퇴계 선생 언행록이다. 퇴계에 관한 언행록이 많이 발간되었지만, 이 책만큼 핍진하게 퇴계의 학문과 일상을 기록한 것은 드물다고 할 것이다. 이덕홍이 항상 곁에서 시봉하면서 그 선생의 언동을 기록하고, 또한 퇴계 만년의 학문의 두뇌처에 대하여 묻고 답한 기록이 고스란히 들어 있기 때문이다. 결정적으로 선생인 퇴계의 죽음의 순간까지 그 가르침의 현장을 고스란히 담고 있다. 이 책의 목차는 다음과 같다.

■『계산기선록』 상
입학지서入學之序(9조), 조존지요操存之要(26조), 궁격지묘窮格之妙(14조), 송독지근誦讀之勤(9조)

■『계산기선록』 하
산수지락山水之樂(8조), 거가지의居家之儀(7조), 제사지례祭祀之禮(2조), 사수취사지의辭受取舍之義(6조), 접물지용接物之容(6조), 논인물지품論人物之品(4조), 논처변지도論處變之道(1조), 추서지인推恕之仁(4조), 음식지절飲食之節(2조), 거향지사居鄉之事(4조), 진퇴지절進退之節(7조), 임종지명臨終之命(6조)

한편 퇴계 사후, 선생인 퇴계의 언행을 기록한 제자들의 기록이 여러 곳에 산재되어 망실될 우려가 있었다. 이에 권두경權斗經(1654~1725)이 이를 모아 편집하여 『퇴계선생언행통록退溪先生言行通錄』이라는 이름으로 출간하였다. 그러나 이 책은 출간된 뒤에 문제제기가 있었다. 이에 퇴계의 후손인 이수연李守淵(1693~1748)이 중심이 되어 이 책의 오류를 바로잡고 중복된 사안들을 정리하여 『퇴계선생언행록退溪先生言行錄』을 출간하였다.[2] 오늘날까지 『퇴계선생언행록』은 가장 많이 읽히는 퇴계 언행 기록물이다. 이 책은 총 5권으로 이루어져 있는데 그 목차는 아래와 같다.

【제1권】

학문學問(18조), 독서讀書(22조), 논격치論格致(10조), 존성存省(11조), 논지경論持敬(9조), 성덕成德(10조), 교인敎人(37조)

【제2권】

강변講辨(33조), 자품資品(5조), 기거어묵지절起居語默之節(17조), 율신律身(11조), 거가居家(21조), 봉선奉先(12조), 가훈家訓(18조), 처향處鄕(15조), 사수辭受(17조)

【제3권】

교제交際(12조), 음식의복지절飮食衣服之節(7조), 낙산수樂山水(14조), 출처出處(31조), 사군事君(11조), 고군진계告君陳誡(6조), 거관居官(16조)

【제4권】

논리기論理氣(9조), 논례論禮(64조), 논시사論時事(14조)

【제5권】

논인물論人物(31조), 논과거지폐論科擧之弊(9조), 숭정학崇正學(14조), 잡기雜記(30조), 연신계사筵臣啓辭(6조), 고종기考終記(19조)

이덕홍의 『계산기선록』은 퇴계를 지근거리에서 가장 오래 시봉한 제자의 기록이라는 점에서, 『퇴계선생언행록』은 퇴계 언행을 집록한 영향력 있는 서적

---

  2) 『退溪先生言行通錄』에서 『退溪先生言行錄』이 이루어지는 전후 상황에 대해서는, 김언
    종, 「退溪先生言行錄』 小考」, 『연민학지』 4집(연민학회, 1996) 참조.

이라는 점에서, 이 두 책에는 공히 퇴계의 학문과 이를 배우고자 했던 제자들의 노력이 핍진하게 반영되어 있다고 평가할 수 있다. 그리고 여기에는 유학의 이념인 내성외왕의 도를 지닌 선생이 제자들에게 이것을 어떻게 전해 주었고, 제자들은 이를 어떻게 수용(혹은 기술)했는지에 대한 장면이 역력하다.

먼저 『계산기선록』의 목차를 살펴보면 '상권'의 내용은 '내성內聖'에 해당된다고 할 것이며, '하권'의 내용은 '외왕外王'에 부합된다고 할 것이다. '내성'은 자기 내면의 탐색과 그 본모습을 자각하고자 하는 노력에 의해 도달한 자아상이다. 『계산기선록』의 '상권'에는 학문과 독서, 그리고 존성양심과 격물치지 등을 통해 이를 묘사하고 있다. 한편 '외왕'은 '내성'을 외부로 확장하는 것으로, 사회적 관계 맺음이라 할 것이다. 『계산기선록』의 '하권'에서 보듯이 집안사람들과의 관계 맺음, 선조를 받듦, 고향에서의 처신, 벼슬에 나아감과 물러감 등등이다.

여러 제자들이 기록한 퇴계의 언행을 집록한 『퇴계선생언행록』의 내용도 크게 보면, 『계산기선록』의 확장이라 할 것이다. 다만 '내성'에서 리기론과 더불어 '외왕'에서 군주 섬김, 과거, 관직 생활 등등의 내용이 첨가되었다. 그리고 퇴계 임종의 기록이 두 저술에서 공히 있으며, 『계산기선록』의 경우 내성에 해당되는 '조존操存'이 26조목으로 가장 많은 반면, 『퇴계선생언행록』의 경우 외왕에 해당되는 '논례論禮'가 64조목으로 가장 많다.

퇴계의 학문을 제자들이 배울 때, 외왕에 해당되는 부분 중 '예'에 관한 내용은 매우 번다하다. '번문욕례繁文縟禮'라고 하였듯이, 다양한 예론을 검토하고 그것에서 정례正禮를 찾고자 하는 노력은 그 자체로 복잡하다. 그러나 이 또한 지식의 영역이다.

반면 내성에 해당되는 '조존操存', '궁격窮格', '지경持敬'은 지식의 영역에서 다루기도 하지만, 그 본질은 지혜에 해당된다고 할 수 있다. 그런데 문제는 이 지혜가 사제 간에 공유되기가 쉽지 않다는 데 있다. 이것은 기본적으로 보기도 어렵고 만질 수도 없는 '마음'과 그 작동하는 마음 너머의 어떤 것(思慮未萌)에 관한 것이다. 여기에 도달하는 것은 지식의 축적이 도움이 되지만, 이것이 결정적인 것은 아니다. 여기에는 바로 '체득', 혹은 '깨달음'이라는 일종의 비약이 요청된다. 이 비약은 양적 축적이 필요하기는 하지만, 이 양적 축적의 결과로서 도래하지는 않는다. 주자의 표현대로라면, 기약할 수 없는 '어느 날 아침'(一旦)이 되면 갑작스레 그곳에 도달하게 된다(豁然貫通).

사정이 이러하기에 내성의 면모는 개념으로 파악하기가 지난하다. 개념화하여 이야기하고자 하는 시도가 다양하게 있지만, 그럴수록 그것은 갈증을 불러일으키는 어떤 것이 된다. 이 갈증은 모름에 대한 지적 갈망일수도 있지만, 그 근본은 본능적 끌림이라고 할 것이다.

주자나 퇴계뿐 아니라 이들이 경원시하는 육왕학陸王學에서조차 이곳은 인간의 본래적 면모, 비유하자면 고향으로 상정한다. 고향을 떠난 실향민이 마음에 그리기만 하고 가 보지 못하니, 항상 그곳으로 염두念頭가 쏠려 있는 것이다. 이러한 본능적 끌림이 있기에 그곳에 도달한 선생이 묘사하는 그 풍경에 제자들은 골몰하게 되는 것이다. 잡을 듯하지만 잡히지 않아서 더욱 골몰하게 된다. 그런데 선생 또한 이를 핍진하게 묘사만 할 뿐, 어떻게 꼭 집어서 이야기해 줄 수 없다. 이는 감각, 개념, 언어로 이루어지기 이전의 세계이기에, 이를 언어로 정확하게 '이것이다'라고 이야기해 주면, 오히려 그 핵심을 벗어날 수 있기 때문이다.

그래도 언어가 아니라면 이것을 전해 줄 수 있는 수단이 드물기에, 퇴계는 최대한의 묘사로 제자들의 의혹을 풀어 주려고 하였다. 제자들 또한 선생의 언어에서 그 언어 너머의 것을 얻으려고 온 힘을 다하였다. 그 기록의 현장이 바로 『계산기선록』에서 가장 빈번하게 등장하는 조존지요操存之要(26조)와 궁격지묘窮格之妙(14조)이다. 그리고 이를 확장해 놓은 것이 『퇴계선생언행록』의 내성에 해당되는 부분이다. 우리는 이 기록들에서 퇴계학과 학퇴계 사이에서 이루어진 조선유학의 내성지도內聖之道의 한 양상을 짐작할 수 있을 것이다.

3. 이덕홍의 퇴계 내성학 수용

퇴계의 제자들은 선생의 내면풍경을 이렇게 묘사하고 있다.

【이덕홍】
선생께서는 평이平易하고 명백明白한 도리와 허명虛明하고 통철洞澈한 마음을 지니셨다.[3]

【김성일】
선생의 마음은 곧바로 천지만물과 하나 되어 함께 흘러가며, 어느 곳에서든 그 오묘함을 얻었다.[4]

이덕홍과 김성일이 바라본 퇴계의 내면은 평이平易, 명백明白, 허명虛明, 통철洞澈하며, 우주와 일체가 되어 어느 장소 어느 시간대를 막론하고 그 오묘함의 상태를 견지하고 있다. 그런데 선생의 내성적 면모에 대한 두 제자의 묘사가 오늘날 우리에게 어렵게 읽혀질 뿐 아니라, 아마 당대에도 모두에게 명료하게 파악되었을 것으로 생각되지 않는다.

이는 지식의 영역이 아니기 때문이다. 예컨대 『퇴계선생언행록』 「논례論禮」에서, '임금의 상喪일 때 상기喪期 중에 고례古禮에 의한 백립白笠, 백대白帶와는

---

3) 『艮齋先生文集』, 卷之五, 「溪山記善錄」(上), "先生, 有平易白直底道理, 虛明洞澈底心事."
4) 『退溪先生言行錄』, 卷之一, 「成德」, "其心, 直與天地萬物, 上下同流, 有各得其所之妙."

달리 흑립, 흑대를 착용하는 것을 반대하였다', 혹은 '상가喪家에서 주식酒食을 장만하여 조객弔客을 접대하는 것은 우리나라의 폐습이다'라는 퇴계의 상례관喪禮觀에 대하여 그 타당성을 논할 수는 있다. 이는 외왕의 영역으로 지식의 측면에서 논할 수 있기 때문이다.

물론 퇴계의 내면 풍경인 내성의 양상에 대하여서도 논의할 수 없는 것이 아니다. 조선시대 사단칠정론이나 명덕 논쟁에서 보듯이 이것에 대하여서도 논할 수는 있다. 그러나 지식의 영역에 대해서는 그 논의되는 지점이 선명하게 드러나는 반면, 내성으로서의 지혜의 영역에 대해서는 그 선명도가 확연하게 떨어지며 심지어 명료하게 정리해 놓았다 하더라도 그것을 수용하는 입장에서는 현실감이 없는 경우가 다반사이다.

왜 이러할까? 이는 내성의 영역에 해당되는 퇴계의 마음에 대한 묘사가 본질적으로 이것에 대한 동일한 체험이 어느 정도 이루어지지 않으면 어렵기 때문이다. 즉 지식의 축적이나 분별이 필요하기도 하지만, 본질적으로 그 마음에 대한 자기체험으로서의 '심득心得'이 강력하게 요청된다. 퇴계는 이것에 대하여 제자들에게 다음과 같이 말하고 있다.

• 공부를 함에 반드시 이와 같이 **체득하고** 또 더하여 깊이 침잠하고 오래 완미하면 저절로 마음에 이해되고 즐거운 지점이 있게 되니, 바야흐로 이것이 **심득心得**이라네.5)

• **마음을 잡는 것**이 가장 어렵다. 항상 **체험**하여 보면, 한 걸음을 걷는 동안에도 마음이 한 걸음과 함께하기가 어렵다.6)

---

5) 『艮齋先生文集』, 卷之三, 「上退溪先生」, "爲學須如此體認出來, 而又加以涵泳玩味之久, 自然有會於心而有悅豫處, 方是心得也."

6) 『退溪先生言行錄』, 卷之一, 「存省」, "人之持心最難, 常自驗之, 一步之間, 心在一步難."

위의 언급에서 보듯이 퇴계 내성학의 핵심은 마음과 그 마음의 체득, 혹은 잡음에 있다. 그 체득의 경지에 오르지 않으면, 마음은 만질 수도 없고 잘 볼 수도 없다. 문제는 이런 마음을 체득의 경지에 오르지 않는 제자들을 위해 전해 주고자 하는 데 있다. 그 전해 줌의 수단이 언어인데, 이 언어가 체득의 관건이 아니기 때문이다. 퇴계 자신도 이 때문에 이 마음을 잡거나 체험함이 어렵다고 고백한다. 그러면 어떻게 하면 마음을 체득할 수 있을까? 여기서 퇴계학의 마음공부의 요법인 '경敬'이 등장한다.

> 사람이 학문을 함에 있어서는, 일이 있고 없고 뜻이 있고 없고를 막론하고 경敬을 중심으로 하여 움직일 때나 고요할 때나 경을 잃지 않아야 한다. 사려가 싹트지 않았을 때는, 심체心體가 허명虛明하여 마음의 본령이 깊고 순수하게 될 것이다. 그리고 사려가 이미 발동해서는, 의리義理가 밝게 드러나고 물욕이 물러나 마음이 어지럽게 되는 병통이 점차 줄어들 것이다. 이러한 정도가 점차 쌓이고 쌓여서 완성에 이르게 되는 것, 이것이 학문의 요법要法이다.[7]

'경'은 생각이 작동할 때는 물론이거니와 생각이 발동되기 이전, 퇴계의 용어로 '사려미맹思慮未萌'의 지점을 확인하는 데도 필수적인 공부이다. 마음의 활발한 작용과 그 마음의 작용 너머의 그것에 도달하는 데 요법이 '경'인 것이다. 그러면 마음 작용으로서의 생각을 넘어서서 그 생각 이전의 자리로 다가가는 구체적인 방법은 무엇인가? 이것은 '경'의 세부적 실천항목은 무엇인가에 대한 질문일 것이다. 이에 대하여 퇴계는 제자인 이덕홍에게 매우 자세하게 전하고 있다.

---

7) 『退溪先生文集』, 卷之二十八, 「答金惇敍」, "人之爲學, 勿論有事無事有意無意, 惟當敬以爲主, 而動靜不失, 則當其思慮未萌也, 心體虛明, 本領深純, 及其思慮已發也, 義理昭著, 物欲退聽, 紛擾之患漸減, 分數積而至於有成, 此爲要法."

일찍이 암서헌巖栖軒에 모시고 앉아 있었는데, 선생께서 "사람이 학문을 하는 데는 먼저 그 주재主宰를 세우는 것만 한 것이 없다"라고 하시기에, 묻기를 "어떻게 해야 그 주재를 세울 수 있습니까?" 하니, 선생께서 한참 뒤에야 "경敬이 주재를 세울 수 있다"라고 하셨다. 묻기를 "경에 대한 설들이 다양한데, 어떻게 하면 잊어버리거나 조장助長하는 병통에 빠지지 않을 수 있습니까?" 하니, 선생께서 말씀하셨다.

"그에 대한 설들이 비록 다양하지만, 정자程子, 사량좌謝良佐, 윤돈尹焞, 주자朱子의 설보다 더 절실한 것이 없다. 다만 배우는 자들이 가끔 '성성惺惺'공부를 하려고도 하고, '불용일물不容一物'공부를 하려고도 한다. 그러나 먼저 찾아 구하는 것에 마음을 두거나 혹 안배하는 데 관련이 되면 싹을 뽑아 올리는 병통을 일으키지 않는 자가 거의 드물 것이다. 그리고 조장을 하지 않으려고 마음을 쓰지 않는다면, 버려두고 잡초마저 뽑아 주지 않는 지경에 이르지 않는 자 또한 드물 것이다.

초학자를 위한 계책으로는 정제整齊와 엄숙嚴肅에 대한 공부만 한 것이 없다. 찾아 구하지도 않고 안배하지도 않으면서, 다만 규율과 법도에만 입각해 짧은 시간이나 은미한 즈음에 조심하고 두려워하여 마음이 조금도 방일함이 없게 하면, 오랜 뒤에 자연히 마음이 성성惺惺해지고 자연히 일물一物도 용납함이 없어서, 조금도 잊어버리거나 조장하는 병통이 없어지게 될 것이다."[8]

조선 유학자들이 중시하는 경의 핵심은 '주일무적主一無適'이다. 그런데 위의 예문을 보면, 퇴계는 주자학파의 다양한 경의 양상을 수용하고 있다. 거론해보면, 정자의 '정제엄숙整齊嚴肅', 사량좌의 '성성법惺惺法', 윤돈의 '불용일물不容一

---

8) 『艮齋先生文集』, 卷之五, 「溪山記善錄」(上), "嘗侍坐於巖栖軒. 先生曰: '人之爲學, 莫如先立其主宰.' 曰: '如何可以能立其主宰乎? 先生久之曰: '敬可以立主宰.' 曰: '敬之爲說多端, 如何可以不陷於忘助之病乎? 先生曰: '其爲說雖多, 而莫切於程謝尹朱之說矣. 但學者或欲做惺惺工夫, 或欲做不容一物工夫, 而先有心於尋覓, 或有涉於安排, 則其不生揠苗之病者幾希. 不欲助長而纔不用意, 則其不至於舍而不耘者, 亦罕矣. 爲初學計, 莫若就整齊嚴肅上做工夫. 不容尋覓, 不容安排, 只是立脚於規矩繩墨之上, 戒愼恐懼於須臾隱微之際, 不使此心少有放逸, 則久而後自然惺惺, 自然不容一物, 無少忘助之病矣.'"

物’ 등이다. 특히 퇴계는 여기서 정재엄숙을 이 모든 경의 양상의 근간이 되는 최고의 공부법으로 제기하고 있다. 퇴계의 다른 글들을 보면, 실상 주자학파의 이러한 경의 다양한 양상을 모두 중요한 공부법으로 소개하곤 한다. 그러나 제자들을 가르칠 때, 특히 정재엄숙을 강조하고 있다. 이는 주일무적, 성성법, 불용일물 등의 경의 방법론이 내면에 집중하고 있는 데 비해, 정재엄숙은 다분히 외면에 초점을 맞추고 있기 때문이다. 퇴계는 초학자들이 몸의 수련을 통해 마음의 그곳으로 들어가는 것이 가장 빠르고 좋은 방법이라고 생각한 것이다.[9] 그러면 이 경공부에 몰입하였던 퇴계의 제자들은 어디에 초점을 맞추었던가? 퇴계와 일상을 함께하였던 시봉 제자 이덕홍의 경우를 보기로 하자.

> 덕홍이 묻기를 “마음속에 한 물건도 용납하지 않는다고 하는데, 그렇다면 비록 당연한 법칙이 있더라도 마음에 용납하지 않습니까?” 하니, 말씀하시기를 “아니다. 한 물건도 용납하지 않는다고 한 것은 마음의 완전한 본체는 지극히 비어 있고(虛) 지극히 고요하여(靜) 마치 밝은 거울이 사물을 비추는 것과 같이 사물이 나타나면 거기에 응하지만 머무르지 않고, 사물이 가 버리면 전과 같이 비고 깨끗해지는 것을 말한 것이다. 만약 조금이라도 사물을 용납한다면, 마치 진흙이 거울에 달라붙은 것과 같아서 전혀 허명虛明하고 정일靜一한 기상을 가질 수가 없다”고 하셨다.[10]

주자학의 경 공부론에서, 이덕홍은 주자의 주일무적과 퇴계가 강조한 정재 엄숙보다 윤돈의 ‘불용일물不容一物’에 관심을 기울인다. 텅 비어 있되 지극히

---

9) 퇴계의 다양한 경 공부론에 대한 정리와 분석은, 최재목, 「퇴계의 ‘초연함’에 대한 인문적 성찰」, 『퇴계학논집』 22호(영남퇴계학연구원, 2018), 56면 참조.
10) 『艮齋先生文集』, 卷之五, 「溪山記善錄」(上), “德弘問: ‘心中不容一物, 然則雖有當然之則, 亦不可容乎?’ 曰: ‘非也. 不容一物云者, 言心之全體, 至虛至靜, 如明鏡照物. 物來則應之而不滯, 物去則如故而虛明. 若一毫容物, 如泥點鏡, 都不得虛明靜一氣象.’”

고요한 마음 혹은 마음 너머의 본체를 상정한다. 이 마음의 지평선에 온갖 물상들이 오고 가지만 그냥 오고 갈 뿐이다. 이 마음의 거울에는 사물이 오면 그대로 비치고 가면 깨끗한 그 상태로 존재한다. 텅 비어 있되 밝은 인식작용을 가지는데, 이는 또한 고요하면서 지속적인 상태로 존재한다. 이 마음의 거울은 절대적 좌표이다. 여기에는 심지어 선악善惡도 없다. 그러니 여기에는 그 어떤 것도 잔류함이 없다.[11]

퇴계와 이덕홍이 공유하고 있는 이 마음의 풍경이 바로 이들 사제 간의 내성지도이다. 그런데 이러한 내성지도를 추구하는 데 있어 퇴계가 강조한 것은 바로 주정主靜[12]과 정좌靜坐(默坐)[13]이다. 정靜(靜坐)을 지향하는 퇴계의 이런 자세는 일찍이 주자학적 전통에서 멀리 떨어진 것이 아니다. 양시, 나종언, 이동으로 이어지는 도남학파의 미발수행법에서 정좌는 핵심적인 수행 방법으로 제기되기 때문이다.[14] 정좌를 하여 마음의 한 물건도 없이 허명하고 정일한 본체를 간직한 퇴계의 자아는 가끔은 우주가 개벽되기 이전의 그 어디쯤에서 노니는 정신의 고양을 이루기도 한다. 상황이 이에 이르면 퇴계학에서는 학문과 종교의 영역이 허물어지는 듯한 느낌을 준다.[15] 이로 인해 "퇴계는 주희의 기본적인 학설을 흡수하면서도 종국에는 종교적 색채가 더 강한 체계적 해석을

11) 『退溪先生文集』, 卷之二十八, 「答金惇敍」, "事無善惡大小, 皆不可有諸心中. 此有字, 泥著係累之謂, 正心助長, 計功謀利, 種種病痛, 皆生於此."
12) 『艮齋先生文集』, 卷之五, 「溪山記善錄」(上), "先生, 自少時, 不喜羣居, 獨處一室, 涵養本源. 弘問: '動時, 此心尤難收拾, 此處工夫益親切.' 曰: '莫如主靜而立其本.'"
13) 『退溪先生言行錄』, 卷之一, 「存省」, "平居, 未明而起, 必盥櫛冠衣, 終日觀書, 或焚香靜坐, 常提省此心, 如日初升.";『退溪先生言行錄』, 卷之一, 「讀書」, "先生曰: '延平默坐澄心, 體認天理之說, 最關於學者讀書窮理之法.'"
14) 김승영, 「도남학파의 미발수행론 고찰」, 『동서철학연구』 60호(한국동서철학회, 2011) 참조.
15) 『艮齋先生文集』, 卷之五, 「溪山記善錄」(上), "先生平日寢處及讀書之所, 不與人同. 故在家在山, 非講學應接之時, 則左右靜無人焉. 嘗言其獨寢玩樂齋, 中夜而起, 拓窓而坐, 月明星繁, 江山寥廓, 凝然寂然忽然有未判鴻濛底意思."

발전시켰다"[16]라는 평가를 받는 지경에 이르렀다.

퇴계학의 연원은 주자학인데, 왜 하필 '종교적 색채가 짙다'라는 평가를 받을 정도로, 퇴계는 이쪽으로 성큼 나아갔을까? 여기에는 퇴계를 둘러싼 당시의 상황도 일조를 하였지만, 주자의 여러 전적과 더불어『심경心經』이 매우 중요한 역할을 하였다.

4.『심경부주心經附註』와 퇴계학

이덕홍의 기록에 의하면, 퇴계는 "내가『심경心經』을 얻은 뒤 비로소 심학心學의 연원을 알게 되었다. 그래서 내 평생에 이 글을 신명神明처럼 믿었고 이 글을 엄부嚴父처럼 공경하였다"[17]라고 말할 정도로『심경』을 매우 좋아하였다.

그리고『퇴계선생언행록』「학문」조를 보더라도, 퇴계는 어린 시절『논어』를 읽은 이래 광범위한 독서를 하였다. 그 독서 목록에는『논어』,『성리대전』,『심경부주』,『주자대전』,『소학』,『근사록』,『역학계몽』등이 있었다. 이 가운데서 특히 진덕수眞德秀(1178~1235)가 편찬하고 정민정程敏政(1445~1499)이 주석을 붙인『심경부주心經附註』에 퇴계가 더욱 깊은 관심을 기울였음을 볼 수 있다. 김성일의 진술에 의하면, 퇴계는 나이가 들어서도 새벽에 일어나면『심경부주』를 소리 내어 읽었다고 한다.[18] 그러면『심경부주』는 어떤 책이기에 퇴계가

---

16) Edward Chung, 이정환 역,「이퇴계의 신유가에 있어 성인됨과 종교적 실천에 관하여」,『퇴계학논집』, 권5(영남퇴계학연구원, 2009), 7면.

17)『艮齋先生文集』, 卷之五,「溪山記善錄」(上), "吾得『心經』而後, 始知心學之淵源, 心法之精微, 故吾平生信此書如神明, 敬此書如嚴父."

18)『退溪先生言行錄』, 卷之一,「學問」, "辛酉冬, 先生居陶山玩樂齋, 雞鳴而起, 必莊誦一遍, 諦聽之, 乃『心經附註』也."

이렇게까지 좋아하면서 읽었는가?

『심경』은 주자의 후학인 진덕수가 옛 성현들의 심학心學에 관한 글을 모아 한 책으로 만들어 자신의 경계로 삼은 책이다. 정민정이 이 책에 주로 주자학자들의 글을 가져다가 주석을 붙인 것이 바로 『심경부주』이다. 그러니까 『심경부주』는 전적으로 유가(특히 송명유학)의 심학을 집대성한 서적이라고 평가할 수 있다. 실상 조선에서 이 책이 뜨겁게 부상한 것은 바로 퇴계가 이 책을 자기 수양의 표본서로 삼아 혹호酷好하면서부터이다. 퇴계는 이 책에서 마음을 찾아가는 어떤 단서를 발견하고 쉼 없이 읽고 제자들에게도 읽기를 권유하였다. 퇴계의 이런 지향으로 인해 한때는 우성전, 유성룡 같은 제자들이 주자의 전적보다 『심경부주』를 더 높이 평가하기도 하였다.[19]

조선경학사에서 주자의 『사서집주』가 높은 평가를 받는 반면에 이 책에 주석을 붙인 『사서집주대전』은 혹평을 받고 있다. 이는 『사서집주대전』의 주석(이른바 小註)이 번다하기만 할 뿐, 주자 주석의 본의를 정확하게 드러내는 데 실패하였다고 평가를 받기 때문이다. 『심경』과 『심경부주』의 관계 또한 이와 유사하다. 『심경』에 대해서는 고평을 하는 반면, 『심경부주』에 대해서는 혹평을 하고 있다. 그런데 여기에는 조금 더 다른 사정이 있다. 퇴계는 그 자신이 지은 「심경후론心經後論」에서 다음과 같이 말하고 있다.

> 평소 이 책을 높이고 믿는 것이 사서四書나 『근사록』에 뒤지지 않았다. 그런데 도 매양 그 책을 읽다가 끝에 가선 한 번도 그 사이에 의심을 두지 않은 적이 없어서, '오씨吳氏(吳澄)가 이런 말을 한 것은 무엇을 보고 한 것이며, 황돈篁墩(程敏政)이 대목을 뽑아 놓은 것은 무슨 뜻인가? 천하 사람들을 거느리

---

19) 『鶴峯先生文集』 續集, 卷之五, 「退溪先生言行錄」, "禹性傳, 柳成龍, 以爲 『朱子書』 不如 『心經』 之切要."

고 육씨陸氏(陸九淵)에게로 돌아가려는 뜻이 있는 게 아닌가? 하다가, 또 스스
로 해명하기를, "…… 두 분은 그 뒤에 태어나 사도斯道를 자임自任하고 유폐流
弊를 바로잡으려는 뜻이 간절하여 부득이 이런 말을 하였을 것이니, 이것도
주자의 뜻일 텐데 무엇이 나쁠 것이 있겠는가" 하였다.…… 다만 초려공草廬公
(吳澄)의 학설은 이리저리 연구해 본 결과 불가佛家의 기미가 있으니, 나정암羅
整庵(羅欽順)이 배척한 논의가 맞다. 배우는 사람은 마땅히 그런 뜻을 이해하고
그 말을 가려서 같은 것은 취하고 다른 것은 버린다면 그 또한 옳은 일이
아닌가 한다.[20]

　오징吳澄(1249~1333)은 허영許衡과 더불어 원대 최고의 주자학자였다. 그러나
그의 학문은 상산학象山學, 더 나아가 선불교에 물들었다는 비판을 받곤 하였다.
특히 이 부분은 조선에서 문제가 되었다. 예컨대 숙종 7년에 문묘를 정비할
때, 문묘에 모셔져 있던 선학들 중 공백료公伯寮, 순황荀況, 마융馬融, 왕필王弼,
왕숙王肅, 두예杜預, 하휴何休, 가규賈逵, 오징吳澄이 퇴출을 당하였다. 성현의 경전
에 위배되는 주장을 하거나 술수학에 밝거나 명교에 죄를 짓거나 등등의 이유였
다. 그리고 그 범위는 대체로 송대 이전의 인물이었다. 그런데 유독 송대 이후
원나라 인물이 한 사람 있었으니, 바로 오징吳澄이다. 오징이 문묘에서 퇴출당한
상황을 보면, 한족으로 원나라에서 벼슬을 했다는 이유와 더불어 불교에 물들었
다는 것이 가장 큰 원인이었다.[21]

---

20) 『退溪先生文集』, 卷之四十一, 「心經後論」, "平生尊信此書, 亦不在四子近思錄之下矣. 及其每
　　讀至篇末也, 又未嘗不致疑於其間, 以爲吳氏之爲此說也何見, 篁敦之取此條也何意, 其無乃有
　　欲率天下歸陸氏之意歟? 旣而又自解.……二公生於其後, 而任斯道捄流弊之意切, 不得已而爲
　　此言, 是亦朱子之意耳, 亦何傷之有哉?……惟草廬公之說, 反復硏究, 終有伊蒲塞氣味, 羅整菴
　　之論得之. 學者當領其意而擇其言, 同者取之, 不同者去之, 其亦庶乎其可也."
21) 『肅宗實錄』, 12권, 숙종 7년 11월 9일 戊午 1번째 기사, "領議政金壽恒議曰: '其餘公伯寮,
　　荀・何, 二王, 馬, 杜諸人之違背聖經, 得罪名敎者, 所宜首先黜去. 至於賈逵, 吳澄, 則爾中不
　　竝請去, 未知其意之如何, 而逵以經傳解詁, 雖得通儒之稱, 以不修小節見識, 至其論說經義, 專
　　主圖讖, 傅會文致, 以媒貴顯, 爲史家所深貶, 則此與何休之註「風角」, 豈相遠哉? 澄則以宋朝

퇴계 당시에 이미 오징의 인물됨 뿐 아니라, 학문의 성격에 대하여 설왕설래가 많았다. 특히 주자학과 대척점에 서 있는 육왕학 또는 선학에 물들었다는 비판이 성행하였다. 그런데 정민정이 『심경부주』를 편찬하면서, 이 오징의 설을 대거 채입하고 이 책의 말미에 거의 결론식으로 오징의 설을 인용하고 있다. 상황이 이러하니 퇴계의 제자들도 여기에 대하여 선생에게 의문을 표하였다.

위의 예문에서 보듯이 퇴계는 오징의 학설에 선불교적 색채가 있음을 인정하였다. 그리고 이 학설을 채집한 정민정에 대하여서도 의심을 하였다는 고백을 한다. 그럼에도 불구하고 퇴계는 『심경부주』를 젊어서부터 늙음에 이르기까지 손에서 놓지 않고 읽었다. 그리고 마침내 오징의 학설에 비록 그런 면이 있다 한들, 그것이 그리 큰 문제가 될 것이 있겠는가? 라고 말하기에 이른다. 퇴계가 불교적 색채가 농후하다고 평가받는 오징에 관하여 이렇게까지 관대함은 어째서인가? 퇴계는 인간의 내면을 탐색하고자 하는 오징의 논의에 대하여 선불교적 위험성이 있다 하더라도 그 주제의 측면이나 논의의 진지함으로 보면 주자학의 그것에서 벗어나지 않는다고 주장한다. 자칫 주자학에서 금기하는 선불교와의 친연성의 뇌관을 건드리는 발언이라고 할 수 있다. 퇴계 전후를 보면, 조선의 주자학자들은 대체로 퇴계의 이 주장에 대하여 찬성하지 않은 듯하다. 조정의 공식적 논의로 오징에게 선불교의 그물이 씌어지고 문묘에서 퇴출을 당하였으며, 심지어 퇴계의 제자들조차 이 부분에 대해서는 찬성하지 않았기 때문이다.

進士, 失節於胡元, 其學亦流於伊蒲塞之習, 此二人亦不容仍留腏食之列.'……其令有司, 公伯寮, 荀況, 馬融, 王弼, 王肅, 杜預, 何休, 賈逵, 吳澄等九人, 亟黜夫子廟庭.'"

5. 학퇴계의 또 다른 길

퇴계의 학문이 제자들에게 전해지는 학퇴계의 양상에서 이른바 심학이 가장 중요하였음을 우리는 이덕홍의 경우를 통해 살펴보았다. 정민정의 『심경 부주』는 이러한 심학의 대표적 전적이었기에 주자학에서 껄끄러워하는 논란이 있었음에도 퇴계는 한결같이 이 책을 존신하였다.

퇴계학은 비록 주자학에 뿌리를 둔 것이지만, 인간의 내면을 탐색하는 가운데 종교적이라 평가받을 정도의 몰입과 체험을 중시하였기에 이런 주장이 가능하였던 것으로 생각할 수 있다. 상황이 이러하기에 퇴계학은 주자학이 근간이지만, 인간 내면의 탐색이라는 주제에 부합하면 그것이 육왕학이든 선불교든 전적으로 배척할 것은 아니라는 면모를 가지고 있기도 하다. 때문에 후일 퇴계가 불교에 대하여 비록 부정적 견해를 내었지만 현묘하다고 논평한 것을 두고, 우암 송시열이 비판하기도 하였다.[22] 또한 근래 퇴계학을 가리켜 양명학의 종지와 유사하다는 대만 학자 이명휘의 주장[23]도 이런 맥락에서 이해할 수 있을 것이다.

퇴계 당대에 이 문제에 대하여 가장 적극적으로 대응한 학자는 한강寒岡 정구鄭逑(1543~1620)이다. 정구는 퇴계의 이 지점에 대하여 분명한 비판의식이 있었다. 그러나 이를 비판적 언사로 표현하기보다는, 정민정의 『심경부주』를 부인하고 그 자신이 새롭게 편찬한 『심경』 주석서인 『심경발휘心經發揮』를 통해 이 점을 드러내었다. 퇴계의 학문이 그 제자들에게 전수될 때, 퇴계가 가장 몰입하였던 내면의 세계로 동행하였던 이덕홍 같은 제자가 있었는가 하면,

---

22) 이에 관해서는, 이영호, 「退溪 經學을 통해 본 조선주자학의 독자성 문제」, 『퇴계학논집』 8호(영남퇴계학연구원, 2011) 참조.
23) 李明輝, 『四端七情─關於道德情感的比較哲學探討』(臺灣大學出版中心, 2008), 371면 참조.

또한 정구 같이 퇴계의 이런 지점에 약간의 비판의식을 가지고 선생의 학문을
달리 계승한 학자도 있었다. 이는 '학퇴계'의 양상의 다변화를 넘어서서 조선
후기 학술사의 분기를 이루는 관건으로 작용한 듯하다. 번암樊巖 채제공蔡濟恭은
성호星湖 이익李瀷의 묘지명을 쓰면서 다음과 같이 말하였다.

> 생각건대 우리의 도는 전해진 도통이 있으니, 퇴계선생은 우리나라의 부자夫
> 子이시다. 이 도는 한강寒岡에게 전해졌고, 한강은 이 도를 미수眉叟(許穆)에게
> 전했으며, 선생(李瀷)은 미수를 사숙私淑하였다.[24]

조선 후기 실학의 연원을 거슬러 올라가면 퇴계에게서 비롯되는데 그 분기
점이 바로 한강 정구라는 주장이다. 도대체 정구의 학문의 요체는 어떤 것이었
기에 퇴계학에서 나와 실학으로 이어지는 계기를 마련해 준 것인가? 여기에
앞서 언급한 퇴계의『심경부주』에 대한 정구의 비판의식의 발로인『심경발휘』
에서 단서를 찾을 수 있다.

정구는『심경발휘』「서문」에서 "항상 정씨程氏(程敏政)의 주석에 대해 이상한
생각이 들었던 것은, 그 취사선택을 한 기준이 간혹 분명치 않은 경우가 많았
다"[25]라고 하였다. 이에 정구는『심경발휘』를 편찬하면서, 그 취사取捨의 기준
을 분명하게 드러내었다.

먼저 '버린 학설'(捨)은 바로 그토록 논란이 되었던 오징의 설이다. 정민정은
오징의 설을『심경부주』의 「한사존성장閑邪存誠章」, 「시운잠수복의장詩云潛雖伏矣
章」, 「주자경재잠朱子敬齋箴」, 「존덕성재명尊德性齋銘」 등 4군데에 걸쳐 인용하고

---

24) 『樊巖先生集』, 卷五十一, 「星湖李先生墓碣銘」, "但念吾道自有統緖, 退溪我東夫子也. 以其道
而傳之寒岡, 寒岡以其道而傳之眉叟, 先生私淑於眉叟者."
25) 『寒岡集』, 卷十, 「心經發揮序」, "西山先生又歷選前後經傳之訓, 編爲此書, 以立心學之大本,
於是敬之爲公於此心, 益明且顯……常怪程氏之註其所取舍, 或多未瑩."

있다. 그런데 정구는 퇴계가 긍정한『심경부주』에 인용된 오징의 설을『심경발휘』를 편찬하면서 모두 삭제하였다.

한편 '취한 학설'(取)은 남헌南軒 장식張栻(1133~1180)의 설이다. 정구는『심경발휘』에서 5장(敬以直內)에 대하여『심경발휘』 전체 주석의 약 20% 이상을 할애할 정도로 대폭 보완하였다.26) 이는 정민정의『심경부주』와 대비하여 살펴보면, 훨씬 명료하게 드러난다.

『심경부주』: 정자程子, 주자朱子, 화정윤씨和靖尹氏, 상채사씨上蔡謝氏, 기관祁寬,
　　서산진씨西山眞氏, 면재황씨勉齋黃氏, 각헌채씨覺軒蔡氏, 오봉호씨五峯胡氏

『심경발휘』: 정자程子, 주자朱子, 귀산양씨龜山楊氏(2조), 서산진씨西山眞氏, 오봉
　　호씨五峯胡氏, **남헌장씨南軒張氏(15조)**, 윤언명尹彦明, 동래여씨東萊呂氏(4조),
　　상채사씨上蔡謝氏, 면재황씨勉齋黃氏, 화정윤씨和靖尹氏, 각헌채씨覺軒蔡氏,
　　범씨范氏, 남전여씨藍田呂氏, 북계진씨北溪陳氏(2조), 치당호씨致堂胡氏, 주
　　자周子, 연평이씨延平李氏, 경재호씨敬齋胡氏, 무이호씨武夷胡氏

위의 대비에서 보다시피, 정구는『심경발휘』에서 기왕의『심경부주』에서 인용하지 않았던 학자들의 설을 보입補入하였는데, 특히 남헌 장식의 설을 압도적으로 인용하였다. 그리고 정구의 이런 자세는 정약용에게서도 그 편린이 보인다.27) 필자는 일찍이 이 점에 착목하여 호상학파의 남헌학이 정구에게 영향을 미친 점을 간략하게 논한 적이 있다.28) 정구는 선생인 퇴계의 학문이

---

26) 엄연석, 「한강 정구『심경발휘』의 경학사상적 특징과 의의」,『퇴계학논집』 13호(영남
　퇴계학연구원, 2013), 192면 참조.
27) 『心經密驗』, 「心性總義—君子反情和志章」, "南軒曰古聖賢論下學處, 莫不以正衣冠肅容貌爲
　先, ○案制之於外, 以養其中, 此是古人治心之要法."
28) 이런 논의에 대해서는 이영호, 「南軒學의 수용을 통해 본 寒岡學의 새로운 이해」,『대
　동한문학』 50집(대동한문학회, 2017) 참조.

가진 내적 지향을 견지하면서도 그 내적 지향에서 오는 위험성을 어느 정도 감지한 듯하다. 그리고 이것을 수정하기 위하여 내적 지향이 강한 오징을 배척하고 외적 실천을 중시한 남헌학을 비중 있게 수용한 것으로 보인다. 이는 본질적으로 조선유학사에서 도남학적 전통에 덧붙여 호상학적 전통이 함께한 것으로 파악될 여지가 다분하다. 그리고 이 호상학적 전통이 퇴계학의 분화 과정에서 어쩌면 조선 후기 실학으로 이어지는 자양분으로 작용하지 않았나 하는 추론을 해 본다. 이 점에 대해서는 앞으로 과제로 삼아 좀 더 분석해 보고자 한다.

6. 마무리

퇴계학과 학퇴계의 사이에는 퇴계의 학문적 지향을 그대로 수용한 제자가 있는가 하면, 퇴계학의 본지를 견지하면서도 이를 수정한 제자도 있었다. 그러나 그들은 공히 퇴계가 체득한 마음을 매우 중시하였다. 다만 퇴계의 마음을 바라보는 제자들의 간극은 존재한 듯하다. 이덕홍이 좀 더 마음 너머의 본체를 지향하였다면, 정구는 여기서 본격적으로 논하지는 않았지만 장식의 영향 아래 내적 심성에 침잠하면서도 외적 실천을 자기 사상의 한 축으로 삼았다.

결과적으로 학퇴계의 이런 양상은 조선 후기 퇴계학의 분화를 가져오기도 하였다. 이덕홍의 학퇴계는 영남퇴계학파로 이어졌다면, 정구의 학퇴계는 근기 퇴계학파로 계승되었다. 이는 조선 후기 사상사를 양분하였다고 평가받는 주자 학과 실학의 근저에 퇴계학이 있었음을 의미한다고 할 것이다.

제5장 경經의 통치*
— 남송대(1127~1279) 봉건 논쟁

송재윤

1. 천팔백국千八百國의 이상: 봉건封建이란 무엇인가?

유가경학사儒家經學史에서 2천여 년 지속됐던 봉건封建 · 군현郡縣 논쟁은 유교儒敎 경전經傳(경문과 주석)의 비판적 기능을 보여 주는 중요한 사례다. 진한 이래 중화제국의 통치제도는 중앙집권적 군현제郡縣制를 근간으로 하였다. 한편 중화제국이 2천여 년 동안 국가의 성경聖經으로 승인한 유교 경전은 하은주夏殷周 삼대三代의 봉건제封建制를 이상화하고 있다.[1] 법가法家의 제국이 유교 경전을 통치의 이념으로 삼은 기묘한 아이러니가 아닐 수 없다.

학자들은 흔히 "내법외유內法外儒" 혹은 "외유내법外儒內法" 등의 성어成語로 군현제를 채택한 중화제국과 봉건제를 이상화하는 유교 경전 사이의 모순을 지적해 왔다. 반면 이 문제를 정면에서 제기하고 체계적으로 설명하는 연구는

---

* 본 논문은 성균관대 유교문화연구소 비판유학 · 현대경학 연구센터에서 개최한 학술회의 〈현대경학의 방법론적 모색〉(2022.5.27.)에서 발표하고 『공자학』 제48호(2022.10.30.)에 게재된 논문을 수정 보완한 것임.
1) 馬幸民 외 편, 『周禮注疏』(北京: 北京大學出版社, 2000), 「序文」, "儒家十三經은 중국 고대 사회의 聖經이며, 중화민족 전통문화의 핵심이다."

좀처럼 찾아보기 힘들다. 왜 중화제국은 2천 년이 넘는 장구한 세월 동안 간단없이 유교 경전을 국가 최고의 성경으로 존숭尊崇했는가? 왜 중앙집권적 군현제의 행정체계와 관료조직의 이상을 명백하게 밝힌 새로운 탈유교적 헌법憲法을 제정하지는 못했는가? 왜 봉건제의 이상과 군현제의 현실 사이의 괴리를 그대로 방치한 채 2천 년의 세월을 유교의 제국으로 존속했는가?

외유내법의 아이러니를 설명하기 위해서 우선 유가 경전에 제시된 봉건의 이상이 어떤 제도였나 구체적으로 살펴보아야 한다. 유가 경전에서 "봉건"은 사방 천리千里의 왕기王畿에서 통치하는 천자天子가 엄격한 분봉제에 따라 제후들에게 국토를 분할分割하고, 봉토에 대한 통치권을 위임하는 지방분권적 권력분할과 다자 통치의 원칙을 이른다.[2] 다만 그렇게 분봉된 제후국의 숫자와 규모에 대해선 이 분야의 전문 연구가들이 그다지 큰 관심이 기울이지 않는 듯하다.[3] 유교 경전에 제시된 봉건의 이념을 파악하기 위해선 무엇보다 제후국의 수와 규모에 대한 고찰이 요구된다.

한초漢初부터 유생들은 이른바 "천팔백국千八百國"을 가장 이상적인 통치체제라고 칭송했다. 여기서 천팔백국은 문왕文王과 무왕武王의 유지遺志를 이어 주공周公이 완성한 서주西周 초기의 분봉제分封制를 의미한다. 『사기史記』 「은본기殷本記」에 따르면 무왕武王은 "800명"의 제후들을 규합해서 역성易姓혁명을 일으켰다. 한초 유생들에 의하면, 주공周公의 섭정기에 대략 "1800명"의 제후들이

---

2) 봉건의 의미에 관한 현대 중국의 연구서로는 유가 경전에 제시된 고대 "봉건"의 이상, 원리 및 제도를 궁구한 姚中秋, 『封建: 華夏治理秩序史』 上·下(海口: 海南治理秩序史, 2012)와 현대 중국어의 "봉건"(feudal)과 전통시대 중국의 봉건 개념을 비교하여 봉건의 原義를 추적한 역작 馮天瑜, 『封建考論』(武漢: 武漢出版社, 2006)을 참조할 것.
3) 중국의 봉건 담론을 가장 상세하게 다룬 봉천유의 역저 『封建考論』에는 봉건제가 실시됐던 상고시대 제후국의 숫자와 규모에 대해선 상세한 설명이 빠져 있다. 중국의 봉건·군현 논쟁을 다룬 한국 최초의 연구에서 민두기는 "봉건"을 영토의 분할통치 혹은 多者통치의 의미로만 정의하고 있다.

분봉되었다. 가령 『한서漢書』에 등재된 가산賈山(연도 미상)의 상소문엔 다음 구절이 보인다.

> 과거 주나라의 천팔백국은 구주九州의 백성들이 천팔백국의 제후를 보양했기에 백성의 힘을 아무리 써도 기껏 한 해 3일이었고, 세금은 10분의 1에 그쳤지만, 제후는 재정적으로 여유가 있어서 칭송이 자자했다. 진시황은 천팔백국의 백성들이 모두 자신을 보양하게 만들어서 힘을 다해도 노역을 이길 수가 없고, 재화는 정부가 요구하는 양을 당할 수가 없었다.[4]

가산은 이 짧은 문단에서 이상적 통치제도에 관해 최소 다섯 가지 강력한 주장을 펼치고 있다. 첫째, 고대의 이상적 질서는 천팔백 개로 나뉜 소규모 국가들의 연합체다. 둘째, 공동체적 작은 국가의 대민對民 지배는 세율이 낮고 용역庸役은 가벼운 유순한 통치다. 셋째, 천팔백국의 공존은 경제적 풍요를 보장한다. 넷째, 중앙집권적 통일제국은 인신 지배를 강화하는 전제정專制政(despotism)을 강화한다. 다섯째, 통일제국의 황제지배체제는 민생을 해치고 빈곤을 초래하는 경제적 실패를 초래한다. 요컨대 봉건이 실시됐던 서주시대가 후대의 통일제국 시기보다 비할 바 없이 풍요롭고 여유로웠다는 주장이다.

서한 초기 진秦 제국의 통치를 기억하는 유생들 사이에서 이러한 주장이 널리 퍼져 있었다. 서한 초기면 국토의 동쪽 절반이 분봉된 제후들에 의해 통치되던 이른바 군국제郡國制의 시대였다. 신생 한漢 제국의 행정체계가 아직 실험 단계에 머물렀던 시기 천팔백국의 이상을 강조했던 유생들의 의도는 무엇일까? 『염철론鹽鐵論』의 현량문학賢良文學처럼 향촌에 거주하며 휴양생식休養生息

---

4) 班固, 『漢書』(北京: 中華書局, 1964), 51. 2332, "昔者, 周蓋千八百國, 以九州之民養千八百國之君, 用民之力, 不過歲三日, 什一而籍. 君有餘財, 民有餘力, 而頌聲作. 秦皇帝以千八百國之民自養, 力罷不能勝其役, 財盡不能勝其求."

의 자율공동체를 지향했던 지방 유생들의 가치관이 엿보인다.[5] 아울러 황제 중심의 중앙집권적 통치체제에 대한 반감과 저항의 심리가 읽힌다.

천팔백국의 전거典據는 『예기禮記』 「왕제王制」편이다. 「왕제」편에는 서주 초기 주공이 구축한 천팔백국의 분봉제가 구체적으로 다음과 같이 묘사되어 있다.

> 사해四海 내에 구주가 있다. 주는 사방 1,000리이다. 주마다 사방 100리의 국 30개를 세우고, 사방 70리의 국 60개, 50리의 국 120개를 세운다. 명산과 큰 못은 봉하지 않고, 그 나머지는 부용附庸과 한전閑田으로 삼는다. 8주의 경우, 각각의 주마다 210국이 있다. 천자가 관할하는 지역 안에는 사방 100리의 국이 아홉 개가 있고, 70리인 국이 21개, 50리의 국이 63개가 있으니 모두 93국이다. 명산과 큰 못은 봉하지 않고, 그 밖의 녹토祿土는 한전閑田으로 삼는다. 무릇 구주에는 1,773국이 있다. 천자의 원사와 제후의 부용은 여기에 포함되지 않는다.[6]

『예기』 「왕제」편에 제시된 "봉건" 모델은 각각 사방 천리에 달하는 아홉 개 주州에 모두 1,773개의 크고 작은 봉국封國들이 조화롭게 공존하는 분권형 다국多國체제이다. 유가경학사에서 "천팔백국"은 서주 초기 주공이 세운 소강小康의 질서를 상징한다.

---

5) 현량문학은 삼대의 봉건제를 좋은 통치의 원형으로 이상화한다. 가령 「園地」장에서 문학은 천하의 재원을 독점한 秦 제국을 비판하면서 제후들이 각자의 봉토에서 필요를 충당하고 욕구를 만족시켰던 고대의 봉건제를 이상화한다.(『鹽鐵論』, 제3 「園地」, 제13, "文學曰, '古者, 制地足以養民, 民足以承其上. 千乘之國, 百里之地, 公侯伯子男, 各充其求瞻其欲. 秦兼萬國之地, 有四海之富, 而意不瞻, 非宇小而用非, 嗜欲多而下不堪其求也.'")

6) 孫希旦, 『禮記集解』(北京: 中華書局, 1989), 309~317, "四海之內九州, 州方千里. 州, 建百里之國三十, 七十里之國六十, 五十里之國百有二十, 凡二百一十國. 名山大澤不以封, 其餘以爲附庸間田. 八州, 州二百一十國. 天子之縣內, 方百里之國九, 七十里之國二十有一, 五十里之國六十有三, 凡九十三國. 名山大澤不以封, 其餘以祿士, 以爲間田. 凡九州, 千七百七十三國. 天子之元士, 諸侯之附庸不與."

한·당대 경학자들의 이상적 세계관에 따르면, 고대의 성왕들은 영토를 분할해서 다수의 제후들에게 권력을 위임했다. 특히 서주 초기 주공의 분봉제는 천팔백국의 제후들이 참여하는 연합정부였다. 다섯 등급으로 나눠진 제후국들은 각각 백성에게 토지를 분배하고 적정한 세금만을 거둬 가는 소국과민小國寡民의 이상향을 지향했다. 천자의 역할은 천팔백 개 제후국을 감시하고 독려해 연합체의 조화로운 공존을 도모하는 데 그쳤다.

이들은 서주의 분봉제가 무너지면서 춘추전국의 혼란이 일어났고, 인류의 역사는 통일제국의 성립과 더불어 최악의 전제 정권이 출현했다고 생각했다. 고대 성왕의 통치 아래서 모든 백성은 천하를 공유하였지만, 진秦 제국(기원전 221~206)이 출현하면서 단 한 명이 천하를 독점하고 온 백성들은 단 한 명만을 섬기는 황제 일인一人 지배의 암흑기가 시작되었다는 주장이다. 이러한 퇴행적 退行的(regressive) 역사관은 정치적 이상주의와 결부되어 전제적인 권력에 대한 강력한 이념적·도덕적 제약으로 작용했을 수도 있다. 다만 유교 경전에 제시된 상고시대 성왕 통치의 모델은 역사적 사실이라기보다는 후대인이 정치적 필요에 따라 상상해 낸 이념적 요청에 가깝다.

2. 유종원의 「봉건론封建論」과 북송대 봉건 논쟁

1) 유종원, "제국적 통합과 집권화의 이념"

당唐(618~907) 중엽 유종원柳宗元(773~819)의 「봉건론」은 바로 그러한 한·당 경학자들의 유교적 이상주의와 퇴행적 역사관을 비판하고 해체하는 파격적인 문장이다. 유종원 "봉건론"의 핵심 논리는 "봉건은 성인의 의도가 아니라 형세였다"(封建非聖人意也, 勢也)라는 한마디 언명 속에 압축돼 있다.[7] 삼대三代의 봉건제는 고대의 성왕이 인위적으로 고안한 이상적인 제도가 아니라 당시 형세에서 부득이하게 선택할 수밖에 없었던 낮은 단계의 행정 제도라는 주장이다.

유종원의 논리에 따르면, 태초의 인간은 한정된 재화와 이기적 욕망 때문에 '만인에 대한 만인의 투쟁'에 돌입할 수밖에 없다. 극한 대립과 투쟁에서 생존의 위협에 내몰린 인간은 작은 마을을 이루고 정착하지만, 마을끼리의 전쟁은 더 큰 싸움을 낳고 만다. 마을끼리의 싸움은 씨족 전쟁으로 비화하고, 더 큰 단위의 사회적 통합을 요구한다. 결국 "봉건제"는 지역 맹주들 간의 군사적 충돌 위험을 안고 있는 지극히 위험하고 불안정한 상태이다. 성왕의 탁월한 지도력에 의해 일시적으로 다수 제후국들이 조화롭게 공존하는 치세가 펼쳐질 수도 있지만, 봉건제는 필연적으로 천하의 제후국들이 영토 전쟁을 벌이는 전국시대戰國時代를 초래하고 만다.

유종원의 주장을 사회과학적으로 해석하자면, 수십만 년 "작은 무리"(small band)를 지어 수렵채집 경제로 살아가던 호모사피엔스는 농경의 출현으로 마을(villages) 단위에 정착했지만, 계속되는 전쟁과 병합의 과정을 거쳐 가야 했고, 그 결과 인간의 사회는 부족국가(tribal state)에서 군장국가(chiefdom)로, 도시국가(city-state)에서 영토국가(territorial state)로 점점 확장되어 갔고, 급기야 대규모 침략전쟁을 통해 통일제국(unified empire)이 출현했다.[8]

결국 유종원의 논리는 중앙집권적 제국 질서의 출현이 역사 발전의 필연적 결과라는 주장으로 귀결된다. 이에 따르면, 전국시대의 혼란을 종식하고 천하를 통일한 진시황秦始皇이야말로 파괴적인 영구평화의 기반을 닦은 제세 영웅이 된

---

7) 尹占華, 韓文奇 校注, 『柳宗元集校注』(北京: 中華書局, 2013), 卷第3, "封建論", 185.
8) 송재윤, 「제국적 통합과 집권화의 이념: 유종원 봉건론의 정치철학적 해석」, 『동양철학』 Vol.35(2011), 33~59쪽.

다.[9] 요컨대 유종원은 「봉건론」에서 한·당대 유가 경학자들의 이상주의적 세계관을 단번에 해체할 수 있는 강력한 제국적 통합과 집권화의 이념을 설파했다.

2) 북송대 반反봉건 담론

송조宋朝의 창건 군주 조광윤趙匡胤(927~976, 재위 960~976)은 지역 세력이 할거하던 당말唐末·오대五代(907~960)의 혼란을 거울삼아 중앙집권화를 국시로 삼았다. 유가 경전에 제시된 고대의 봉건 이념은 조광윤의 중앙집권화 전략과 상충된다. 반면 유종원의 "봉건론"은 북송北宋(960~1127)의 황실이 지향했던 정치적·군사적 중앙집권화를 정당화할 수 있는 제국적 통합과 집권화의 논리를 담고 있다. 유종원의 논리는 조종지법祖宗之法(창건 군주의 유훈)과 조화롭게 공명한다.[10] 그러한 맥락에서 북송 시기 유종원의 "봉건론"이 정론으로 널리 수용됐던 이유는 어렵지 않게 설명된다.

특히 11세기 중후반에 이르면 북송은 "중세농업혁명"의 결과 미증유의 경제성장과 인구증가를 배경으로 120만을 넘는 비대한 상비군과 거대한 관료체제를 구축한 중앙집권적 국가로 재탄생되었다. 그러한 역사적 상황에서 학계와 정계의 대다수가 "봉건론"의 타당성을 인정해 황제를 가르치는 제학帝學의 교본에 정설로 채택되기에 이르렀다. 보수파와 개혁파 구분 없이 주류의 사대부 사상가와 행정가들은 일반적으로 유종원의 논리를 수용했다. 사마광司馬光(1019~1086), 소식蘇軾(1037~1101), 소철蘇轍(1039~1112) 등 보수파의 영수들은 물론, 이들과 정치적 대립 관계에 있었던 신법의 주창자 왕안석王安石(1021~1086)도 예외가

---

9) 문화대혁명 시기 진시황을 선양했던 毛澤東(1893~1976)이 유종원의 「봉건론」을 극찬했던 이유를 짐작할 수 있다. 유종원에 관한 마오쩌둥의 찬사에 관해선 송재윤, 「제국적 통합과 집권화의 이념: 유종원 봉건론의 정치철학적 해석」, 58~59쪽 참조.
10) 鄧小南, 『祖宗之法: 北宋前期政治述略』(北京市: 生活·讀書·新知三聯書店, 2014).

아니었다.[11] 소식은 유종원의 봉건론이 등장한 후, "제자諸子의 논란이 모두 사라졌다"고 말했을 정도였다.[12]

사마광과 함께 『자치통감資治通鑑』을 편찬하고 이후 원우반정元祐反正(1086~1094) 시기 보수파의 영수로 등극했던 범조우范祖禹(1041~1098)가 대표적이다. 그는 황제에게 진상한 『당감唐鑑』에서 고대의 봉건제에 관해 다음과 같이 기술한다.

> 신臣 범조우가 아뢰옵니다. 유종원이 '봉건은 성인의 뜻이 아니라 (당시의) 형세다'라고 말한 바 있습니다. (봉건은) 무릇 상고시대 이래로 있었지만, 성인이 그것을 폐지할 수 없었습니다. 그 때문에 작위의 차등을 제정하고, 예명의 차수를 만들었고, 조근朝覲의 회동으로 (제후들을) 통합하고, 사·장· 목·백(봉건제의 각 단위 지방 영수들)을 통해서 유지한 다음에야 다스려질 수 있었 습니다. 주나라 왕실이 이미 쇠퇴해서 열두 개 나라밖에 없었고, 다시 분열되 어 예닐곱 개로 줄었으니 봉건의 예는 이미 없어졌습니다.
>
> 진秦은 사특한 권력으로 천하를 통일한 후 봉국을 모두 제거해서 군현을 실시했습니다.(진은 제후를 파기하고, 군현을 실시해서 군수를 임명하기 시작했습니다.) 삼 대의 제도는 다시 회복될 수 없었습니다. 후세는 그저 주나라의 역사가 장구 했음만을 기억할 뿐(주나라는 천하는 서른일곱 세대에 걸쳐 867년간 다스렸으니 장구하다 한 것입니다.), 그렇게 장구하게 존속된 이유는 그 덕에서 나온 것이지 봉건 때문만은 아니었습니다.
>
> 구태여 상고시대를 본받아 봉건을 실시하면, 약하면 '울타리와 병풍'이 되기 에 부족하고, 강하면 반드시 참람僭濫하고 혼란스러워졌으니 이는 후세 봉국 의 폐단이었습니다. 요순 임금께서 천하를 다스릴 때, 그 자식들에게 사사로 이 권력을 물려줄 수 없었는데(요순께선 천하를 현자에게 선양했습니다.), 하물며 제 후의 후사後嗣(대를 잇는 자식들) 중엔 현명한 자도 있고 불초한 자들도 있는데,

---

11) Jaeyoon Song, "Redefining Good Government", *T'oung Pao* 97(2011), pp.301~343.
12) 蘇軾, 『蘇東坡全集』, 「東坡續集」 8, "論封建", "宗元之論出, 而諸子之論廢矣. 雖聖人復起, 不能易矣."

꼭 그들로 하여금 세상을 계승하도록 해야 하겠습니까? 이는 한 명이 한 나라를 해치도록 하는 것입니다.

그렇다면 어떻게 해야 할까요? 『예기』에 "예는 시時를 크게 여기며, 순順은 그 다음이다"라는 말이 있습니다. 삼대의 봉국, 후세의 군현은 시時를 말합니다. 시에 맞춰서 의를 만들어서 백성들을 편하게 하는 것이 바로 순順입니다. 고대의 법은 오늘날 사용될 수 없음은 오늘날의 법이 고대에 적용될 수 없음과 같습니다. 후세에 왕이 된 자는 가까운 사람을 가까이하고 현명한 사람을 존경하고, 덕에 힘쓰고 민을 사랑하고, 수령을 신중하게 발탁해서 군현을 다스리면, 그 역시 태평을 이루고 예악을 일으키기에 충분했습니다. 무엇 때문에 꼭 상고시대처럼 봉건을 실시해야만 성세를 이루 수 있겠습니까?[13]

한·당대 경학자들은 일반적으로 봉건의 복원이야말로 좋은 통치의 필수조건이라 전제했다. 범조우는 이 논설을 통해서 그러한 경학자의 복고주의를 비판한다. 고금古今의 시대 차이를 들어 고대 성왕의 통치를 비판하는 역사적 관점이다.

유종원에서 범조우로 이어지는 당송唐宋 변혁기變革期의 봉건 비판은 견고한 경학적 세계관을 해체하는 파괴력을 갖고 있었다. 상고시대를 이상화하는 복고주의를 비판한다는 점에서 유종원과 범조우는 그 당시의 '모더니스트'(modernist)라 할 수 있다. 이들의 관점에서 보면, 유교의 고경古經은 만고불변의 진리가

---

13) 范祖禹, 『唐鑑』(上海: 上海古籍出版社, 1984), 41쪽, "臣祖禹曰柳宗元有言曰封建, 非聖人意也, 勢也. 蓋自上古以來有之, 聖人不得而廢也. 故制其爵位之等, 爲之禮命之數, 合之以朝覲會同, 維之以師長牧伯而後, 可治也. 周室旣衰倂爲十二, 列爲六七, 而封建之禮已亡. 秦以詐力一天下, 剗滅方國, 以爲郡縣 (秦罷諸侯, 立郡縣, 始置郡守) 三代之制不可再復矣. 後世唯知周之長久(周有天下三十七世, 八百六十七年, 故云長久), 而不知所以長久者, 由其德, 不獨以封建也. 必欲法上古而封之, 弱則不足以藩屏, 强則必至於僭亂, 此後世封國之弊也. 堯舜有天下, 猶不能私其子(堯舜以天下傳賢), 況諸侯之後嗣, 或賢或不肖, 而必使之繼世乎, 是以一人而害一國也. 然則如之何. 記曰禮時爲大, 順次之. 三代封國, 後世郡縣, 時也. 因時制宜, 以便其民, 順也. 古之法, 不可用於今, 猶今之法, 不可用於古也. 後世如有王者, 親親而尊賢, 務德而愛民, 愼擇守令以治郡縣, 亦足以致太平, 而興禮樂矣. 何必如古封建, 乃爲盛哉."

담긴 진리의 경서經書라기보단, 고대의 사상, 가치, 문화, 제도 등이 기록된 사서史書가 되고 만다. 상고시대 성왕聖王이 실시했던 봉건封建, 정전井田, 학교學校, 육형肉刑 등의 제도 역시도 시대를 초월한 보편적 통치의 전범이 아니라 상고의 시대적 한계를 가진 불완전한 제도로 인식될 수밖에 없다.

일찍이 한비자韓非子는 상고시대 성왕이 시행했던 제도를 그대로 복원하려는 고루한 유생들의 행태를 조롱하며 수주대토守株待兔에 비유했다.14) 경학적 복고주의를 비판했다는 점에서 유종원과 범조우의 봉건 비판은 한비자의 유교 비판을 연상시킨다. 요컨대 이들의 봉건 비판은 유가경학의 기본 이념을 해체하는 탈脫경학적 파괴성을 담고 있었다.

3) 북송의 멸망과 봉건 담론의 부활

고경古經을 존숭하는 경학자들은 유종원과 범조우의 역사적 관점을 수용할 수 없었다. 다만 북송의 현실에서 강간약지强幹弱枝를 명령한 조종지법 때문에 공개적으로 봉건 담론을 펼치기란 쉽지 않았다. 물론 북송대에도 이러한 관점에 반발한 일군의 학자들이 있었다. 대표적으로 성리학 북송오자北宋五子의 한 명인 장재張載(1017~1072)와 1076년 『남전여씨향약藍田呂氏鄕約』을 제창한 여대균呂大鈞(1030~1082)이 대표적이다.15) 장재와 여대겸은 사제 관계를 맺고 긴밀하게 교류했다. 여대균과 그의 형제들은 장재의 영향 아래서 당시 널리 시행됐던 왕안석의 보갑법에 대항하여 향약을 제창했다. 여씨향약은 이후 주희에 의해 새롭게 해석되어 남송 이후 자율적인 향촌공동체를 건설하는 기본 원리로 활용되었다.

---

14) 『韓非子』, 「五蠹」.
15) 송재윤, 「자율과 협치: 동아시아 鄕約의 사상적 기원」(미발표 원고).

그 외에도 요칭廖偁(?~?), 유창劉敞(1019~1068), 필중유畢仲游(1047~1121) 등도 봉건의 중요성을 논했던 학자들이다.[16] 이 중에서 필중유는 북송 말기 전쟁의 공포 속에서 지방 자치적 행정체계의 원칙으로서 또한 분권적 군사전략으로서 봉건의 실효성을 주장했다.[17] 필중유의 논리는 남송南宋(1127~1279) 초기 여진의 군사 위협에 맞서서 유화론에 완강히 맞섰던 강경파 재상 이강李綱(1083~1140)으로 이어졌다.[18]

필중유는 북송대 조종지법에 따른 군사적 중앙집권화가 전략적으로 치명적인 결함을 안고 있음을 지적했다. 북송의 멸망 후 남송 초기의 군사적 위기 속에서 이강은 국방의 재정비를 위해선 지방 무력의 강화가 필요하다고 판단했고, 봉건의 원리가 "천하를 강리疆理(나누어 다스림)하는" 최선의 방법이라 주장했다. 요컨대 북송대 주류 사상가와 행정가들은 중앙집권화를 강조한 조종지법의 영향 아래서 유종원의 논리를 수용해서 봉건을 비판했다. 북송의 급작스러운 멸망은 군사전략의 근본적 수정을 요구했다. 이러한 배경 위에서 남송대 봉건 담론이 새롭게 일어나기 시작했다.[19]

3. 남송대 "봉건" 담론의 부활

북송대의 주류 지식인들과는 달리 남송대 사대부는 본격적으로 유종원의 "봉건론"을 비판하기 시작했다. 그들은 유종원의 논리를 극복하기 위해서 『서

---

16) 吉田淸治,「唐宋に於ける封建論」,『歴史と地理』36.
17) 『歴代名臣奏議』, 104.41a-b.
18) Jaeyoon Song, "Redefining Good Government", *T'oung Pao* 97(2011), pp.313~315.
19) Jaeyoon Song, "Redefining Good Government", *T'oung Pao* 97(2011).

경』, 『주례』, 『예기』 등의 경전 속에 제시된 봉건의 이념을 탐구했다. 유종원의
「봉건론」은 경학적 복고주의에 대한 강력한 비판을 담고 있었다. 유종원의
봉건 비판을 극복하기 위해서 남송대 경학자들과 사상가들은 이후 1세기에
걸쳐서 한·당대의 주석학을 넘어서는 정교한 논설지학論說之學을 계발했다.[20]

한·당대 주석가들은 고대의 봉건을 상세하게 묘사하고 칭송하는 단계에
머물렀다면, 남송대 주석서는 천팔백국이 조화롭게 공존할 수 있었던 봉건의
정치철학적 원리를 궁구했다. 나아가 그들은 봉건의 이념을 되살려 변화된
남송대의 사회·경제적 조건에 적용할 수 있는 새로운 경세와 치국의 원칙을
도출하려 했다. 무엇보다 남송대 주석가들은 상제相制와 상유相維의 논리를 정교
하게 발전시켰다. 상제란 대소大小와 상하上下 사이의 쌍방적 견제를 의미하며,
상유란 쌍방적 유지維持, 협력을 의미한다. 오늘날의 용어로 풀자면, 곧 견제와
균형이다.

1) 호굉胡宏(1102~1161)의 천팔백국千八百國

남송대 호상학파湖湘學派의 대표 주자 호굉은 『황왕대기皇王大紀』에 포함된
사론史論 「천팔백국千八百國」에서 고대의 봉건을 다음과 같이 칭송한다.[21]

심하도다! 진시황과 이사의 불인不仁함이여! 봉건을 폐지하고 성왕과 명덕의
후예를 업신여겼으며, 공후와 명신의 세상을 단절시키고 천하에 군현을 실시

---

20) 청대 고증학의 영향 아래서 四庫全書의 편집자들은 남송대 『주례』 주석서들을 論說之
學으로 폄하했지만, 한·당대 주석서에 비해 남송대의 경전 해석은 경전의 원의를
정치철학적으로 해석했다는 점에서 철학사적으로 더욱 중요한 의미를 갖는다.
21) 「천팔백국」의 원문은 본래 『황왕대기』 5권에 포함돼 있는데, 이후 따로 「천팔백국」이
라는 제명 아래 호굉의 문집 『五峰集』 권4에 실렸다.

했으니 자신이 이익을 독점하려 했음이다! 무릇 제후의 흥기는 사람이 생겨날 때부터 시작됐다. 삼황오제가 통치하던 시기 부족한 제도나마 있었는지는 알 수가 없다. 천운이 두루 태평스러워져서 급기야 우왕禹王은 물과 땅을 다스려서 구주九州를 정비하고 오복五服을 구분한 후 장로長老가 질서를 잡고 사부師傅가 인도하도록 했으니 공·후·백·자·남이 각각 일정한 제도를 갖추게 되어 누구도 (그 제도를) 어기거나 넘어설 수 없었다.

하나라와 상나라 말기엔 천하에 분란이 닥쳐서 탕왕과 무왕이 일어나 다스리셨다. 어느 것 하나 제자리를 못 찾는 것은 없었다는 말은 들어 봤어도, 맘대로 날뛰는 강성 제후들을 단죄하고 정정訂正하지 않았다는 말은 들어 본 적이 없다.

삼가 천하의 지도를 들고 살펴보면, 네 바다 안에 아홉 주가 있었고, 주는 사방이 천리千里였다. 선왕의 제도에 따르면, 주마다 210개의 나라가 세워졌으니 곧 구주 천팔백국의 군주가 바로 예로부터 제후의 본래 숫자이다. (하나라를 세운) 도산塗山의 회맹會盟에서 (천하를) 만국萬國을 칭한 것은 주나라가 건국 초기 팔백국八百國의 임금으로 만방萬邦을 위무했다고 말한 것과 같다. 성왕은 차마 하지 못하는 마음이 있으니 이에 차마 하지 못하는 정치가 있었다. 제후에 대해 봉건을 실시했으니 어진 정치의 위대함이다. 잔나라 사람들이 이익을 독점하고 봉건제를 폐지하여 천하에 군현을 실시했으니 천운이 두루 비否해짐이 이때부터였다. 성인의 도는 실행되지 않아서 군주들 모두 천하를 독점할 생각만 했기에 군현의 제도만 답습할 뿐, 이를 바꿀 수 없었다. 아! 모두가 한결같이 천하를 독점할 마음만 키우면서 이미 왕도의 근본을 없애 버렸으니 덕을 닦고 현자를 임용해도 겨우 대혼란을 면하는 정도였다. 어찌 삼왕의 지극한 다스림이겠는가? 커다란 천하를 천하와 함께 나누지 않는데 한 명이 선을 좋아하지 않는다면, 천하의 어진 인재들이 모두 사라지고 도적들만 벌떼처럼 일어나서 융마戎馬가 날뛰어서 제방이 무너지고 강물이 터지는 지경에 이르렀고, 살인이 천하를 가득 채웠지만, 군수와 현령 중 아무도 이를 막을 수 없었으니 나라가 무너졌다.

비유컨대 사람들이 창끝과 칼날에 죽고, 암석에 깔리고, 풍랑에 빨려들었다.

이는 천명의 정도가 아니기에 충신은 통탄한다. 고로 주나라의 건국은 후직后
稷 때부터였다. 상나라가 후세에 전해져서 걸송桀宋22)에 이르러서다. 하나라
의 후손은 이후 전국시대 초나라 도왕悼王에 이르러서야 끝이 났다. 소위
삼대는 변고를 거치면서도 종묘宗廟의 제사는 2천여 년 동안 지속됐다. 어찌
진나라나 수나라처럼 급히 무너지고 한나라나 당나라처럼 망한 후 곧바로
후대가 끊어졌겠는가? 천하를 얻은 자가 어찌 주역의 지천태괘地天泰卦와 천
지비괘天地否卦를 돌아보고 이를 가슴에 새기지 않겠는가?23)

호굉의 "천팔백국"은 유종원의 "봉건론"에 대항하는 남송대 봉건 담론의
본격적인 시작을 알렸다. 유종원은 경학자의 이상주의를 해체하는 정교한 논리
로 제국적 통일과 집권화의 이념을 간명하게 표명했다. 반면 호굉의 「천팔백국」
은 봉건의 원리에 대한 정교한 분석이라기보다는 봉건의 이상에 대한 문학적
찬사에 가깝다. 호굉의 주장은 고경古經 속에 진리가 담겨 있다는 경학적 당위론
의 천명에 그친다. 이후 전개되는 남송대 봉건 담론은 호굉의 관점에 서서
유종원의 논리를 비판하는 정치철학적 논변으로 발전했다.

---

22) 여기서 桀宋은 전국시대 송나라의 康王 偃을 가리킨다. 그 행실의 황음무도함이 하나
라 마지막 폭군 桀과 유사해서 그렇게 불렸다.

23) 胡宏,『五峰集』, 卷4, 13~14쪽;『皇王大紀』, 卷5, 2~3쪽, "甚哉! 秦始皇李斯君臣之不仁也.
除封建, 蔑帝王明德之裔, 絶公侯名臣之世, 郡縣天下, 欲自專其利也. 夫諸侯之興, 自生民始.
皇帝之際, 有未如制者則不可知. 然天運之方泰, 及禹平水土, 同九州分五服, 齊之以長, 道之以
師, 公侯伯子男, 各有定制, 無得踰越者矣. 夏商之季天下紛亂, 湯武起而治之. 聞無一物不獲
其所矣. 未聞縱釋強大諸侯而不裁正之也. 謹以天下圖按之, 四海之內, 九州. 州方千里; 先王
之制, 州建二百一十國, 則九州千八百國之君, 乃自古諸侯之本數也. 而塗山之會, 稱萬國者, 猶
周有八百國之君而云撫萬邦也. 聖王有不忍之心, 斯有不忍人之政矣. 封建諸侯, 仁政之大者也.
秦人專利, 削除封建, 郡縣天下, 天運方否, 自是而後, 聖人之道, 不行. 人君莫不蓄獨擅天下之
心, 故襲用郡縣之制, 而不能革也. 吁! 一蓄獨擅天下之心, 已亡王道之本. 修德用賢, 力行善政,
差可不大亂而已. 豈有三王之至治乎! 天下之大, 不與天下共. 一人不好善, 則天下賢才盡廢,
寇盜蠭起, 戎馬馮陵, 所至如隄潰河決, 殺人盈天下, 郡守縣令, 莫之能禦也, 而國隨以亡. 譬如
人之死於鋒刃, 壓於巖石, 溺於風濤, 非天命之正者也, 忠臣痛焉. 故周之建國, 自后稷也. 商之傳
世, 逮桀宋也. 夏有後至楚悼王後息也. 是三代者, 經歷變故, 而宗廟血食, 咸二千餘年, 豈若秦
隋卒暴, 漢唐亡則絶世乎. 有天下者, 盍監秦否而傾諸."

2) 주희朱熹(1130~1200)의 봉건론

남송대 성리학의 집대성자 주희는 1175년 『증손여씨향약增損藍田呂氏鄕約』을 편찬했다. 주희가 되살린 향약은 이후 향촌공동체 재건의 교본으로 널리 활용되었다. 그는 향촌 단위에서 빈민구휼과 위기관리를 위해 민관民官 합작의 사창社倉을 제창했으며, 지방의 사설 서원書院을 통해 교육을 보급하고, 평생토록 예학禮學을 정비했다. 향약, 사창, 서원, 예서의 보급을 통해서 주희는 지방사회에서 사대부가 자발적으로 이끄는 자율적 도덕공동체를 건설하려 했다.[24]

주희가 지향했던 지방 단위의 도덕공동체는 궁극적으로 치국과 평천하를 이루기 위한 전제조건이었다. 그는 지방의 사대부가 이끄는 자율적인 향촌공동체를 확대하여 궁극적으로 전국 규모의 대통합으로 나아가는 상향적 협치를 지향했다. 바로 그 점에서 주희의 정치철학은 유가 경전에 제시된 봉건 이념에 대한 독창적인 재해석이라 볼 수도 있다.

주희는 여러 글에서 봉건에 대한 파편적인 언급을 남겼다. 그의 사후에 편찬된 『자치통감강목資治通鑑綱目』에서 봉건에 대한 주희의 정돈된 생각을 엿볼 수 있다.[25]

따라서 유종원의 봉건론은 근거도 없으며 믿을 수도 없다. 무릇 군주라면 요, 순, 우, 탕이면 족하다. 제왕의 통치는 당우唐虞 3대에 이르면 더 보탤 것이 없었다. 천하에 정전을 실시하여 백성들이 생업을 갖고 스스로를 보양保

---

24) Peter Bol, *Neo-Confucianism in History*(Harvard University Asia Center, 2010).
25) 주희가 실제로 『자치통감강목』을 집필했느냐의 여부는 지금도 논란거리다. 湯勤福는 주희가 이 책의 초고를 1181년 2월 이전에 완성했다고 주장한다. 주희가 孝宗(재위 1162~1189)에게 올린 상소문에서 『자치통감강목』을 완성했다고 보고하는 대목을 근거로 삼는다. 湯勤福는 "주희가 황제에게 거짓을 아뢰었을 수는 없다"고 논한다. 湯勤福, 『朱熹的史學思想』(齊南: 齊魯書社, 2000), 185~186쪽.

養할 수 있게 했다. 천하를 경영함에 현명하고 재능 있는 자들이 모두 발탁될 수 있었다.

인민의 군주가 다스리는 직할지는 불과 사방 천리에 불과했다. 크고 작은 나라가 서로를 지탱하고, (직무의) 경중으로 서로를 견제했다. 밖으로는 강폭하게 침릉侵陵하여 미약한 자가 자립하지 못하는 우환이 없었고, 안으로는 넓은 땅의 중민衆民이 사치와 방종에 빠지는 오류가 없었다. 이로써 이익에는 정의로 대처하고, 천지의 재원을 균등하게 했다. 따라서 **봉건의 법은 천도의 공公이다.** 진나라는 백성의 겸병을 극히 시기하여 스스로 겸병을 자행했고, 천하의 이익을 다스려 자신을 봉양하게 했다. 따라서 **군현의 제도는 인욕의 사私다.** 〈굵은 글씨는 필자 첨가〉[26]

이 글에서 주희는 상고시대 봉건이 제대로 작동할 수 있었던 견제와 균형의 원리에 주목하고 있음을 알 수 있다. 주희는 최소한 다음 다섯 가지를 강조한다. 첫째, 천자의 직할지가 사방 천리에 한정되어 있었다. 둘째, 각기 자치령을 이루는 크고 작은 제후국은 행정적으로 상호 연계되어 있었다. 셋째, 제후국은 맡은 바 직책의 차이에 따라 상시적인 상호 견제의 상태에 놓여 있었다. 넷째, 천하의 재원이 지역적으로 고르게 분산될 수 있었다. 다섯째, 그 결과 권력의 집중에 따른 경제력의 독점적 사유화를 막을 수 있었다. 따라서 봉건은 천도를 실현하는 공평무사한 법도이고, 군현은 군주 일인의 인욕을 충족시키는 사사로운 제도이다.

유종원과 범조우는 상고시대 봉건은 성인의 덕성과 영도력으로 유지되던 불완전한 제도였다고 논했다. 이에 맞서 주희는 상고시대 이상 정치를 가능하

---

26) 朱熹 외, 『資治通鑑綱目』, 2A, "故凡宗元封建論, 皆無稽而不可信也. 夫爲君, 如堯舜禹湯, 亦足矣. 帝王之治, 至于唐虞三代, 亦無以加矣. 井天下之田, 使民各有以養其生; 經天下之國, 使賢才皆得以施其用. **人主自治不過千里, 大小相維, 輕重相制,** 外無强暴侵陵微弱不立之患; 內無廣土衆民奢泰恣肆之失. 是以義處利, 均天地之施, 故曰封建之法, 天道之公也. 若秦則妬民之兼幷而自爲兼幷, 筦天下之利以自奉, 故曰郡縣之制, 人欲之私也."

게 했던 봉건의 내재적 원리에 주목하고 있음을 알 수 있다. 다름 아닌 상유相維와 상제相制의 논리이다. 이 소략한 언명을 통해서 주희는 상고시대의 봉건이 단순히 성인의 덕성으로 유지됐던 인치人治의 산물이 아니라 상호 감시와 상호 견제로 운영되던 정교한 공치共治의 시스템이었음을 강조하고 있다.

4. 남송대 봉건 담론의 이론적 정교화

1) 진부량陳傳良(1137~1203)의 "세력 균형" 이론

　　주희와 동시대 사상가들은 바로 그러한 논리에 착안해서 봉건의 이념을 부활시켰다. 대표적 인물로 절강성 온주溫州 영가永嘉학파의 영수 진부량을 꼽을 수 있다. 진부량은 군사제도의 역사적 변천을 탐구한 『역대병제歷代兵制』와 『주례周禮』 관련 주석서를 통해서 봉건의 군사학적 유효성을 체계적으로 설명한다. 우선 진부량은 경전에서 강조되는 "우병어농寓兵於農"의 원리가 봉건제를 전제하고 있다고 주장한다. 그의 논리는 다음과 같이 요약될 수 있다.

　　분봉제分封制에서 발생할 수 있는 가장 큰 문제는 제후가 토지를 독점하고 백성을 노예 삼는 극한 상황이다. 이러한 지방 권력의 전제화專制化를 예방하기 위해서 상고의 성왕은 정전제井田制의 실시를 강조했다. 정전제는 재원財源의 사회적 분산을 목표로 한다. 인구의 90% 이상이 땅을 부쳐 먹고사는 고대의 농업사회에서 가장 중요한 재원은 다름 아닌 농지農地다. 정전제가 실시되면 백성은 일정한 땅을 가진 자영농으로서 자립할 수 있게 된다. 그 결과 재원을 독점할 수 없는 제후의 권력은 자동적으로 제한된다. 각 봉토 내에서 재원이 백성에게 분산된 상태를 유가의 경세론經世論에서는 흔히 "장부어민藏富於民"이

라 표현한다. 곧 부의 원천이 백성에게 주어져 있는 상태를 의미한다.[27]

정전제는 또한 고대 봉건제의 군사전략과 불가분의 관계를 갖는다. 농민에게 농지를 분배하게 되면, 자영농으로서 농민 개개인은 각자의 농지를 지키려는 경제적·사회적 동기를 갖게 마련이다. 또한 농기구는 유사시 쉽게 방어용 무기로 활용될 수 있다. 각 지방의 향토에서 적절한 군사훈련을 거치면 농민은 쉽게 병사로서 향토방위의 책임을 완수할 수 있다. 요컨대 외부의 침략에 대비해서 각 마을 단위의 농민을 병사로 훈련하는 "우병어농寓兵於農"의 이상은 분봉제를 통한 영토의 분할과 정전제를 통한 재원의 사회적 분산을 전제하고 있다.[28]

나아가 진부량은 봉건에 군사적 원리를 설명하면서 왕기王畿와 방국邦國의 군사력이 평형 상태를 유지해야 함을 강조한다. 방국의 군사력이 왕기의 군사력을 압도하면, 봉건의 질서는 무너지고 만다. 방국의 흥기는 곧 지역 군웅群雄의 할거를 의미한다. 그 정점은 바로 전국시대戰國時代의 대혼란이다. 봉건의 질서가 전국시대의 혼란으로 이어지는 이유는 바로 중앙권력의 약화이다. 흔히 봉건을 분권화와 지방자치의 원리라 생각하기 쉽지만, 진부량은 봉건의 기본 조건은 역설적으로 중앙권력의 강화에 있음을 강조한다.

> 선유先儒(鄭玄)는 '주공은 방대한 구주를 개척하신 후 다시 (제후들을) 다섯 등급으로 배치했다'고 했는데, 이는 망언이다. 강간약지強幹弱枝의 도는 성인이라도 함부로 폐지할 수 없다.
> 지금 천자의 왕기王畿가 사방 천리이고, 이를 만승지국이라 일컫는데, 안으로

---

27) Jaeyoon Song, "Governance and Autonomy: Chen Fuliang's Political Theory", *Journal of Confucian Philosophy and Culture* Vol.27(Feb. 2017), pp.43~63, 특히 pp.50~53.
28) Jaeyoon Song, "Governance and Autonomy: Chen Fuliang's Political Theory", *Journal of Confucian Philosophy and Culture* Vol.27(Feb. 2017) 참조.

제후들이 왕기 안에 채읍采邑을 설치해서 먹고살면서 또 사방 5백 리의 영토에 공작公爵으로 분봉되는 것이 가능하겠는가?

『주례』 직방씨職方氏의 제도를 보면, 공작으로는 사공四公을 봉하고, 남작으로는 백남百男을 봉했다고 했는데, 이는 대개 가상 상황을 들어서 말한 것이다. 만약 이를 봉국을 건립하는 법칙으로 삼는다면, 구주가 있다 할 때 각 주는 사방이 천리이며, 크게 공국으로 분봉된 경우가 네 개의 나라에 불과하다. 그렇게 된다면, 작게 백 개의 남국을 분봉한다 해도 가능하다. 이를 다수의 봉국을 건립하여서 그 각각의 힘을 약하게 한다고 한다. 진정 선유先儒(정현)의 말대로 하면, 한나라 때 오초칠국吳楚七國의 난과 당나라 때 번진藩鎭의 화가 주나라 때 이미 오래전에 일어났을 것이다.[29]

진부량이 주대의 봉건제에서 송조 창건의 기본 전략이라 할 수 있는 강간약지强幹弱枝의 원리를 발견했음을 알 수 있다. 정현은 주공이 공·후·백·자·남의 오등 분봉제에 따라 천팔백국을 설치했다고 해석했지만, 진부량은 사방 천리千里의 각 주州에 4개의 공국만 설치하면, 이후 공작의 자체적인 분봉을 통해서 그 숫자가 계속 늘어났다는 주장을 펼치고 있다. 진부량은 주대 "천팔백국"의 봉건제에 관해서 다음과 같은 주장을 이어 간다.

옛날 자작, 남작의 작은 나라들은 그저 후작과 백작의 명령을 들었을 뿐이다. 후작과 공작의 경우, 조빙朝聘의 횟수와 공부貢賦의 액수 모두를 천자가 정했다.…… 주나라 때 이미 천팔백국이 됐으니 만약 그 모두가 수도에 모인다면, 하지 못할 바는 아니지만, 그 형세가 필시 지극히 번거롭고 혼란스러웠을

---

29) 王與之 撰, 『周禮訂義』, 15.31b, "先儒謂周公斥大九州, 更置五等, 妄也. 强幹弱枝之道, 雖聖人不敢廢. 今天子之畿, 方千里, 謂之萬乘, 而內諸侯頗食采於其中, 顧於方五百里封公, 可乎. 職方之制曰, 凡邦國千里, 封公則四公, 男則百男, 蓋假設之之, 以是爲建國之率, 假如九州, 州方千里, 大之封公, 不過四國, 小之封男, 雖至於百男, 可也. 是謂衆建而少其力. 苟如先儒之言, 則漢七國, 唐藩鎭之禍, 作於周, 久矣."

터이니 어찌 작은 나라가 할 수 있었겠는가?[30]

진부량에 따르면, 주대 천팔백국이 공존할 수 있었던 이유를 중앙권력의 강화와 다수 지방 정권 사이의 긴밀한 행정적 연계에서 찾는다.

> 대저 크고 작은 나라들이 따로 특별히 단절되지 않은 채로 서로 긴밀히 연계
> 된 상태를 균형이라 한다. 진정 균형이 유지되지 않고선, 천자에서 제후에
> 이르기까지 누구도 오롯이 다스릴 수가 없다.[31]

진부량에 따르면, 천팔백국이 조화롭게 공존하기 위해선 반드시 구주에 분산된 크고 작은 제후국들이 상명하복의 위계질서를 따라 일사불란한 행정체계를 갖춰야만 한다. 그러한 의미에서 봉건은 단순히 지방정부가 활성화된 분권형의 다자 통치구조로 볼 수는 없다. 진부량은 천팔백국이 공존하는 봉건의 질서가 천자가 지배하는 왕기와 제후국이 산재하는 방국 사이의 절묘한 세력 균형을 통해서만 유지될 수 있음을 지적하고 있다.

나아가 진부량은 북송의 창건 군주가 주나라의 통치원리를 적극적으로 활용해서 송조의 행정구조를 구축했다고 주장한다.

> 우리의 조대가 주의 정치를 순용純用했음은 천 년에 한 번 있는 일이니 이는
> 예조藝祖(태조)에서 비롯됐다. 단 한 명의 인력도 차마 부릴 수 없어서 금군禁軍
> (중앙상비군)을 길렀고, 천하에 단 한 명의 관리도 부리지 않고도 중앙집권을

---

30) 王與之 撰, 『周禮訂義』, 15.35b~36a, "古者, 子男小國, 只得聽命於侯伯. 侯伯以其朝聘貢賦
    之數, 歸于天子.……周時, 尙有千八百國, 如必盡至京師, 不特不可行, 其勢必至煩擾, 小國何
    以堪之."
31) 王與之 撰, 『周禮訂義』, 21.14, "大抵大小相維, 而不相殊絕, 是之謂均. 苟不均, 則自天子達
    諸侯, 不得專有之."

성취하고 방진 제도를 폐지할 수 있었다. 겉으로는 비록 주나라의 구제舊制가 아니지만, 그 깊은 인자仁慈와 너그러운 은택은 그 뜻이 심히 지극하셨다.[32]

앞서 언급한 대로 당말·오대의 분권주의를 지양하고 중앙집권적 행정체계를 지향했다는 점에서 송조의 조종지법과 유종원의 논리는 공통점이 있다. 조종지법의 영향 아래서 북송대 주류의 사상가와 행정가들은 유종원과 마찬가지로 봉건의 현실적 의의를 폄훼하고 경학자의 복고주의를 비판했다. 진부량은 바로 그러한 북송대의 통념을 정면으로 거부한다. 진부량의 해석에 따르면 상고시대의 봉건은 중앙권력의 강화를 통해서만 유지될 수 있는 중앙과 지방 사이의 세력 균형을 의미한다. 그 세력 균형이 무너지면 걷잡을 수 없는 혼란이 발생한다. 중앙권력이 붕괴될 때에는 "주의 동천東遷" 이후 전개됐던 춘추전국春秋戰國의 대혼란이 천하를 덮친다. 역으로 중앙권력이 지나치게 비대해지면, 진秦 제국의 출현에서 보듯 전면 통제(total control)의 암흑기가 펼쳐진다.

2) 견제와 균형: 섭시葉時(1184년 진사)의 권력 이론

13세기 남송에서 섭시는 『주례』에 관한 100편의 논설을 묶어서 『예경회원禮經會元』을 출판했다. 이 책은 『주례』를 관통하는 정치이념과 통치원리를 정교하게 파헤친 남송대 『주례』 경학 제4세대의 대표작이다.[33] 섭시는 남송대 현실에서 봉건이 실현될 수 있는 정치철학적 원리를 다음과 같이 설파한다.

---

32) 陳傅良, 『陳傅良先生文集』(浙江大學出版社, 1999), 505쪽, "本朝純用周政. 千載一時, 爰自藝祖. 不忍役一夫之力, 而養禁旅; 不欲使天下一吏, 得以專政而罷力鎭制度, 文爲雖非周舊, 而深仁厚澤意已獨至."
33) 송재윤, 「皇帝와 宰相: 南宋代 權力分立理論」, 『퇴계학보』 140(2016), 279~331쪽.

무릇 중심이란 하늘과 땅 사이에 있기 때문에 따로 이름을 붙일 수 없다. 집 하나를 놓고 보면, 대청에는 대청의 중심이 있고, 거실에는 거실의 중심이 있다. 중심은 어디를 가나 존재한다. 따라서 한 집에는 그 집의 중심이 있고, 한 나라에는 그 나라의 중심이 있다. 천하에는 천하의 중심이 있다. 선왕이 나라를 세울 때도 그 땅에 따라서 중심을 찾았다.[34]

『예경회원』「분성分星」에는 다음과 같은 구절도 있다. 여기서 "분성"이란 천문을 관장하는 『주례』「춘관」의 보장씨保章氏가 구주九州의 봉역封域에서 별자리 28수 차례를 살펴서 요상妖祥을 예측하는 행위를 말한다.

천자는 구주를 관장한다. 제후는 일국을 관장한다. 제후는 일국의 별자리(28수 차례)를 살펴서 일국을 다스린다. 천자는 구주의 성토를 살펴서 구주를 구분하지만, 제후는 일국의 요상을 살펴서 일국에 대비하면 된다. 천자가 제후에게 분성分星의 업무를 일국에 다 위임하고 이를 위해 정사를 구제하거나 질서를 잡지 않아도 되는가?[35]

『주례』「춘관」 보장씨의 직책을 논하면서 섭시는 천자와 제후 사이의 권력 관계를 논하고 있다. 천자는 구주를 전체적으로 통치하고, 제후는 일국의 정사를 관장한다. 그렇다면 천자와 제후의 관계는 어떻게 설정되어야 하는가? 보장씨의 권한이 천자가 직접 통치하는 왕기에 한정되는가? 아니면 천자의 통치가 미치는 구주 전역까지 확장되는가?

---

34) 葉時, 『禮經會元』, 2.47b, "蓋中在天地間, 不容以定名也. 以一家觀之: 一廳則有一廳之中; 一室則有一室之中. 中, 無往而不在也. 故一家有一家之中; 一國有一國之中. 天下有天下之中. 先王建國, 亦隨其地而求其中爾."

35) 葉時, 『禮經會元』, 4.18b, "天子之所觀者, 九州也. 諸侯之所觀者, 一國也. 諸侯以一國分星而驗一國. 天子以九州星土而辨九州. 諸侯觀一國之妖祥而爲一國之備, 可也. 天子可以諉之一國分星之所屬, 而不爲之救政序事乎?"

천자와 제후의 관계에 관한 질문은 궁극적으로 중앙정부와 지방정부의 관계에 관한 물음이면서 동시에 황제와 재상의 관계에 관한 질문이라 할 수 있다. 송대 정치사상사를 보면, 황제와 재상의 관계에서 정교한 권력 분립의 논리를 계발했음을 발견하게 된다.36) 『예경회원』의 전편에서 섭시는 양자 사이의 견제와 균형이야 말로 일방에 의한 남권攬權(권력의 독점과 전횡)을 막는 가장 효율적인 방법이라 주장한다.37)

섭시는 「봉건封建」은 천팔백국이 공존할 수 있는 봉건의 원리를 다음과 같이 설명한다.

(섭시는) 생각한다. 『예기』 「왕제」편에 이르길 "5국을 속屬으로 삼고, 속에는 장長을 둔다. 10국을 연連으로 삼고, 연에는 수帥를 둔다. 30국은 졸卒로 만들고 졸에는 정正을 둔다. 210국은 주로 만들고, 주에는 백伯을 둔다"고 했다. 이는 『상서』 「익직益稷」장의 "주에는 열두 명의 사師가 있고, 밖으로 사해四海에 이르면 모두 다섯 명의 장을 세웠다"는 구절과 같다. 살피건대 『주례』 「하관夏官」 대사마大司馬에 이르길 "목牧의 직위를 세우고 장長을 임명하여 방국邦國(왕기 밖에 존재하는 다수 제후국의 범칭)을 지원하고, 작은 나라를 지원하고 큰 나라를 섬겨서 방국을 화합한다"고 했다.38) 『주례』 직방씨에 이르길, "무릇 방국은 크고 작은 나라가 서로 지원하고, 왕은 그 목牧을 임명한다", 형방씨에 이르길, "작은 나라로 하여금 큰 나라를 섬기게 하고 큰 나라로 하여금 작은 나라를 보호하게 한다"고 했다.

---

36) 송재윤, 「황제와 재상: 남송대 권력분립이론」.

37) Jaeyoon Song, "The Zhou Li and Constitutionalism: A Southern Song Political Theory", *The Journal of Chinese Philosophy* 36(3)(2009), pp.424~438.

38) 섭시는 대사마를 줄여서 사관이라 한 듯하다. 또한 섭시의 인용구는 『주례』의 원문과 약간의 차이가 있다. 『주례』의 원문은 다음과 같다. "大司馬之職, 掌建邦國之九法, 以佐王平邦國. 制畿封國, 以正邦國. 設儀辨位, 以等邦國. 進賢興功, 以作邦國. 建牧立監, 以維邦國. 制軍詰禁, 以糾邦國. 施貢分職, 以任邦國. 簡稽鄉民, 以用邦國. 均守平則, 以安邦國. 比小事大, 以和邦國."

선왕이 (제후국을) 건립할 때는 반드시 이러한 상호 지원하고 상호 연합하는 제도를 만들었다. 무릇 (제후국들이 서로) 지원할 수 있으면, 크고 작은 나라들이 서로 통합되어 사특한 음모를 암암리에 제거할 수가 있고, 서로 연합하면 크고 작은 나라들이 서로 연계될 수가 있어서 침릉의 환란을 은밀히 막을 수가 있다. 애석하도다! 선왕이 (제후국을) 건립한 뜻은 춘추시대를 거치면서 모두 쓸려 가고, 강자가 약자를 능욕하고, 다수가 소수를 폭행하는 일이 비일비재했다. 후세는 그 제도를 고찰하지 않고, 그 본래의 뜻을 고찰하지 않고서 한갓 봉건은 사私이고, 군현은 공公이라 말하고만 있다. 어찌 잘못이 아니겠는가?[39]

섭시는 『주례』, 『상서』, 『예기』의 원문을 깊이 살펴서 봉건封建에 내재된 상유上維, 상비相比, 상통相通, 상승相承의 원리를 도출한다. 천팔백의 제후국들이 공존하기 위해선 무엇보다 크고 작은 나라들 사이의 긴밀한 상호 연대가 중시된다. 각기 제후국은 행정조직을 갖춘 자치국이지만, 주변국과의 관계에선 관료제적 상하 관계로 엮여 있어야만 한다.

위 문단에서 섭시는 "그 사특한 음모"(其姦宄之謀)를 "암암리에 제거하고"(潛消) "침릉하는 환란을 은밀히 막다"(陰弭)라는 표현을 썼다. 천팔백 제후국 사이에 엄격한 위계질서와 긴밀한 상호 연계가 작동하면, 그중 모반을 획책하거나 침략을 계획하는 야심가를 사전에 발각해서 부지불식간에 제거할 수 있다는 의미다. 섭시가 딱히 "잠소潛消"와 "음미陰弭"라는 용어를 사용한 이유는 제후국

---

39) 葉時, 『禮經會元』(臺北: 大同書局, 1969), 2.53a, "案: 王制曰五國以爲屬, 屬有長; 十國以爲連, 連有帥; 三十國以爲卒, 卒有正; 二百一十國以爲州, 州有伯. 此與尙書州十有二師, 外薄四海, 咸建五長之意, 同. 考之周禮司職曰: 建牧立長以維邦國, 比小事大以和邦國. 職方氏曰凡邦國小大相維, 王設以牧; 形方氏曰使小國事大國, 大國比小國. 先王建國, 必爲是相維相比之制. 蓋有以維之, 則小大相統, 可以潛消其姦宄之謀. 有以比之, 則小大相承, 可以陰弭其憑陵之患. 惜乎! 先王建國之意, 至春秋掃地矣, 而彊陵弱, 衆暴寡, 比比有焉. 後世不考其制, 不原其意, 而徒曰封建私也, 郡縣公也. 豈不繆哉!"

들 사이의 상호 감시와 상호 견제가 삼엄하고 긴밀하게 작동해야 함을 강조하는 의도라고 해석된다. 다시 말해, 천팔백국의 봉건 질서는 제후국 사이의 견제와 균형에 의해 유지된다는 주장이다.

5. 결론: 남송대 봉건 담론의 사상사적 의의

이상 남송대 봉건 담론을 호굉, 주희, 진부량, 섭시 등의 문장을 중심으로 소략하게 살펴보았다. 물론 남송대 봉건 담론에 참여한 사대부 지식인들은 부지기수不知其數다. 이들이 논의한 주제도 정치, 군사, 사회, 경제, 문화, 윤리, 도덕 등 거의 모든 분야를 망라하고 있다.[40] 이 글에서는 남송대 봉건 담론에 등장하는 가장 핵심적인 논리, 곧 상제相制와 상유相維의 논리에 논의를 집중해 보았다. 마지막으로 남송대 봉건 담론의 정치철학적 함의를 잠시 짚어 보자.

호굉이 칭송한 "천팔백국"의 이상은 남송대 이후 중국사에서 과연 어떠한 의미를 갖는가? 우선 1,800이라는 숫자가 갖는 사회·경제적 의미부터 생각해 볼 필요가 있다. 주나라 초기 "천팔백국"의 평균 인구는 어느 정도였을까? 남송대 봉건론자들은 "봉건"의 이념을 설파할 때 대략 한 나라의 크기를 어느 정도라고 생각하고 있었을까?

이 질문에 대해선 원元(1271~1368) 제국에서 중국 역대의 경세 담론을 주제별로 총망라한 마단림馬端臨(대략 1253~1323)의 방대한 백과전서 『문헌통고文獻通考』 「호구戶口」편에 흥미로운 대답이 숨어 있다. 마단림은 하·상·주 삼대三代의

---

40) 남송대 봉건 담론에 대해선 현재 필자가 집필 중인 『共治』(*Share and Rule: Classic Confucian Debates on Checks and Balances in Chinese Empires*, 900-1700)에서 상세하게 다루고 있다.

제후국과 그 인구수를 다음과 같이 제시하고 있다.

조대	제후국의 수	인구	평균 인구
하夏	10,000	13,553,923	1,355
상商	3,000		(4,517)
주周	1,773	13,704,923	8,047
북송 1,100년경	1,206개 현	1억 명	82,919

馬端臨, 『文獻通考』, 「戶口」, 10.118

경학사에서 하대夏代의 제후국이 만국萬國이었다는 구절이 자주 인용되지만, 만국을 누구나 반드시 문자 그대로 10,000개의 나라로 해석하지는 않는다. 가령 진부량은 만국이 그저 다수의 제후국을 이르는 편의적 개념이라고 해석한다. 반면 마단림은 축어적으로 만국의 만을 10,000으로 해석한다. 그의 해석에 따르면, 하·상·주를 거치는 과정에서 제후국의 숫자가 점점 줄어들었다. 마침내 주대周代 초기에 비로소 1,773개의 제후국이 세워졌다. 또한 마단림은 하대에서 주대까지 인구 총수는 큰 변화를 보이지 않았다고 해석한다. 따라서 제후국의 평균 인구수는 1,355명에서 8,047명으로 6배 증가했다. 마단림은 상대商代의 인구수는 제시하지 않았는데, 만약 상나라의 인구가 하나라와 같다면, 제후국 평균 인구는 4,517명에 달한다. 요컨대 마단림은 삼대를 거치는 과정에서 제후국의 숫자가 줄어서 각국의 평균 인구는 점차 늘어났다고 인식했다.

일반적으로 경학사에서 하나라에서 주나라로 가는 과정은 지속적 몰락의 과정으로 파악한다. 결국 제후국의 숫자가 많을수록, 그리하여 각국의 평균 인구수가 적을수록 "좋은 정부"라는 주장이다. 가장 이상적인 국國의 규모는 1,355명 정도이다. 결국 마단림이 생각하는 상고시대의 제후국은 마을 단위의 공동체적 국가를 가리킨다. 제후국의 숫자가 줄어들어 각국 평균 인구가 최고에 달했던 주나라 역시 불과 8,047명의 작은 공동체적 국가이다.

북송대 1100년을 전후해서 현縣의 총수는 1,206개 정도에 달했다. 당시 중국의 인구는 1억 명을 돌파했다. 현 단위 인구의 평균은 대략 83,000명 정도에 달한다. 그렇다면 주대 "천팔백국"의 평균 인구는 북송대 일개 현 평균 인구의 10분의 1에 지나지 않는다는 이야기가 된다. 그러한 관점에서 남송대 봉건론은 결국 향촌사회의 재건을 지향했던 지방 사대부의 공동체론이라 할 수 있다.

마단림의 경우에서 보듯 남송대 봉건 담론은 원대를 거치면서 더욱 정교하게 정립되어 지방 사대부의 일반론으로 정착했다. 그 과정에서 유종원의 "봉건론"은 퇴조하고 대신 호굉의 "천팔백국"이 정설의 지위를 얻었다. 봉건 담론은 송·원 시대를 거치면서 지식인들 사이에서 더욱 광범위하게 확대 재생산되었다. 급기야 명明 태조 주원장은 남송대 봉건 담론을 적극적으로 흡수하여 집권 초기부터 20년에 걸쳐 3단계로 20개 이상의 번왕藩王들을 분봉했다.[41]

주원장은 유가 경전을 근거로 고대의 봉건제를 되살렸고, 그 과정에서 남송대 봉건 담론에서 정교하게 계발됐던 상제相制와 상유相維의 논리를 적극적으로 활용했다. 이는 유가 경전을 둘러싼 지식인의 담론이 중화제국의 구체적인 제도를 설계하고 변혁했음을 보여 주는 구체적인 역사적 사례라 할 수 있다. 유종원은 "봉건론"을 통해서 유가 경전의 이상주의를 해체하려 했지만, 남송 이후의 사대부들은 봉건의 원리를 새롭게 조명해서 경전의 권위를 되살렸다.

남송대 이후 사대부들이 봉건의 이상을 되살린 이유는 비단 경전에 대한 신앙적 존경심 때문만이 아니었다. 오히려 지방사회의 엘리트로서 그들 자신의 위신威信(prestige)과 지도력을 지키려는 현실적 필요도 무시할 수 없다. 삼대의

---

41) 남송대 봉건 담론이 주원장에 끼친 영향에 대해선 Jaeyoon Song, "Share and Rule: Intellectual Origins of the Early Ming (368-1644) Princedoms", *Ming Studies* 81(2020), pp.28~60 참조.

제후국과 인구 변화의 추이를 보여 주는 마단림의 통계가 암시하듯, 고대 봉건제 하의 국國이란 남송 이후의 현실에선 마을공동체를 의미했다. 지방 사대부는 비록 작위와 봉토를 분봉 받은 제후는 아니라 해도 지방 엘리트이며 향촌의 지도자였다. 그러한 맥락에서 지방 사대부에게 봉건 이념은 매우 중요한 정치적 · 사회적 · 경제적 의미를 제공했다.

무엇보다 봉건 이념은 남송대 이후의 사대부에게 고대의 제후들처럼 그들 역시 군주과 함께 "천하를 다스리는"(共治天下) 공치共治의 주체라는 자긍심을 주었고, 한 지방사회 향촌공동체의 리더로서의 도덕적 권위와 정치적 정당성을 부여했다. 바로 그 점이 봉건을 이상화한 유가 경전이 군현을 법제화한 중화제국과 2천여 년 동안 공생 관계를 유지할 수 있었던 비밀을 푸는 열쇠라고 여겨진다.

제6장 조선시대 경연에서 『서경』 「우공」편 강독의 의미*

강경현

1. 들어가는 말

경연經筵은 군주와 신하가 유가儒家 경전經典을 함께 읽어 나가면서 유가적 가치에 따라 나라를 운영하기 위한 이념과 이상을 공유하고자 마련된 제도이다. 유가 경전 속 군신의 전범을 살펴봄으로써 그들은 현실 정치에 참여하고 있는 두 정치적 주체의 현재를 진단하고 지향할 이상과 목표를 확인하였다. 조선의 경연은 이러한 본래 취지와 목적이 구현된 모범적 사례로 여겨진다.[1]

『서경書經』은 유가의 이상이라고 할 수 있는 삼대의 성군과 현신에 대한 기록이다. 『서경』의 군주와 신하는 늘 인정仁政을 지향하지만 동시에 그로부터 자신이 이탈할 수 있음을 자각하고 있다.[2] 따라서 그들은 스스로 그리고 상호

---

* 이 논문은 2020년 대한민국 교육부와 한국연구재단의 지원을 받아 수행된 연구임 (NRF-2020S1A5B8103756)
본 논문은 『공자학』 제48호(2022.10.30.)에 게재된 논문을 수정 보완한 것임.
1) 윤정분, 『군신, 함께 정치를 논하다: 명대 경연정치의 변천과 그 의의』(혜안, 2018), 43쪽 참조.
2) 『書經』, 「大禹謨」, 15장, "人心惟危, 道心惟微, 惟精惟一, 允執厥中." 이는 요가 현신 순에게 알려 준 "允執其中"을 부연하여 순이 현신 우에게 전한 말이다. 蔡沈(1167~1230)의 『書集傳』 주석에 따르면 이 구절은 유가 정치의 핵심 원리이다. "蓋古之聖人, 將以天下與人, 未嘗不以其治之之法幷而傳之, 其見於經者如此." 참고로 이 글에서의 『서경』

제6장 조선시대 경연에서 『서경』 「우공」편 강독의 의미_ 강경현   169

간에 진지한 태도로 국정에 임할 것을 요구하기도 한다. 물론 군주와 신하의 역할은 이와 같은 수기修己의 영역에만 한정되지 않는다. 군주와 신하가 정교하게 제안하고 섬세하게 가다듬어 나갈 제도에 대한 고민도 포함된다.

『서경』이 독해된 조선의 경연3)은 조선의 군신이 삼대의 성군과 현신으로 나아갈 수 있는 존재이면서도 다분히 위태로운 존재이기도 하다는 유학의 인간 이해 위에서, 유가 정치의 목표인 인정仁政과 그것의 실현 방법으로서의 군신공치君臣共治의 내용을 확인하고, 현실 정치 속 군신이 모범으로 삼을 만한 도덕적 정치 주체의 자격과 역할에 대해 논의하고 공유하는 자리였다.4) 그리고 이를 통해 유가 왕정王政의 구체적인 모습과 그 이면에 자리하고 있는 이론적 근거에 대한 성찰로 나아간다.

조선의 경연에서 『서경』은 17세기 인조와 효종 대에 집중적으로 읽힌다. 구체적으로 조선시대 경연에서 이루어진 총 829회의 『서경』 진강 기록 가운데 무려 449회가 인조, 효종 대에 이루어진다.5)(〈표-1〉 참조) 현전하는 자료를 기준으로 보았을 때,6) 인조, 효종 대는 『서경』 전편에 대한 상세한 진강이 처음으로

해석은 남송시대 朱熹(1130~1200)의 문인인 채침의 주석, 즉 『서집전』을 토대로 한다. 일반적으로 『서집전』은 주희의 사유가 상당 부분 반영되어 있는 것으로 여겨진다. 『서경』에 대한 주희와 채침 입장의 동이에 관해서는 다음의 연구를 참조. 陳良中, 『朱子『尙書』學硏究』(人民出版社, 2013), 212~227쪽.

3) 조선의 경연에서는 『서집전』을 기본 텍스트로 한다. 『인조실록』, 인조 7년(1629) 4월 26일 1번째 기사, "上書講『書傳』于資政殿."

4) 강경현, 「조선시대 經筵에서 『尙書』 강독의 의미」, 『퇴계학보』 151(퇴계학연구원, 2022), 92쪽 참조.

5) 이 글의 분석 대상인 조선의 경연 자료는 2005년 한국학술진흥재단(현 한국연구재단)의 지원을 받아 이루어진 연세대학교 국학연구원 경연연구팀의 〈朝鮮朝 經筵 資料 集成 및 註解〉를 토대로 한다.

6) 인조 대 이후 경연 자료의 특징 가운데 하나는 『승정원일기』 수록 경연 기사가 처음으로 포함된다는 점이다. 『승정원일기』 수록 경연 자료의 사료적 가치는 경연 시간, 장소, 종류, 교재, 참석 경연관 명단, 진강 범위 등이 구체적으로 명기되어 있다는 점뿐만이 아니라 기록된 논의 내용의 상세함 차원에서도 발견된다. 다만 주지하듯 『승정원일기』는 영조 20년(1744)과 고종 25년(1888)의 승정원 화재 등으로 인해 소실

이루어지는 시기라고 할 수 있다.(〈표-2〉 참조)『서경』은 편별로 각기 다른 인물이 등장하고 서로 다른 맥락에서 논의가 진행되기 때문에 편에 따라 각각 다른 주제를 읽어 낼 수 있는 문헌이다.『서경』 전체에 대한 집중이 발견되는 인조, 효종 대에는 특히「우공禹貢」편에 대한 진강이 본격화되는 모습도 발견된다.(〈표-3〉 참조)

『서경』 58편 가운데「우공」편은 하서夏書의 첫머리로 현신 우禹가 왕이 될 수 있었던 이유를 서술하고 있는 것으로 해석되며,[7] 그러한 우의 공적 가운데 치수治水와 공부貢賦 제정이 핵심으로 꼽힌다. 조선 전기「우공」편은 조선 조세 제도의 주요 원리가 담겨 있는 전거로서 활용된다. 그런데 17세기 조선이 마주 하고 있던 주요 현안 가운데 하나는 공납貢納의 폐단과 그에 대한 해결책으로서 의 대동법大同法 시행 문제였다. 공교롭게도 공납에서 대동법으로의 전환이 본 격화된 시기에 조선은 경연에서『서경』「우공」편을 집중적으로 강독하는 모습 을 보인다. 공납의 실제적 문제에 직면한 상황에서 유가 왕정의 조세제도의 원형이 담긴「우공」편이 경연에서 강독된다는 것은 어떤 의미를 갖는 것일까? 어쩌면『서경』「우공」편이 본격적으로 진강된 조선의 경연에서 조세의 원칙과 인정仁政 상의 의미가 재검토되었을 가능성이 있는 것은 아닐까? 더 나아가 「우공」편 강독은『서경』이 진강된 조선의 경연이 수기修己와 인정仁政, 공치共治 의 이념을 공유하는 것과 함께 실제적이고 구체적인 제도 및 국정 운영의 문제 와 관련하여 유가적 전범을 확인하는 자리였음을 보여 주는 것은 아닐까? 이러 한 질문들은 결국 조선의 경연이 경세학으로서의 경학의 한 면모를 보여 주는 지점일 가능성을 타진케 한다.

되어 그 전체가 현전하지 않기 때문에 경연 자료에 대한 통계적 수치를 다룰 때는 이러한 점을 염두에 둘 필요가 있다. 윤훈표,「승정원일기 경연 기사의 특징」,『사학 연구』 100(한국사학회, 2010), 32~33쪽 참조.
7)『書集傳』,「夏書」, 채침의 주석, "「禹貢」作於虞時而繫之夏書者, 禹之王, 以是功也."

<표-1> 군주별 경연에서의 『서경』 강독 횟수

왕 명(재위)	『서경』 강독 횟수	왕 명(재위)	『서경』 강독 횟수
태조(1392~1398)	1	광해군(1608~1623)	6
정종(1398~1400)	1	인조(1623~1649)	213
태종(1400~1418)	3	효종(1649~1659)	236
세종(1418~1450)	4	현종(1659~1674)	0
문종(1450~1452)	0	숙종(1674~1720)	36
단종(1452~1455)	0	경종(1720~1724)	2
세조(1455~1468)	2	영조(1724~1776)	156
예종(1468~1469)	0	정조(1776~1800)	0
성종(1469~1495)	26	순조(1800~1834)	12
연산군(1494~1506)	1	헌종(1834~1849)	0
중종(1506~1544)	34	철종(1849~1863)	18
인종(1544~1545)	1	고종(1863~1907)	2
명종(1545~1567)	2	순종(1907~1910)	0
선조(1567~1608)	73	총합(1392~1910)	829

강경현, 「조선시대 經筵에서 『尙書』 강독의 의미」, 『퇴계학보』 151(퇴계학연구원, 2022), 97~98쪽 참조

<표-2> 인조, 효종 대 경연에서의 『서경』 강독 횟수

편	인조	효종	편	인조	효종
0-序	1	1	30-周書-牧誓	2	2
1-虞書-堯典	6	6	31-周書-武成	1	3
2-虞書-舜典	10	9	32-周書-洪範	8	9
3-虞書-大禹謨	7	8	33-周書-旅獒	2	2
4-虞書-皐陶謨	4	4	34-周書-金縢	4	4
5-虞書-益稷	6	5	35-周書-大誥	4	4
6-夏書-禹貢	29	27	36-周書-微子之命	2	2
7-夏書-甘誓	1	1	37-周書-康誥	5	7
8-夏書-五子之歌	1	0	38-周書-酒誥	4	6
9-夏書-胤征	2	2	39-周書-梓材	2	5

편	인조	효종	편	인조	효종
10-商書-湯誓	1	1	40-周書-召誥	5	9
11-商書-仲虺之誥	3	3	41-周書-洛誥	6	9
12-商書-湯誥	0	2	42-周書-多士	4	5
13-商書-伊訓	3	3	43-周書-無逸	5	6
14-商書-太甲上	3	2	44-周書-君奭	4	6
15-商書-太甲中	1	2	45-周書-蔡仲之命	2	2
16-商書-太甲下	1	2	46-周書-多方	5	6
17-商書-咸有一德	1	3	47-周書-立政	6	6
18-商書-盤庚上	3	4	48-周書-周官	3	4
19-商書-盤庚中	3	3	49-周書-君陳	2	3
20-商書-盤庚下	2	2	50-周書-顧命	2	5
21-商書-說命上	1	2	51-周書-康王之誥	1	2
22-商書-說命中	0	2	52-周書-畢命	2	3
23-商書-說命下	1	2	53-周書-君牙	1	1
24-商書-高宗肜日	1	1	54-周書-囧命	1	2
25-商書-西伯戡黎	0	2	55-周書-呂刑	4	7
26-商書-微子	0	2	56-周書-文侯之命	1	1
27-周書-泰誓上	2	3	57-周書-費誓	1	1
28-周書-泰誓中	2	2	58-周書-秦誓	1	1
29-周書-泰誓下	1	2	기타/미상	27	0
				213	236

〈표-3〉 군주별 경연에서의 「우공」편 강독 횟수

왕 명(재위)	「우공」편 강독 횟수	왕 명(재위)	「우공」편 강독 횟수
태조(1392~1398)	0	광해군(1608~1623)	0
정종(1398~1400)	0	인조(1623~1649)	29
태종(1400~1418)	0	효종(1649~1659)	27
세종(1418~1450)	1	현종(1659~1674)	0
문종(1450~1452)	0	숙종(1674~1720)	1

왕 명(재위)	「우공」편 강독 횟수	왕 명(재위)	「우공」편 강독 횟수
단종(1452~1455)	0	경종(1720~1724)	0
세조(1455~1468)	0	영조(1724~1776)	4
예종(1468~1469)	0	정조(1776~1800)	0
성종(1469~1495)	0	순조(1800~1834)	1
연산군(1494~1506)	0	헌종(1834~1849)	0
중종(1506~1544)	0	철종(1849~1863)	0
인종(1544~1545)	0	고종(1863~1907)	0
명종(1545~1567)	0	순종(1907~1910)	0
선조(1567~1608)	7	총합(1392~1910)	70

2. 『서경』「우공」편과 조선 전기 조세제도

『서경』 각 편의 핵심을 간추려 제시하고 있는 「서경소서書經小序」에서 '임토 작공任土作貢'은 「우공」편 전체의 내용에 대한 요약어로 등장한다.

우禹는 구주九州를 구별하면서 산세에 따르고 내를 깊이 팠으며 땅에 맞게 세금을 내게 하였다.[8]

현신 우의 치수治水와 공부貢賦 제정 성과를 압축적으로 표현하고 있는 이 구절은 조선의 조세제도와의 관련성 속에서 해석된다. 조선 전기 조세제도는 토지에 대한 세금인 전세田稅와 지역 생산물을 현물로 납부하는 공납貢納, 그리 고 노동력을 제공하는 역役을 근간으로 한다.

---

8) 「書經小序」, 禹貢, "禹別九州, 隨山濬川, 任土作貢."

일반적으로 '임토작공'은 조선 전기 공납제의 근거가 되는 원리로 다뤄진다. 공납의 물목은 곡물, 동물, 채소 및 과실, 수산물, 수공업품 및 원료, 약재, 장식품 등을 망라하는데 일부는 원재료를 가공하거나 제작하여 충당하기도 하였지만, 대부분은 현물을 직접 거두어들였다.9) 세조 대 공물 대납이 전면적으로 허용되기도 하지만, 물종의 산지를 고려하며 공물을 분정한 성종 대 공안貢案을 통해 공납은 현물납 체제로 자리 잡게 된다. 한 연구에 따르면, 조선에서 전세는 녹봉이나 왕실의 일상재원, 군자를 위한 비축곡 등에 한하여 사용되었지만 공물은 국가의 사무 전반에 활용되었고, 그러한 측면에서 공물이 전세보다 국가 재정에서 중심적인 위치에 있었다고 분석된다.10) 공납의 근거로 제시되는 임토작공은 "우임금이 천하를 9주로 나누어 그 지방에서 나는 물산을 거두는 것"으로 풀이된다. 「우공」편의 핵심으로서의 임토작공은 각 군현에 분정된 공물로 토산, 즉 해당 지역의 생산물을 부과하는 공납제의 기본 원칙이라는 것이다.11)

한편『서경』「우공」편은 전세의 이론적 근거로도 해석된다. 조선 전기 전세는 세종 시기 확립된 공법貢法으로 대표된다. 세종의 공법이 갖는 특징은 전품田品에 따라 세액에 차등을 두는 전분육등법田分六等法과 당해의 풍흉에 따라 세액에 차등을 두는 연분구등법年分九等法으로 구체화된다.12) 「우공」편은 "조선적 공법"13)의 수립의 이면에 자리하고 있는 전세의 원형적 논의들, 대표적으로

---

9) 박도식,『朝鮮前期 貢納制 硏究』(혜안, 2011), 6쪽 참조.

10) 소순규,「朝鮮初期 貢納制 운영과 貢案改定」(고려대학교 한국사학과 박사학위논문, 2017), 238, 5쪽 참조.

11) 박도식,『朝鮮前期 貢納制 硏究』(혜안, 2011), 91~92쪽 참조. 인용은 91쪽.

12) 일반적으로 전분육등법과 연분구등법은『經國大典』戶典 量田조와 收稅조에 반영되는 것으로 여겨진다. 강제훈,「조선 초기 전세제 개혁과 그 성격」,『조선시대사학보』19 (조선시대사학회, 2001), 29쪽 참조.

13) 세종의 공법이 삼대 하나라 공법을 이상적 모델로 채택했지만 조선적 공법이라 할 수 있는 특징적 면모로서 結負制와 年分法에 주목한 연구가 있다. 최윤오,「世宗朝 貢法

전품에 따라 부세를 등급화하여 책정하는 사유가 담긴 자료로 이해된다.

잠시 『서경』 「우공」편을 살펴보면, 그 첫머리는 "토지를 분별하고 산을 따라 나무를 제거하여 고산과 대천을 정해 놓으셨다"[14]라고 하는, 우禹의 치수에 대한 포괄적인 설명으로 시작된다. 「우공」편은 전체 106장 가운데 82장에서 치수의 결과로 구획된 구주九州의 상세한 지리적 조건과 함께 각 지역의 땅의 특성, 전田과 부賦의 등급, 해당 지역의 공貢을 구체적으로 기술한다. 구주는 왕성을 포함하는 기주冀州(2~11장)와 연주兗州(12~21장), 청주靑州(22~27장), 서주徐州(28~36장), 양주揚州(37~45장), 형주荊州(46~53장), 예주豫州(54~61장), 양주梁州(62~70장), 옹주雍州(71~83장)이다.

「우공」편은 각 지역의 산천과 관련된 설명을 한 후 "궐토厥土"라는 표현으로 해당 지역 땅의 색깔이나 흙의 특성을 밝히고 있다. 경우에 따라 "궐목厥木", "궐초厥草" 등의 표현으로 지역의 초목이 갖는 특징을 드러내기도 한다. 궐토와 관련한 내용을 몇 가지 살펴보면, 우선 기주의 땅은 흰색이고 덩어리가 없는 고운 흙으로 되어 있다.[15] 채침의 주석에 따르면 이러한 토양의 색과 성질은 해당 지역의 산물과 재배 방식 등을 결정짓는 중요한 요인이 된다.[16] 또한 서주에는 차진 흙이 많은데[17] 채침의 주석에 따르면 이를 빚어 그릇을 만들

의 原理와 그 性格」, 『한국사연구』 106(한국사연구회, 1999), 15쪽 참조. 한편 세종의 공법이 지역별 차등 전품제를 내용으로 하는 중국 고전에 기재된 공법을 수용하면서도 전국적 전품제와 同科收租라는 조선적 특징은 고려부터 이어진 기존의 踏驗損實法을 계승한 것이라는 연구도 있다. 강제훈, 「조선 초기 전세제 개혁과 그 성격」, 『조선시대사학보』 19(조선시대사학회, 2001), 38쪽 참조. 두 연구 모두 조선적 공법의 원형인 夏의 공법의 내용을 확인할 수 있는 경전적 자료로 『서경』 「우공」을 제시한다.

14) 『書經』, 「禹貢」, 1장, "禹敷土, 隨山刊木, 奠高山大川."
15) 『書經』, 「禹貢」, 7장, "厥土, 惟白壤."
16) 『書集傳』, 「禹貢」, 7장에 대한 채침의 주석, "夫敎民樹藝與因地制貢, 固不可不先於辨土也. 然辨土之宜有二, 白以辨其色, 壤以辨其性也.……冀治田疇, 各因色性, 而辨其所當用也."
17) 『書經』, 「禹貢」, 33장, "厥土, 赤埴墳.";『書集傳』, 「禹貢」, 33장에 대한 채침의 주석, "埴, 埴膩也, 黏泥如脂之膩也."

176   전통적 경학 연구와 현대경학

수 있다.[18] 옹주의 흙은 누런색이고 덩어리가 없이 고운데, 이는 해당 지역의 전답이 높은 생산력을 가지고 있어서 그 전품을 최상으로 책정하는 근거가 되기도 한다.[19]

이어서 등장하는 것이 "궐전厥田"과 "궐부厥賦"라는 표현으로 설명되는 각 지역의 전과 부의 등급이다. 구주 전체에 대하여 각기 상상, 상중, 상하, 중상, 중중, 중하, 하상, 하중, 하하 아홉 등급으로 전과 부를 구분하고 있다. 채침의 주석에 따르면 궐전의 등급은 해당 지역의 한 해 총생산량에 따라 구분한 것이 며[20] 궐부는 궐전의 등급에 더해 땅의 면적과 인구 밀도[21], 지력[22] 등을 고려하여 정해진다. 따라서 궐전과 궐부의 등급이 일치하지 않는 경우가 생기는데, 궐부에서 기주, 예주의 '착錯', 양주의 '상착上錯', 양주의 '삼착三錯' 등은 이러한 상황을 나타내는 표현이다.[23] 또한 연주의 부는 '정貞'으로 표현되고 있는데, 채침의 주석에 따르면 이는 하하로서 수취량을 적게 하는 것이 군주의 올바른 지향처라는 의미를 담고 있다.[24]

---

18) 『書集傳』, 「禹貢」, 33장에 대한 채침의 주석, "周有摶埴之工, 老氏言埏埴以爲器, 惟土性黏膩細密, 故可摶可埏也."

19) 『書經』, 「禹貢」, 76장, "厥土, 惟黃壤."; 『書集傳』, 「禹貢」, 76장에 대한 채침의 주석, "黃者, 土之正色. 林氏曰, 物得其常性者最貴, 雍州之土, 黃壤, 故其田非他州所及."

20) 『書集傳』, 「禹貢」, 8장에 대한 채침의 주석, "又按, 九州九等之賦, 皆每州歲入總數, 以九州多寡相較, 而爲九等."

21) 『書集傳』, 「禹貢」, 8장에 대한 채침의 주석, "賦第一等而錯出第二等也, 田第五等也, 賦高於田四等者, 地廣而人稠也."; 51장에 대한 채침의 주석, "故, 田比揚只加一等, 而賦爲第三等者, 地闊而人工修也."; 80장에 대한 채침의 주석, "田第一等, 而賦第六等者, 地狹而人功少也."

22) 『書集傳』, 「禹貢」, 68장에 대한 채침의 주석, "意者, 地力有上下, 年分不同, 如『周官』田一易再易之類. 故, 賦之等第亦有上下年分."

23) 채침의 주석에 따르면 錯은 지력을 고려하여 年分을 다르게 책정하는 것으로, 冀州, 揚州, 豫州, 梁州가 해당한다. 『書集傳』, 「禹貢」, 68장에 대한 채침의 주석, "故, 賦之等第, 亦有上下年分, 冀之正賦, 第一等而間歲第二等也, 揚之正賦, 第七等而間歲第六等也, 豫之正賦, 第二等而間歲第一等也, 梁之正賦, 第八等而間歲出第七第九等也."

24) 『書集傳』, 「禹貢」, 18장에 대한 채침의 주석, "言君天下者, 以薄賦爲正也."

한편 "궐공厥貢"은 각 지역의 산물을 가리키는 표현으로, 공물로 해석될 수 있다. 공물은 해당 지역의 토양을 고려하여 정해지는데, 예를 들어 바다에 인접한 청주는 공물에 소금 및 해산물이 포함되고,[25] 초목이 잘 자라고 특히 옻나무와 뽕나무가 잘 자라는 연주에는 공물에 옻과 생사가 포함된다.[26] 사실상 토산, 즉 지역에서 생산 가능한 물품을 공물로 정하고 있다고 할 수 있다.

이상의 내용을 표로 정리하면 다음과 같다.[27]

⟨표-4⟩ 「우공」편 구주 지역별 토, 전, 부, 공 및 기타

九州	수록장	厥土(色/性)	厥田(등급)	厥賦(등급)	厥貢
冀州	2~11	白/壤	中中(5)	上上(1), 錯(2)	·
兗州	12~21	黑/墳 厥草: 繇/厥木: 條	中下(6)	貞(9)	漆, 絲
青州	22~27	白/墳	上下(3)	中上(4)	鹽, 絺, 海物(錯), 岱畎絲, 枲, 鈆, 松, 怪石
徐州	28~36	赤/埴 墳/草木漸包	上中(2)	中中(5)	土五色, 羽畎夏翟, 嶧陽孤桐, 泗濱浮磬
揚州	37~45	塗泥 厥草: 夭/厥木: 喬	下下(9)	下上(7), 上錯(6)	金三品, 瑤, 琨, 篠, 簜, 齒, 革, 羽, 毛, 木
荊州	46~53	塗泥	下中(8)	上下(3)	羽, 毛, 齒, 革, 金三品, 杶, 榦, 栝, 柏, 礪砥, 砮, 丹, 箘簬, 楛
豫州	54~61	壤/下土: 墳壚	中上(4)	錯(1), 上中(2)	漆, 枲, 絺, 紵

---

25) 『書經』, 「禹貢」, 21장, "海岱, 惟青州."; 24장, "厥土, 白墳, 海濱, 廣斥."; 26장, "厥貢, 鹽絺, 海物惟錯."

26) 『書經』, 「禹貢」, 16장, "桑土旣蠶."; 17장, "厥土, 黑墳, 厥草, 惟繇, 厥木, 惟條."; 19장, "厥貢, 漆絲."

27) 강제훈, 「조선 초기 전세제 개혁과 그 성격」, 『조선시대사학보』 19(조선시대사학회, 2001), 32쪽 ⟨표1⟩; 이은호, 「禹貢의 和而不同적 공동체 모델」, 『유교사상문화연구』 66(한국유교학회, 2016), 233쪽 ⟨표2⟩ 참조.

九州	수록장	厥土(色/性)	厥田 (등급)	厥賦 (등급)	厥貢
梁州	62~70	靑/黎	下上(7)	下中(8), 三錯(7, 9)	璆, 鐵, 銀, 鏤, 砮磬, 熊, 羆, 狐, 貍, 織, 皮
雍州	71~83	黃/壤	上上(1)	中下(6)	球琳, 琅玕

구주 각 지역의 지리적 위치와 토양의 특성, 전과 부의 등급 및 특산품의 관계가 명확하게 모두 밝혀져 있지는 않지만, 이상의 내용을 통해 부와 공을 정함에 있어 지역별 상황을 면밀히 고려하고 있음을 읽어 낼 수 있다.

이와는 별도로 왕성과의 거리를 고려하며 제정된 부賦의 구체적인 사항들이 제시되기도 한다. 「우공」편 101장에서는 다음과 같은 내용을 볼 수 있다.

> 5백 리까지가 전복甸服이다. (왕성에서부터) 백 리까지는 부賦로 벼의 뿌리까지 전부 바치고, (백 리부터) 2백 리까지는 벼의 반을 낫으로 베어 바치고, (2백 리부터) 3백 리까지는 그 반의 거죽을 벗겨 바치는데, (이 세 지역은 모두) 수송하는 일을 겸한다. (3백 리부터) 4백 리까지는 알곡을 바치고, (4백 리부터) 5백 리까지는 쌀을 바친다.[28]

채침의 주석에 따르면, 이 구절은 전부를 책정할 때 수송의 문제가 연동되므로 왕성과의 거리를 고려하여 전부의 구성과 운송 방식을 다르게 정한다는 것을 의미한다.[29] 예를 들어 왕성과의 거리가 가까운 백 리 이내의 지역에서는 벼의 뿌리까지 모두 바치게 하지만 그보다 먼 거리에 있어 운송이 쉽지 않은 4백 리부터 5백 리 지역에서는 도정을 마친 쌀만을 바치게 한다는 것이다.

---

28) 『書經』, 「禹貢」, 101장, "五百里甸服, 百里賦納總, 二百里納銍, 三百里納秸服, 四百里粟, 五百里米."

29) 『書集傳』, 「禹貢」, 101장에 대한 채침의 주석, "蓋量其地之遠近, 而爲納賦之輕重精麤也."

수송의 역할 역시 3백 리까지의 지역에서만 담당한다.

결국 궐전과 궐부, 궐토와 궐공, 거리와 조세에 관한 이상의 내용으로 보면, 「우공」편은 우의 치수를 통한 구주의 공간 구획, 그리고 그 공간에 대한 지리적 조사 결과, 그리고 그 조사를 통해 확정된 조세 양과 품목 및 수송 여부 등 조세와 관련된 포괄적인 기준을 제시하고 있음을 확인할 수 있다.

흥미로운 점은 이러한 내용 전체를 넓은 의미에서의 '임토작공'으로 해석할 수 있다는 사실이다.[30] 다시 말해 임토작공의 토土가 토산土産만을 의미하거나 공貢이 공물貢物만을 의미하는 것으로 간주되지 않을 수 있다는 것이다.[31] 실제로 조선 전기 실록의 자료들을 살펴보면 임토작공의 임任을 인因, 수隨, 의議, 분分, 상相, 시視, 별別로, 작作을 취取, 수收, 정定, 전奠으로 풀이하고, 토土를 방토소의方土所宜, 원이토물지의遠邇土物之宜, 토지지고척土地之膏塉, 기비고其卑高·조습燥濕·고유膏腴·척박지지瘠薄之地, 기지지비고其地之卑高·조습燥濕·고유膏腴·척박塉薄, 도토지지비척道土地之肥瘠, 세지풍흉歲之豐凶·재상지유무災傷之有無, 토지土地로 구체화시키며, 공貢을 구등수세지제九等收稅之制, 구등지조九等之租, 구등지전九等之田, 공부貢賦로 표현하고 있는 것이 확인된다.[32] 즉 임토작공을 통해 각 지역

---

30) 임토작공과 유사한 표현으로 채침의 주석에는 "因地制貢"이 등장한다. 『書集傳』, 「禹貢」, 7장에 대한 채침의 주석, "夫敎民樹藝, 與因地制貢, 固不可不先於辨土也."

31) 「우공」의 임토작공을 땅의 생산성에 맞추어 공부가 부과되는 것으로 해석한 연구는 다음을 참조. 유영옥, 「조선시대 『尙書』〈禹貢〉 이해의 정치경제적 시각」, 『동양한문학연구』 37(동양한문학회, 2013), 145~146쪽.

32) 『태종실록』, 태종 13년(1413) 11월 5일 1번째 기사, "蓋因方土所宜而取之, 惟我國朝, 隨土收貢, 其制尙矣.";『세종실록』, 세종 9년(1427) 3월 16일 1번째 기사, "我朝嘗置都監,……議遠邇土物之宜, 詳定不爲不悉.";『세종실록』, 세종 12년(1430) 8월 10일 5번째 기사, "在昔大禹因土地之膏塉, 制貢賦之差科,……乞依『禹貢』之制, 差遣使臣, 分其卑高·燥濕·膏腴·瘠薄之地, 定爲九等.";『세종실록』, 세종 12년(1430) 8월 10일 5번째 기사, "乞依『禹貢』之制, 分遣使臣各道, 相其地之卑高·燥濕·膏腴·塉薄, 定九等收稅之制, 以慰民望.";『세종실록』, 세종 18년(1436) 윤6월 20일 4번째 기사, "臣願以龍子之言爲戒, 以「禹貢九等之賦錯出之制爲師, 因諸道土地之肥瘠, 定爲九等之租, 又如周制司稼之官巡野之法, 令其道監司視歲之豐凶·災傷之有無, 參酌等第, 取旨定租, 以爲錯出之法,……";『세종실록』,

토지의 종합적 특징을 고려하여 조세를 제정했던 구체적인 기준과 내용을 살펴보고 있는 것이다.

요컨대 『서경』 「우공」편의 토지, 조세 관련 내용은 세금을 제정할 때 해당 지역의 지리적 특성을 고려하여야 한다는 원칙을 독해해 낼 수 있도록 한다. 한 나라를 운용하는 데 있어 조세제도의 중요성을 고려한다면, 이는 곧 경세적 문제의식 위에서 현실 제도의 근거 원리를 확인하고자 할 때 「우공」편에 주목하게 될 가능성을 짐작하게 한다.

실제로 조선 전기 조세제도를 확립하고 보완해 가는 논의 과정 속에서 『서경』 「우공」편은 공법의 근거로서 지속적으로 거론된다. 우선 「우공」편의 내용은 전품田品에 따라 부세에 차등을 두었던 모범적 선례로 이해된다.

> 신(전 판한성부사 허주, 1359~1440)이 일찍이 「우공」의 글을 보니, 궐전厥田의 품질이 같지 않기 때문에 궐부厥賦의 등급에 차이를 두었습니다. 우리 동방도 사방의 전토에 각기 비옥하고 척박한 차이가 있습니다. 비옥하고 척박한 가운데서 감해 주는 것이 하전下田과 사석전沙石田에서 3두 혹은 5두 정도라면 성인이 전한 뜻에 그다지 어긋나지 않을 것입니다.[33]

여기에서 경작지와 그에 대한 조세 관련 「우공」편 어휘인 궐전과 궐부를 사용하고 있음을 볼 수 있다. 즉 조선의 조세를 제정함에 있어 땅의 비옥도를 고려해야 한다는 진언을 하면서 경작지의 품질에 따라 해당 지역에 대한 조세 수취 양을 정했던 「우공」편의 내용을 거론하고 있는 것이다. 여기서 말하는 경작지의 품질, 즉 전품에는 땅의 비옥도는 물론 고도 및 해당 지역의 온도와

세종 22년(1440) 7월 13일 5번째 기사, "臣謹按「禹貢」, 分別土地, 爰爲九等之田, 歲入貢賦之常數."

[33] 『세종실록』, 세종 12년(1430) 8월 10일 5번째 기사.

습도가 포괄되기도 한다.[34] 또한 한 해의 풍흉豊凶과 재해의 유무, 즉 당해 생산량에 대한 고려를 「우공」편에서 확인하고, 이와 같이 전품에 따라 세액을 다르게 매기는 것을 「우공」편의 간착법間錯法으로 이해하여 이를 근거로 차등적 세액 부과를 주장하는 것으로 이어진다.[35]

한편 조선 전기 조세제도의 확립 및 보완의 논의 가운데에서 「우공」편은 공물과 공납을 부과하는 원칙을 제시하고 있는 자료로서도 언급된다. 「우공」편에 대한 「서경소서」의 '임토작공'이라는 요약어를 통해 지역 생산물로서의 토산을 공물로 제정했던 사례를 읽어 내는 것이다.[36] 구체적으로 「우공」편에 나오는 각 지역의 공물, 예를 들어 청주靑州의 염鹽과 치絺, 양주梁州와 형주荊州의 금삼품金三品, 서주徐州의 역양嶧陽의 고동孤桐과 사빈泗濱의 부경浮磬, 금석피혁金錫皮革이나 청모죽전菁茅竹箭이 직접 거론되기도 한다.[37] 또한 원元에 진헌進獻하는 공물 가운에 금과 은으로 만든 그릇의 경우 금은이 조선에서 나는 물건이 아니

---

34) 『세종실록』, 세종 12년(1430) 8월 10일 5번째 기사, "摠制河演以爲'在昔大禹因土地之膏堉, 制貢賦之差科, 六府孔修, 而庶事咸治.……乞依「禹貢」之制, 差遣使臣, 分其卑高・燥濕・膏腴・瘠薄之地, 定爲九等,……則貢賦得宜, 而一國之民, 均蒙聖恩, 庶合於大禹制貢之義.'"

35) 『세종실록』, 세종 18년(1436) 윤6월 20일 4번째 기사, "臣願以龍子之言爲戒, 以「禹貢」九等之賦錯出之制爲師, 因諸道土地之肥瘠, 定爲九等之租, 又如周制可稼之官巡野之法, 令其道監司視歲之豐凶・災傷之有無, 參酌等第, 取旨定租, 以爲錯出之法,……";『세종실록』, 세종 22년(1440) 7월 13일 5번째 기사, "臣謹按,「禹貢」分別土地, 奠爲九等之田, 歲入貢賦之常數. 然地力有上下, 年分有豐歉, 故又制爲間錯之法.……若旣分地品, 而又視歲之豐凶, 則歲入之常法・間出之錯法, 並行而無弊, 似爲良法."

36) 『성종실록』, 성종 18년(1487) 5월 19일 6번째 기사, "古者任土作貢, 各獻方土所宜之物."

37) 『세종실록』, 세종 28년(1446) 2월 3일 4번째 기사, "禹貢以靑州爲貢鹽.";『세종실록』, 세종 29년(1447) 9월 23일 1번째 기사, "惟鹽之爲利, 實三代聖人正大之用也. 靑州厥貢鹽・絺者,「禹貢」之辭也.";『문종실록』, 문종 즉위년(1450) 10월 10일 24번째 기사, "帝王理財之道, 非一途, 而魚鹽爲最. 自「禹貢」以來, 以至于今, 歷代皆用之.";『예종실록』, 예종 즉위년(1468) 11월 13일 2번째 기사, "臣謹按,「禹貢」惟金三品, 不獨産於梁州, 荊州亦貢焉. 嶧陽孤桐, 泗濱浮磬, 九州之中, 徐州獨貢, 以非他州所産也. 聖人任土作貢之意至矣.";『성종실록』, 성종 18년(1487) 5월 10일 3번째 기사, "一. 任土作貢, 已著「夏書」. 大而金錫皮革, 小而菁茅竹箭, 莫非土産, 未聞其弊."

기 때문에 토산土產의 물건으로 대체하고자 한 논의나,[38] 그러한 금은을 진헌하지 말고 토산인 포자布子로 대체하라는 명明의 제안 이면에 임토작공이 자리하고 있음을 짚어 내는 경우도 발견된다.[39] 각 지역에서 생산되고 있는 것을 토대로 공물을 정해야 한다는 임토작공의 원칙을 근거로 하여 조선의 토산土產과 불산不產의 경우에 적용하고 있는 것이다.

「우공」편에서 거리에 따라 부賦에 차등을 두었던 사례도 인용된다.

사간원 대사간 김수녕(1436~1473) 등이 상소하였다.…… 1. 옛 「우공」의 제도에 (왕성에서부터) 백 리까지는 벼의 뿌리까지 전부 바치고, (백 리부터) 2백 리까지는 벼의 반을 낫으로 베어 바치고, (2백 리부터) 3백 리까지는 그 반의 거죽을 벗겨 바치며, (이 세 지역은 모두) 수송하는 일을 겸하게 하였는데, 도로의 멀고 가까운 것으로 납부의 경중과 정추精麤로 삼았던 것이니, 그 법이 지극하다 하겠습니다. 지금 경기의 백성은 부역이 다른 도에 비하여 심한데, 요사이 국휼로 인해 경기 백성의 괴로움이 다른 도의 10배가 되니, 평안도의 예와 같이 해에 한하여 공貢의 반을 감해서 백성의 힘을 풀어 주시면 매우 다행이겠습니다.[40]

「우공」편 101장에서 왕기와의 거리를 고려하여 부세에 차등을 두었던 실례를 언급하며, 조선의 경기지역은 왕성으로부터 가깝기 때문에 역의 부담이 크며, 이를 고려하여 공부를 감해 줄 것을 제안하고 있는 것이다. 이처럼 지역별 특성이라고 할 수 있는 전품, 해당 지역의 생산 여부, 수도와의 거리 등을 고려하여 세금을 책정하려는 생각은 결국 지역의 지리적 특성과 함께 그곳의 토품과 토산이 기록된 지리서로서의 「우공」편을 이해하는 시야로 이어진다.

---

38) 『태종실록』, 태종 9년(1409) 1월 21일 1번째 기사 참조.
39) 『세종실록』, 세종 11년(1429) 8월 18일 1번째 기사 참조.
40) 『성종실록』, 성종 1년(1470) 2월 14일 4번째 기사.

세조가 정인지(1396~1478)에게 말했다. "예전에는 「우공禹貢」의 지리地理제도가 있었고, 또 『주관周官』의 관제官制에 관한 글이 있었다. 지리와 관제에 대해서 각 시대마다 편수하였는데, 우리 왕조에서도 옛일을 모방하여 조선의 도읍 지도, 팔도 각각의 지도, 주부와 군현 각각의 지도 및 백관의 관명, 맡은 업무, 관리의 수에 관한 것을 만들어서, 옛것을 살펴보며 상세히 논의하여 정하는 데 국가 만세의 보배로 삼아야겠소." 이어서 물었다. "누가 이 일을 맡을 만한가?" 정인지가 직접 양성지(1415~1482)를 천거하며, "그가 『고려사』「지리지」를 편수하였으니, 이 사람에게 하게 하면 됩니다"라고 하였다. 그래서 양성지가 관장하게 하였다.[41]

동아시아 지리서는 국가의 "강역에 대한 중앙의 장악을 상징할 뿐만 아니라 인구와 물산, 도로, 요충지 등 통치에 필요한 실제적 정보를 담은 문헌"으로서 "세계에 대한 객관적 기술"을 특징으로 한다고 평가된다.[42] 실제로 「우공」편은 동아시아 지리서의 효시로서 "인문의 공간이며 정치권력과 도덕 가치를 핵심으로 강화되고 있는 질서를 대표"하는 국가 영토에 대한 구체적 파악의 노력의 산물로 해석된다.[43] 그러한 구주九州의 지리에 관한 내용을 수록하고 있는 「우공」편은 조선에서 나라 곳곳의 지도를 편찬하는 과정에서도 언급된다. 위의 기사는 「팔도지리지八道地理志」에 관한 것으로 보인다. 이 「팔도지리지」는 1478년 성종 9년에 완성되고, 이후 1481년 『동국여지승람東國輿地勝覽』의 편찬으로 이어진다. 조세제도와 관련된 부분에 집중해서 보면, 실제로 조선에서 편찬된 지리지에는 각 지역의 토양과 토질, 토산은 물론 그로부터 정해진 공물 등이 포함되는데,[44] 그 한 예로 『세종실록』「지리지」에서는 「우공」편에서 지역의

---

41) 『단종실록』, 단종 1년(1453) 10월 17일 10번째 기사.
42) 임종태, 『17, 18세기 중국과 조선의 서구 지리학 이해』(창비, 2012), 124쪽 참조.
43) 탕샤오펑 지음, 김윤자 옮김, 『혼돈에서 질서로』(글항아리, 2015), 295쪽 참조.
44) 기존 연구 가운데 『世宗實錄』「地理志」(1454), 『東國輿地勝覽』(1481), 『輿地圖書』(1757~

토질과 부賦 그리고 공貢을 지칭하며 등장한 어휘인 궐토, 궐부, 궐공이 항목화되어 사용되기도 한다.[45]

이상과 같이 「우공」편과 임토작공은 주로 조선 전기 수립된 조세제도의 두 축인 공법과 공납의 근거를 찾는 경우에 참고된다. 물론 조세와 관련해서는 「우공」편뿐만이 아니라 『주례周禮』와 『맹자孟子』가 검토되기도 하며,[46] 당唐의 조용조租庸調 제도를 근간으로 하는 고려의 조세제도와의 연속성 차원에서 다뤄짐으로써 조선 전기 조세제도가 고려의 제도를 인혁손익因革損益하여 구성된 것으로 파악되기도 한다.[47] 이러한 맥락 위에서 「우공」편은 조선 전기 조세제도 수립 속 그 근거를 제공해 주는 하나의 핵심적 경전 자료로 제시된다.

그런데 조선 전기 경연의 『서경』 진강에서 「우공」편은 자주 읽히지 않는다. 그나마 일곱 차례의 「우공」편 진강 기록이 발견되는 선조시기(〈표5〉 참조) 유희춘(1513~1577)은 「우공」편을 진강하기 시작하는 첫 자리에서 다음과 같은 발언을 한다.

「우공」한 편을 진강하지만 강학講學과 치도治道에는 절실하지 않습니다. 다만 읽으면서 건너뛸 수는 없기 때문에 부득이 진강합니다.[48]

1765), 『大東地志』(1861~1866 사이)의 지역 생산물 항목에 대한 검토를 통해 각 지리지에 수록된 토산물을 비교 분석한 것은 다음을 참조. 이기봉, 「朝鮮時代 全國地理志의 生産物 項目에 대한 檢討」, 『문화역사지리』 15-3(한국문화역사지리학회, 2003).

45) 『세종실록』, 「지리지·충청도」, "厥賦: 稻米 【有粳米·白米·細粳米·常粳米·粘粳米·粘白米·糙米.】 ……厥貢: 虎皮·豹皮……"; 『세종실록』, 「지리지·충청도·충주목」, "厥土: 肥堉相半,……"

46) 조선 전기 공법과 공납제를 살펴보기에 앞서 貢에 관한 『주례』와 『맹자』 그리고 『서경』의 논의를 검토한 연구는 다음을 참조. 최윤오, 「世宗朝 貢法의 原理와 그 性格」, 『한국사연구』 106(한국사연구회, 1999), 6~11쪽; 윤석호, 「대동법에 동조했던 '貢'의 경세 담론들」, 『한국사상사학회』 70(한국사상사학회, 2022), 206~214쪽.

47) 김옥근, 『조선왕조재정사연구』(일조각, 1996), 2~3쪽 참조.

48) 『선조실록』, 선조 5년(1572) 12월 16일 1번째 기사.

군주 연번	일시	진강 장	출전
세종-1	1429.01.21.(세종 11년)	95	실록
선조-1	1572.12.16.(선조 5년)	·	실록, 경연일기
선조-2	1572.12.19.	13	실록, 경연일기
선조-3	1573.01.12.(선조 6년)	14~17	실록, 경연일기
선조-4	1573.01.21.	23	실록, 경연일기
선조-5	1573.02.04.	33	실록, 경연일기
선조-6	1573.02.05.	35	실록, 경연일기
선조-7	1573.02.25.	46	실록, 경연일기

*경연일기: 柳希春, 『眉巖集』, 「經筵日記」

이는 「우공」편을 읽을 차례여서 건너뛸 수 없기 때문에 읽는 것일 뿐, 경연 자리에서 읽을 만한 내용이라고 보지는 않는다고 해석할 수 있는 발언이다. 유희춘의 이 말을 이해하기 위해서는 조선에서 『서경』이 진강된 경연의 의미를 고려할 필요가 있다. 조선 전기 『서경』이 진강된 경연은 수기, 인정, 공치의 맥락에서 유가의 이상적 정치에 관한 생각을 공유하는 자리였다. 『서경』을 통해 성군과 현신의 자취와 면모를 확인하고 이를 통치의 전범이자 원칙으로 해석해 내고 있었던 것이다. 그런데 유희춘의 발언을 통해 이 시기 「우공」편은 아직 유가 이상정치와의 선명한 연관성 속에서 독해되고 있지는 않았음을 알 수 있다. 달리 말해 수기, 인정, 공치라는 유가 왕정의 체계와 관련하여 「우공」편이 갖는 의미와 위상은 불분명했다고 할 수 있다.

물론 앞서 살펴보았듯, 「우공」편은 경연이 아닌 상황에서 종종 인용되곤 한다. 그렇다면 조선 전기 「우공」편이 제도에 대한 검토와 제안 혹은 현안에 대한 의견 개진의 근거 제시 차원에서 활용되었을 가능성을 고려할 수 있다. 달리 말해 이는 고려 유제의 영향 위에서 수립되어 가고 있는 조선 전기 조세제

도를 조망하는 시야 위에서 조선의 조세제도와 「우공」편의 연관성을 다룰 수 있음을 의미하는 것이다.[49]

즉 조선 전기, 『서경』 「우공」편이 조세제도의 근거 원리를 제공하는 것으로 거론되기는 하지만, 경연에서 유가 왕정과 관련하여 혹은 조세제도의 전범으로서 명확하게 이해되고 공유되지는 않았다고 이해할 수 있다. 다른 한편으로는 관사觀事의 편으로 간주되는 「우공」[50]을 통해 경세적 문제를 다루고 있는 경전의 내용을 경연에서 어떻게 해석해 낼 것인지에 대한 고민을 앞두고 있었다고도 할 수 있다.

3. 조선 후기 경연에서의 『서경』 「우공」편

현신이자 성군으로서의 우禹에 대한 기록은 『서경』 「대우모大禹謨」와 「익직益稷」에 구체적으로 실려 있다. 「익직」에서 현신 우는 순임금을 도와 큰 홍수가 난 국토의 물길을 정비하고 식량 문제를 해결한 공을 세운 인물로 묘사된다.[51] 「대우모」에서는 검소하고 겸손한 태도로 늘 부지런하게 나랏일을 처리했기 때문에 왕위에까지 오르게 된 것으로 설명된다.[52] 조선의 경연에서도 우의 현신다움과 성군다움은 중요하게 다뤄진다.

---

49) 특히 공물제도의 연속성에 대한 언급은 다음의 연구 참조. 박종진, 「고려말 조선초 공물제의 개편과 그 성격」, 『한국학연구』 6(숙명여자대학교, 1996), 93쪽.

50) 유영옥, 「조선시대 『尙書』〈禹貢〉 이해의 정치경제적 시각」, 『동양한문학연구』 37(동양한문학회, 2013), 128~129쪽 참조. 이 연구에서는 공자가 「우공」편에서 일, 즉 통치의 실제 사업을 볼 수 있다고 한 말을 인용한 『尙書大傳』의 구절을 함께 소개하고 있다.

51) 『書經』, 「益稷」, 1장 참조.

52) 『書經』, 「大禹謨」, 14장 참조.

「우공」편은 이러한 우가 이룬 공적과 관련된 자세한 내용을 수록하고 있다. 치수와 공부 제정은 그 공적의 핵심이다. 다만 치수와 공부는 산천지리와 관련된 영역이다.[53] 실제로 「우공」편은 대부분 중국 구주의 산천지리에 대한 상세한 설명으로 이루어져 있다. 조선 전기 경연에서 「우공」편을 그다지 중시하지 않은 것은 아마도 이 때문일 것이다. 그런데 조선 후기, 특히 인조와 효종대 경연에서는 「우공」편 강독이 본격화되는 독특한 현상이 나타난다.

조선시대 전체에서 「우공」편 강독은 70회로 집계되는데, 그 가운데 56회가 인조·효종 대에 이루어진다.(〈표-3〉 참조) 또한 조선 후기 『서경』 「우공」편이 진강된 자료를 살펴보면, 「우공」편 강독은 인조 대 213회, 효종 대 236회의 『서경』 강독 가운데 각각 29회, 27회를 차지한다.(〈표-6〉, 〈표-7〉 참조) 그리고 경연에서 「우공」편 강독을 통해 어떠한 의미를 읽어 낼 수 있는지에 대한 견해가 제시된다.

〈표-6〉 인조 경연에서의 「우공」편 강독 목록

군주 연번	일시	진강 장	출전
인조-1	1629.04.26.(인조 7)	1~2	실록, 승정원, 경연기
인조-2	1629.04.28.	3~5	실록, 승정원
인조-3	1629.04.30.	6~8	실록, 승정원
인조-4	1629.윤04.01.	9~11	실록, 승정원, 연중계사
인조-5	1629.윤04.03.	12~13	실록, 승정원
인조-6	1629.윤04.05.	14~17	실록, 승정원
인조-7	1629.윤04.09.	18~20	실록, 경연일기, 경연기

---

53) 「우공」을 중심으로 『사기』나 『주례』의 九州와 五服, 九服 등에 관한 기술이 단순한 지리적 사실을 기록하고 있다기보다는 "대국의 형성 과정에서 제기되는 물리적 제약에 대한 의식적 대응의 산물"(61쪽)로서 구성된 것이라는 점에 초점을 맞추어 이해하는 시야는 다음을 참조. 김영진, 「고대 중국의 지리적 크기와 구조 관념에 대한 고찰」, 『국제정치논총』 51-2(한국국제정치학회, 2011).

군주 연번	일시	진강 장	출전
인조-8	1629. 윤04. 12.	21~27	실록, 승정원, 경연기
인조-9	1629. 윤04. 15.	28~32	실록, 승정원
인조-10	1629. 윤04. 17.	33~36	실록, 승정원, 경연일기
인조-11	1629. 윤04. 19.	37~41	실록, 승정원
인조-12	1629. 윤04. 21.	42~46	실록, 승정원
인조-13	1629. 윤04. 22.	47~50	실록, 승정원, 경연일기
인조-14	1629. 윤04. 26.	51~53	실록, 승정원
인조-15	1629. 05. 02.	·	실록, 승정원
인조-16	1629. 05. 06.	57~61	실록, 승정원
인조-17	1629. 05. 08.	62~66	실록, 승정원
인조-18	1629. 05. 14.	67~70	실록, 승정원
인조-19	1629. 05. 16.	71~75	승정원
인조-20	1629. 05. 26.	76~81	실록, 경연일기, 경연기
인조-21	1629. 05. 28.	82~83	실록, 승정원
인조-22	1629. 07. 07.	·	실록, 승정원
인조-23	1629. 07. 11.	86~87	실록, 승정원, 경연일기
인조-24	1629. 07. 14.	88~89	실록, 승정원, 경연기
인조-25	1629. 07. 16.	90	실록, 승정원, 경연기
인조-26	1629. 07. 23.	91~94(?)	실록, 승정원
인조-27	1629. 08. 07.	·	실록, 승정원
인조-28	1629. 08. 27.	·	실록, 승정원
인조-29	1629. 09. 06.	101~106	실록, 승정원

*경연기: 崔有海, 『嘿守堂遺稿』, 「經筵記」
연중계사: 李廷龜, 『月沙集』, 「筵中啓事」
경연일기: 鄭經世, 『愚伏別集』, 「經筵日記」

〈표-7〉 효종~순조 경연에서의 「우공」편 강독 목록

군주 연번	일시	진강 장	출전
효종-1	1650. 11. 05. (효종 1)	1~2	실록, 승정원
효종-2	1650. 11. 06.	3~5	실록, 승정원
효종-3	1650. 11. 09.	6~8	실록, 승정원

군주 연번	일시	진강 장	출전
효종-4	1650.11.10.	9~11	실록, 승정원
효종-5	1650.11.11.	12~14	실록, 승정원
효종-6	1650.11.12.	15~20	실록, 승정원
효종-7	1650.11.17.	21~27	실록, 승정원
효종-8	1650.11.18.	28~32	실록, 승정원
효종-9	1650.11.20.	33~36	실록, 승정원
효종-10	1650.11.21.	37~41	실록, 승정원
효종-11	1650.11.25.	42~45	실록, 승정원
효종-12	1650.11.26.	46~50	실록, 승정원
효종-13	1650.윤11.05.	51~53	실록, 승정원
효종-14	1650.윤11.06.	54~56	실록, 승정원
효종-15	1650.윤11.07.	57~61	실록, 승정원
효종-16	1650.윤11.08.	62~66	실록, 승정원
효종-17	1650.윤11.11.	67~70	실록, 승정원
효종-18	1651.01.08.(효종 2)	71~75	실록, 승정원
효종-19	1651.01.09.	76~83	실록, 승정원
효종-20	1651.01.10.	84	실록, 승정원
효종-21	1651.01.19.	85~87	실록, 승정원
효종-22	1651.01.20.	88~89	실록, 승정원
효종-23	1651.02.08.	·	실록, 승정원
효종-24	1651.02.10.	·	실록, 승정원
효종-25	1651.02.20.	94~100	실록, 승정원, 경연일기
효종-26	1651.02.21.	101~103	실록, 승정원
효종-27	1651.02.22.	104~106	실록, 승정원
숙종-1	1679.05.05.(숙종 5)	92~106	실록, 승정원
영조-1	1728.03.13.(영조 4)	1~36	승정원
영조-2	1728.07.20.	37~70	실록, 승정원
영조-3	1728.07.22.	71~90	실록, 승정원
영조-4	1754.05.23.(영조 30)	·	실록, 승정원
순조-1	1802.04.03.(순조 2)	·	경연강의

*경연일기: 李一相,『靑湖遺稿』,「經筵日記」
　경연강의: 吳淵常,『約園集』,「經筵講義」

정경세(1563~1633)가 말했다. "이 편(「우공」)은 다 이해하기 어렵습니다. 주상께서는 우의 부지런히 애쓰면서 치수한 뜻(勤勞治水之意)과 지역의 땅에 맞게 공貢을 정한 법(任土作貢之法)을 생각하시면 됩니다."

오전(1588~1634)이 말했다. "큰일이든 작은 일이든 흉중에서 환히 이해되도록 해야 하지만 지명과 같은 경우는 그 지역에서 성장한 사람도 상세히 알 수 없습니다. 게다나 한쪽에 치우쳐 있는 나라에서 어떻게 다 기억하겠습니까? 그리고 산천과 지역의 이름에만 힘쓴다면 넓어지기만 할 뿐, 성학聖學에는 아무런 보탬이 없을 것입니다."[54]

정경세는 「우공」편에서 우의 부지런히 애쓰면서 치수한 뜻(勤勞治水之意)과 지역의 땅에 맞게 공貢을 정한 법(任土作貢之法)에 주안점을 둔다면 「우공」편 강독이 유의미할 것이라고 말한다. 물론 이어지는 오전의 발언에서는 산천의 위치와 이름 같은 정보들에 대해 관심을 갖는 것에 대한 염려가 드러난다. 이를 통해 앞서 살펴본 선조 시기 경연에서 「우공」편이 '강학과 치도에는 절실하지 않다'고 평한 이유를 구체적으로 추론할 수 있다. 아마도 그것은 「우공」편이 타국의 먼 과거의 지리, 제도와 잡다한 물명을 번쇄하게 열거하고 있어 수기, 인정의 이념 및 방법과 직접적으로 맞닿아 있지 않다고 여겨졌기 때문일 것이다. 그러나 오전은 「우공」편 강독이 불필요하거나 무익하다고 간주하기보다는, 「우공」편에서 성학聖學과 관련된 지점에 주목할 것을 부연하고 있는 듯하다. 즉 조선 전기 「우공」편이 경연에서 진강되지 않고 또 강학과 치도에 도움이 되지 않는 내용으로 채워져 있다고 평가되던 것과 비교한다면, 정경세와 오전에게서 사실상 「우공」편에 대한 인식의 변화, 달리 말해 경연에서 다룰 만한 경전으로서 「우공」편을 바라보는 시야로의 전환이 발견되는 것이다. 이는 무엇 때문일까?

---

54) 『승정원일기』, 인조 7년(1629) 7월 11일 기사.

건국 200여 년이 지난 17세기 전후 조선은 국내외적으로 다양한 위기를 직면하고 있었다. 왜란과 호란으로 이어진 대외적 위기는 물론이고 그로 인한 민생의 피폐함과 조정의 재정 악화는 17세기를 이해하는 주요 키워드이다. 조세, 그 가운데서도 공납 관련 문제는 17세기 민생고의 대표적 원인으로 지목된다.

지역 토산물을 현물로 납부하는 것이 원칙인 조선 전기 공납제는 조세 자체에 대한 백성의 부담이 가중되어 가던 상황 속에서 몇 가지 현실적인 문제를 발생시킨다. 예를 들어 예전에 지역 생산물이어서 공물로 정해졌지만 이제는 더 이상 생산되지 않는 물품이 여전히 공물로 제정되어 있는 경우, 해당 지역 백성은 그것을 다른 곳에서 구입해 납부할 수밖에 없었는데, 이 과정에서 현물 가격의 상승이 유발되기도 하였다. 이는 결국 방납防納의 성행으로 이어져, 공납 자체의 부담이 증가하면서도 전결이 아닌 호ᄆ 단위로 부과되기 때문에 발생하는 문제들과 함께 공물 부담의 불균등 문제를 심화시켰다.55)

대동법은 이러한 공납의 문제를 해소하기 위해 시행되고 확대된다. 공물을 쌀로 납부하는 것을 핵심으로 하는 대동법은 사실 17세기 이전부터 일부 지역에서 이미 비공식적으로 행해지고 있었다. 16세기 초 조광조(1482~1520)로부터 이이(1536~1584), 류성룡(1542~1607) 등의 제안을 거쳐 17세기에 이르러 국가에서 공인하는 대동법의 시행으로 이어지게 된다고 할 수 있다.56)

이처럼 대동법의 시행과 확대라는 측면에서 인조, 효종 대 경연에서 「우공」

---

55) 이헌창, 「조선시대 공물제도와 경제정책이념」, 『한국유학사상대계』 Ⅶ(한국국학진흥원, 2007), 335~336쪽 참조.
56) 이정철, 『대동법, 조선 최고의 개혁』(㈜역사비평사, 2010), 46~60쪽 참조. 한편 柳馨遠(1622~1673)의 시선을 따라 16세기 공납제도의 폐해를 비판하며 대동법의 선하로 여겨지는 조광조, 이이, 조헌을 다룬 연구도 있다. 제임스 B. 팔레 지음, 김범 옮김, 『유교적 경세론과 조선의 제도들』 2(산처럼, 2008), 254~263쪽 참조.

편이 진강된 자료를 살펴보면, 우선 「우공」편은 공납의 문제를 점진적으로 개선하려는 입장의 근거로서 '임토작공'의 전거로 독해됨을 알 수 있다.

> 우의정 이정귀(1564~1635)가 말했다. "우리나라는 (땅의) 경계經界가 바르지 못하므로 반드시 먼저 양전量田을 해야 하는데, 양전은 쉽지 않으니 우선 공안貢案을 개정하여야 합니다. 그러나 조정에서 하는 모든 일이 급히 시행했다가 바로 폐지되니, 매우 한탄스럽습니다. 백성에게 실제의 혜택이 돌아가지 않고 있는 이유는 모두 공안이 분명하지 않기 때문입니다. 토산土産에 따라 각 고을에 분정하면 환무換貿하는 폐단도 없을 것이고 백성들도 분명 편리하게 여길 것입니다."[57]

1629년 대동법 관련 논의가 한창이던 때 「우공」편 9~11장을 진강한 경연에서 공안 개정의 필요성이 언급된다. 이정귀는 각 지역에서 생산 가능한 물품을 수록하고 있어야 하는 공안에 해당 지역에서 생산 불가능한 품목이 포함되어 있어 불필요한 거래가 발생하고, 이것이 백성들을 고통스럽게 만드는 주요 원인 가운데 하나라는 점을 지적한다. 이는 공납제 폐단의 원인으로 현실과 괴리된 공안을 들고, 그러한 문제를 공안 개정을 통해 해결하려는 입장이라고 할 수 있다. 즉 공납제의 현실적 문제를 고민하면서 「우공」편 강독을 통해 공납의 가장 기본적인 원칙, 즉 '그 지역의 생산물을 공물로 거두어들인다'는 것을 다시금 확인하고 있는 것이다.

그러나 대동법의 시행은 하나의 커다란 흐름이었다. 그렇다면 공납은 완전히 사라진 것일까? 대동법의 시행, 즉 공물의 현물납이 아닌 작미 대납이 제도적으로 허용되기 시작하였다고 해서, 공물 자체가 사라진 것으로 보기는 어렵다는

---

57) 『인조실록』, 인조 7년(1629) 윤4월 1일 2번째 기사.

분석이 있다.[58] 현물납 혹은 사주인을 통해 납부되던 공물을 국가가 공인을 통해 구비하는 방식으로 바뀐 것일 뿐이라는 점에 주목하는 것이다. 그런데 지역의 생산물로 공물을 거두어들이는 이유는 과연 무엇인가? 이러한 측면에서 공물과 관련하여 토산물 제정과 장려라는 근본적 의미로 해석할 수 있는 논의를 살펴보고자 한다.

최유해(1588~1641)가 말했다. "중국은 절용할 뿐만 아니라 역대 군주들이 농사를 마음에 두고, 황폐한 밭은 사람들이 힘써 갈게 하였고, 수리水利는 혹은 기계를 사용하거나 좋은 방법을 가르쳐 백성들이 준행하게 하였습니다. 조棗, 율栗, 리梨, 류柳, 상桑, 목木 등의 경우는 모두 조정에서 엄격히 관리하여 각 관에서 일시에 씨를 뿌렸더니 몇 년 후에 무성한 숲이 되었습니다. 지금 연제 사이에는 상桑, 조棗가 천 리 이어져 있는데 백성들이 그 이익을 얻습니다. 소신이 일찍이 안변부사였을 때 처음에는 안변에 리梨가 없었는데, 한 부사가 백성들에게 심는 법을 가르쳤더니 이제 토산이 되었습니다."[59]

1629년 윤4월 12일 조강에서는 청주靑州에 관한 「우공」편 21~27장을 읽는다. 조경(1586~1669)은 이 자리에서 어염魚鹽이 백성에게 가져다주는 이로움에

---

58) 이헌창은 대동법 시행에도 불구하고 넓은 의미, 즉 "신민이 토산물을 위에 바친다"는 차원에서의 공물제도는 갑오개혁까지 유지되었다는 기존 연구의 한 관점을 소개하며, 대동법으로 공납제가 해체되었다고 보는 통설에 대한 비판적 시야를 보여 준다. 이에 따라 본다면, 공물 제정의 의미와 필요성에 대한 검토 역시 지속되었을 가능성이 열린다. 이헌창, 「조선시대 공물제도와 경제정책이념」, 『한국유학사상대계』 Ⅶ(한국국학진흥원, 2007), 317~318쪽 참조. 이러한 측면에서 조선 전기 進上과 貢納으로 충당되던 종묘 薦新 제도의 물품이 대동법의 시행 이후에도 현물로 봉진되는 경우를 소개하는 한편, 대동법 시행으로 인해 가능해진 貿納, 代捧, 退捧 등이 제철에 맞는 천신물의 봉진을 용이하게 한 측면에 주목하여 이를 임토작공의 원칙이 고수된 사례로 해석한 연구는 다음을 참조. 신진혜, 「조선시대 宗廟의 薦新 進上과 儀節」, 『민족문화연구』 86(고려대 민족문화연구원, 2020), 45·54~55쪽.
59) 崔有海, 『嘿守堂遺稿』, 권4, 「經筵記」, 인조 7년(1629) 윤4월 12일.

대해 말하는데, 이는 아마도 바다를 접하고 있는 청주지역의 공물에 소금이 포함된다는 구절을 읽으며 이어진 발언인 듯하다. 함께 경연에 들었던 최유해는 농사에 관심을 갖고 새로운 작물을 개발하며 혁신적인 기법을 도입함으로써 백성의 삶을 윤택하게 하였던 역대 군주의 사례를 언급한다. 각 지역의 토산으로서 특산품을 개발하는 것의 이로움에 대해서도 말하고 있는데, 여기서 각 지역의 지리적 특성을 고려하는 것이 백성들에게 수목의 재배를 가르치는 것을 목표로 한다는 채침의 주석을 참고할 필요가 있다.[60] 달리 말해 공물의 제정 이면에는 해당 지역의 지리적 특성을 고려하여 특산품을 새로 만들어 내거나 기존의 것을 발굴하여 그것의 생산을 독려하고 지원함으로써 민생고를 해소하고자 하는 정책적 고민이 담겨야 하는 것이다.[61]

이를 명확히 이해하기 위해 『맹자』 「양혜왕장구상」 3장에서 뽕나무의 작물로서의 가치를 언급한 부분을 떠올려 보고자 한다.[62] 즉 칠십의 노인에게 따뜻한 옷을 제공할 수 있는 뽕나무를 담장 옆에 심어 기르는 것과 같이 경계 확정과 토산물 장려가 생산 활동 및 민생 보호 차원에서 유의미한 효과를 냄에 주목해 볼 수 있다.[63] 1629년 5월 6일 경연에서 「우공」편 강독 이후 다음과

---

60) 『書集傳』, 「禹貢」, 7장에 대한 채침의 주석, "夫敎民樹藝與因地制貢, 固不可不先於辨土也."
61) 기존 연구에서는 柳馨遠의 시선을 따라 상품작물 재배와 같은 농업 진흥책을 국가가 장려한 이면에 賦貢制 시행 목적이 있음을 짚어 내기도 한다. 안병직, 「磻溪隨錄의 方法과 體系」, 『한국실학연구』 43(한국실학학회, 2022), 37~40쪽 참조.
62) 『孟子』, 「梁惠王章句上」, 3장, "穀與漁鼈不可勝食, 材木不可勝用, 是使民養生喪死無憾也, 養生喪死無憾, 王道之始也. 五畝之宅, 樹之以桑, 五十者可以衣帛矣, 雞豚狗彘之畜, 無失其時, 七十者可以食肉矣, 百畝之田, 勿奪其時, 數口之家可以無飢矣."
63) 『孟子』, 「梁惠王章句上」, 3장에 대한 주희의 주석, "至此則經界正, 井地均, 無不受田之家矣.……此言盡法制品節之詳, 極財成輔相之道, 以左右民, 是王道之成也." 기존 연구에서는 맹자의 인정을 양민과 교민의 조화로 설명하면서, 이것이 모두 『서경』에 대한 맹자의 해석적 지평에 있는 것임을 밝히며 이를 "민생과 인륜"이라고 설명하기도 한다. 안외순, 「맹자의 『서경』 이해와 그 정치사상적 특징」, 『동양문화연구』 21(영산대학교 동양문화연구원, 2015), 106~108쪽 참조.

같은 논의가 이어진다.

> 지경연 이귀(1557~1633)가 말했다. "농업과 잠업은 나라의 큰 근본이므로 잠시
> 도 폐지해서는 안 됩니다. 우리나라에서 뽕밭은 율도粟島보다 잘 되는 곳이
> 없는데 지금은 전혀 뽕나무를 심지 않고 있습니다. 이는 사부士夫들이 값을
> 주었다고 하면서 그 토지를 점유하여 사전私田으로 만들고 있기 때문입니다.
> 바라건대 내년 봄부터는 뽕나무를 많이 심고 경작을 못하게 하십시오."[64]

실제로 조선에서도 뽕나무는 공물이자 주요 권장 산물이기도 했다. 이귀는
율도 지역이 뽕나무가 잘 자라는 지역이고 뽕나무의 효용이 크기도 하지만,
현재 해당 지역에서 뽕나무를 키우고 있지 않음을 지적한다. 「우공」편에도
공물의 하나로 뽕나무와 잠사의 사례가 나오는데, 이 역시 지역의 토산을 국가
가 개입하여 관리한다는 차원에서 독해될 수 있다. 임토작공의 원칙이 왕실
소요 재정을 충당하기 위한 공물 제정의 명분으로서만 작동하는 것이 아니라,[65]
백성들에게 거주 지역에서 생산 가능한 품목을 제안하고 지속적으로 생산할
수 있도록 장려함으로써 백성들의 산업 활동을 진작, 유지시키려는 보다 근본적
인 목적을 갖는다고 볼 수 있는 것이다.[66]

한편 토품에 따른 수취량 제정의 중요성과 그것을 위한 양전의 필요성

---

64) 『인조실록』, 인조 7년(1629) 5월 6일 2번째 기사.
65) 채침의 주석에서는 공물의 용처로서 제사와 빈객 접대를 언급하기도 한다. 『서집전』,
「우공」, 44장에 대한 채침의 주석, "張氏曰, 必錫命乃貢者, 供祭祀, 燕賓客則詔之, 口腹之
欲則難於出令也." 이와 관련하여 조선 공물제도의 효용을 '臣下供上의 禮'에서 찾은 연
구는 다음을 참조. 이헌창, 「조선시대 공물제도와 경제정책이념」, 『한국유학사상대계』
Ⅶ(한국국학진흥원, 2007), 331쪽.
66) 이와 관련하여 "조선 전기 국가의 양잠정책은 공물인 명주의 안정적인 수취를 목적
으로 시행된 측면이 있었"지만, "부업장려를 통해 소농경제를 안정시키려는 의도도
가지고 있었다고" 평가되기도 한다. 남미혜, 『조선시대 양잠업 연구』(지식산업사, 20
09), 21~22쪽.

또한 「우공」편 진강을 통해 논의된다. '땅에 맞게 세금을 내게 한다'는, 임토작
공의 또 다른 의미이자 「우공」편의 주요 내용을 이루는 조세의 원칙을 확인하는
것이다.

> 정경세가 말했다. "(「우공」편에 따르면 구주의) 전田에 아홉 등급이 있고 부賦
> 역시 아홉 등급이 있습니다. 우리나라의 경우에는 토품土品이 비옥하면 상上
> 이 되고, 척박하면 하下가 됩니다. 모든 부賦는 그 땅의 비옥함과 척박함을
> 보고서 그 소출의 많고 적음을 등급 매겨 항식恒式으로 삼습니다. 우리나라의
> 경우에는 호남이 상上이고 영남이 그 다음입니다. 만약 백성들이 조밀하게
> 살아 땅에 황폐한 전지가 없으면 비록 척박하더라도 부세를 많이 부과하는데,
> 안동과 상주가 그러합니다."[67]

정경세는 「우공」편 18~20장을 읽으면서 전田과 부賦에 등급을 매기는 사례
를 가져와 조선의 조세제도 역시 토품을 고려하여 제정되었음을 언급한다.
조선의 경우 호남의 토품이 상이고 영남이 그 다음인데, 영남의 안동과 상주의
경우 부賦가 많이 부과된다는 것이다. 여기에서 정경세는 부賦를 결정함에 있어
해당 지역 토지의 특성뿐만 아니라 인구 밀도와 땅의 활용도가 함께 고려됨을
말하고 있는데, 이로부터 조선의 조세제도가 지역의 특징을 종합적으로 고려하
는 「우공」편의 내용과 무관하지 않음을 알 수 있다.[68] 그런데 토품을 고려하여
조세를 제정한다는 것은 한 번 정해진 조세의 기준이 영구적으로 적용될 수는
없다는 것을 함축한다. 즉 시간이 경과하고 지역의 상황이 달라지는 것에 따라
조세는 조정되어야 하는 것이다. 이로부터 양전의 필요성이 제기된다.

---

67) 鄭經世, 『愚伏別集』, 권3, 「經筵日記」, 인조 7년(1629) 윤4월 9일.
68) 인구 밀도와 땅의 활용도 등의 요소에 대한 고려는 「우공」편 채침의 주석을 통해서도
　　확인된다. 각주 22), 23) 참조.

지경연 김상용(1561~1637)이 말했다. "「우공」편의 '모든 토지를 3등급으로 나누어 나라의 부세를 정한다(咸則三壤, 成賦中邦)를 보면, 나라를 다스리는 급선무를 알 수 있습니다. 요사이 양전量田 제도가 폐지되어 공부貢賦가 균등하지 않습니다. 성인이 천하를 다스리는 법은 반드시 경계經界를 바르게 하는 것을 우선으로 합니다. 그런 후 분전分田이나 제록制祿 등의 일은 자연히 정해집니다. 지금은 경계가 바르지 못하니, 양전법을 시행하지 않으면 안 됩니다."[69]

김상용은 「우공」편 98장의 내용을 통해 토지에 대한 등급화를 거론하면서 그에 따른 조세 수취가 국가 운용의 최우선 사항이라고 말한다. 토품에 따른 토지 등급화와 그를 고려한 세액 제정이라는 「우공」편의 내용에 주목하는 것이다. 이러한 논리는 양전의 중요성에 대한 강조로 이어진다. 지역의 현실적 여건을 포괄하는 지리 조사에 기반하여 양전을 하고, 그것을 통해 세금을 재조정하고자 하는 것은 결국 「우공」편의 문제의식과 일맥상통한다고 할 수 있다.

이처럼 조선 후기 「우공」편이 진강된 경연에서는 공납의 폐단은 물론 공납과 공물의 제정 의미와 효과, 나아가 토품을 포함한 지역 지리를 고려한 조세 제정의 중요성이 다뤄진다. 즉, 조세제도 전반에 대한 논의 및 재검토의 차원에서 「우공」편이 경연을 통해 독해되는 것이다. 그런데 여기에서 다뤄지는 내용들이 이전 시기 조선의 조세제도를 논의하며 검토되었던 내용과 어떻게 다른가? 그 변별점은 「우공」편 강독이 진행된 자리가 유가 경전을 통해 성군과 현신의 실제 행적을 확인하고 공유하는 '경연'이라는 사실 그 자체에 있다. 바꾸어 말하면 경연에서의 「우공」편 강독을 통해 유가 경전에 근거하여 조세제도의 원형과 본래적 의미를 재확인할 뿐만 아니라, 그것을 인정仁政이라는 유가 왕정의 기본 목표 위에서 재성찰하는 것이다. 영조 대 경연의 「우공」편 강독에

---

69) 『인조실록』, 인조 7년(1629) 8월 27일 1번째 기사.

서 이러한 면모는 더욱 뚜렷하게 나타난다.

『서경』 「무일無逸」편의 "먼저 농사일의 어려움을 알아 (부지런한 데서) 편안해한다면 백성들이 (농사일에) 의지한다는 것을 알 것입니다"[70]라는 구절에서 알 수 있듯이, 인정의 핵심은 민생에 대한 염려이다. 이는 주공周公이 왕위에 오른 조카 성왕에게 군주의 안일함에 대한 경계를 전하며 첫 번째로 진계한 것으로, 농사일이 백성들에게 얼마나 어렵고도 중요한 일인지 유념할 것을 말한 것이다.

민생 돌보기의 핵심으로 여겨지는 농사일의 어려움을 알아야 한다는 것은 조선시대 『서경』이 진강된 경연에서도 끊임없이 회자된 국정 운영의 첫 번째 고려 사항이다.[71] 그런데 조세와 관련하여 민생 차원에서 가장 결정적인 문제는 과도한 세금이다. 그래서 세금을 줄여 주는 것, 즉 박부薄賦가 인정의 차원에서 중요하게 고려된다. 「우공」편 18장은 세금을 줄여 주는 것에 관한 내용이라고 할 수 있는데,[72] 『승정원일기』 영조 4년(1728) 3월 13일 기사에서는 「우공」편 18장에 대한 강독과 그에 대한 풀이가 상세히 다뤄진다. 경연관은 이 구절을 읽으면서 재해의 피해를 고려하여 세금을 줄여 주었던 우의 의도에 주목하고 그로부터 인정仁政의 가능성을 읽어 낸다.

오광운(1689~1745)이 말했다. "17판板에 '연주兗州는 부賦가 바르다'라고 하였는

---

70) 『書經』, 「無逸」, 2장, "先知稼穡之艱難, 乃逸, 則知小人之依."
71) 『중종실록』, 중종 11년(1516) 2월 23일 3번째 기사, "此篇, 周公欲成王知稼穡艱難, 而陳戒之者也. 幸勿以其時訓戒於君者觀之, 而當於上身上體念, 可也."; 『명종실록』, 명종 1년(1546) 4월 7일 1번째 기사, "然『書』之「無逸」, 亦周公勸戒成王之辭, 天命精微, 國祚短長, 稼穡艱難, 閭里怨咨, 無不備載, 此尤切於初服."; 『선조실록』, 선조 6년(1573) 12월 6일 1번째 기사, "周公作「無逸」戒成王, 以知稼穡之艱難, 知小人之依, 爲第一義."
72) 『書經』, 「禹貢」, 18장, "厥田, 惟中, 下, 厥賦, 貞, 作十有三載, 乃同." 이에 대한 채침의 주석, "兗賦最薄, 言君天下者, 以薄賦爲正也."

데, 아홉 개의 주 가운데 연주가 가장 척박하였으므로 정규 조세로 바치는 것 또한 줄여 주었습니다. 천하를 다스리는 방법 가운데 세금을 적게 거두는 것보다 앞서는 것이 없으므로 '바르다(貞)'라는 말을 쓴 것입니다."

임금이 말했다. "'이에 같게 된다'라는 것은 무슨 뜻인가?"

오광운이 말했다. "13년을 다스려야 다른 주와 같게 된다는 것입니다."

조문명(1680~1732)이 말했다. "연주는 낮은 곳에 있어 재해에 의한 피해가 더욱 심하였으므로 형세를 헤아려 13년이 지나서야 (부세를) 같게 하는 것을 허락했습니다. 왕은 비록 1/10의 세금을 거두지만 세금을 줄이려는 뜻을 항상 그 마음에 두어야 인정仁政을 할 수 있습니다."[73]

세금을 줄여 주는 것에는 지역적 상황을 고려하는 것이 포함된다. 「우공」편에서는 연주가 척박하고 또 수해 피해가 큰 낮은 지대의 지역이기 때문에 세액 자체를 낮게 정했을 뿐만이 아니라 일정 기간 동안 해당 기준으로 세금을 납부하는 것까지도 유예시켜 준 일을 기술하고 있다. 각 지역 토지의 척박한 정도나 재해 발생 여부와 같은 개별적 상황을 참작하여 세금을 부과하는 것이다. 즉 민생의 어려움을 고민하는 우의 마음 씀은 「우공」편에 나타나는 개별 지역 상황에 대한 섬세한 파악과 그것을 통해 백성의 세금 부담을 줄여 주는 형태로 구체화되었다고 할 수 있다. 영조 시기 경연에서는 그것을 인정과 연관시키고 있는 것이다.

이 지점에서 논의의 초점을 '세금을 줄이는 것'에서 '백성이 사는 공간과 삶의 여건에 대한 면밀한 조사와 검토로 옮겨 보고자 한다. 이는 앞서 살펴본바 정경세가 「우공」편을 통해 성찰하기를 촉구한 '우의 부지런히 애쓰면서 치수한 뜻(勤勞治水之意)'을 이해하려는 것이기도 하다. 우의 치수는 홍수가 발생했기 때문에 행해진 것이다. 홍수 그리고 그로 인한 맹수의 출현은 백성들의 생존과

---

73) 『승정원일기』, 영조 4년(1728) 3월 13일 기사.

먹고사는 일에 심각한 문제를 발생시켰을 것이다. 따라서 우의 치수는 단순한 수로 정비가 아니라 백성들의 삶을 어렵게 만드는 문제들을 해결하기 위한 일이었다.[74] 다시 말해 우의 부지런함과 노력은 바로 민생 문제를 해결하기 위한 부지런함이요 노력이었다고 할 수 있다.[75]

오광운이 말했다. "홍수와 맹수의 해악을 하우씨가 없앴으나, 후세에 해악이 되는 단서는 하나가 아니며 홍수와 맹수보다도 심합니다. 후세의 임금이 만약 하우의 부지런히 힘썼던 마음을 자신의 마음으로 삼고 우보다 못하지 않은 길을 반드시 생각하여 첫째도 우를 모범으로 삼고 둘째도 우를 모범으로 삼는다면 그 공로를 어찌 헤아릴 수 있겠습니까? 선유가 「대우모」를 「우공」편 앞에 둔 것은 아마도 치수가 그 계책과 공덕에서 나왔기 때문일 것입니다. 우를 본받고자 한다면 마땅히 먼저 그 심법心法을 전해 받아야 해낼 수 있습니다."[76]

조문명이 말했다. "「우공」편은 문리가 난삽한 곳이 없으니 만고의 문법이 다 여기에 있습니다. 임금이 비록 반드시 문장에 유의할 필요는 없겠으나, 치수의 자취를 보건대 산은 산대로 물은 물대로 각각 제자리를 잡았습니다. 8년을 밖에서 지내는 동안 손발이 트고 굳은살이 박혔으니 부지런히 힘쓴 마음을 이를 보아 짐작할 수 있습니다. 후세의 임금이 언제나 이것을 생각하여 부지런하고 검소하게 지내고, 치수의 공적을 모든 명령과 정사에 옮긴다면 그 효과 역시 이와 같을 것입니다.…… 삼가 원하건대 이것을 거울로 삼아

---

74) 『書集傳』, 「禹貢」, 40장에 대한 채침의 주석, "禹之治水, 本爲民去害, 豈如陸羽輩辨味烹茶, 爲口腹計耶?"
75) 『孟子』에서 堯, 舜, 禹의 행위가 養民을 방해하는 요인들을 해결하는 데 있고, 이것을 정치의 궁극적 과제인 양민이라는 목적을 달성하려는 메시지를 담고 있는 것으로 해석하는 시야가 『서경』「순전」과 「우공」을 통해 확보된 것이라는 기존 연구는 다음을 참조. 안외순, 「맹자의 『서경』 이해와 그 정치사상적 특징」, 『동양문화연구』 21(영산대학교 동양문화연구원, 2015), 109쪽 참조.
76) 『승정원일기』, 영조 4년(1728) 3월 13일 기사.

본받으소서."[77]

오광운과 조문명이 언급한 '우의 마음'을 이해하기 위해서 채침의 『서경』 주석을 참고하고자 한다. 채침의 주석은 「대우모大禹謨」의 소위 16자 심법을 바탕으로 『서경』을 이제삼왕二帝三王의 도덕적 마음과 도덕적 지향 그리고 도덕적 정치가 연속적으로 전개된다는 정치적 이상이 담긴 문헌으로 구성해 낸다.[78] 이에 의거하여 「우공」편을 이해한다면, 하우夏禹의 근로지심勤勞之心은 바로 이 인정 지향의 문제의식 위에서 발현된 국정 운영의 태도이다.

따라서 부지런히 힘썼던 우의 마음의 연장선상에는 박부薄賦라는 조세 문제만 자리하지 않는다. 우의 치수의 결과로 이루어진 공간은 백성은 물론 조수초목까지 포괄하는 이 땅의 모든 존재들이 안정적으로 삶을 영위해 나갈 수 있는 곳으로 해석된다.

최혜길(1591~1662)이 말했다. "'기러기가 사는 곳이다'라는 것은 남방에 호수와 못이 많아 서식하기에 적당했기 때문에 기러기 떼가 모인다는 것입니다. 이때는 수재로 인한 근심이 이미 사라졌으므로 성인의 공덕이 조수鳥獸에까지 미친 것이니, 여기에서 공덕이 크다는 것을 알 수 있습니다."[79]

김동필(1678~1737)이 말했다. "'기러기가 사는 곳이다'라는 것은 문장은 간략하나 의미는 다 갖추어졌습니다. 위대한 우의 공로로 산천이 안정되자 인민은 머묾에 각각 편안했고 모래섬과 물가가 다스려졌으므로 날짐승까지도 보금

---

77) 『승정원일기』, 영조 4년(1728) 3월 13일 기사.
78) 채침, 「書集傳序」(『書集傳』), "二帝・三王之治本於道, 二帝・三王之道本於心, 得其心則道與治固可得而言矣." 소위 주자학이 16자 心法을 통해 『書經』을 해석해 냄으로써 傳道와 心法에 대한 중시가 가능했다는 평가는 다음을 참조. 劉起釪 지음・이은호 옮김, 『상서학사』(예문서원, 2016), 458~465쪽.
79) 『승정원일기』, 인조 7년(1629) 윤4월 19일 기사.

자리를 얻어서 제 습성을 이루었던 것입니다. 날짐승 같은 미물도 보금자리를 얻었으니 백성들이 거주가 안정되어 기뻐한 것은 언급하지 않았어도 자연히 있습니다. 이로써 보면 만물 역시 제자리를 얻어 제 본성을 이룰 것입니다."[80]

「우공」편 39장의 "기러기가 사는 곳이다"(陽鳥攸居)라는 구절은 치수의 결과 이룩된 양주의 모습을 함축적으로 기술한 것이다. 채침의 주석에서는 이를 들짐승과 날짐승이 "본성을 이루었다"(遂其性)라고 설명한다. 채침은 「우공」편의 또 다른 구절에 대해 "초목이 본성을 이루었다"라고 부연하기도 한다.[81] 동식물이 보금자리를 얻어 습성대로 살아갈 수 있는 공간이라면 당연히 백성들역시 편안히 거주하며 안정된 삶을 살아가고 있을 것이다. 조선의 경연에서 「우공」편 39장은 우의 부지런히 힘쓰는 마음에 의해 모든 존재가 편안히 거처하는 공간이 마련된 것으로 독해된다.[82] 기러기까지도 편안히 머물게 된 「우공」편의 이 공간은 인간의 노력으로 재구성된 안정적인 삶의 터전이다.[83]

이러한 공간의 성립과 유지는 그 공간의 풍요로움으로 확인된다. 1754년 35세의 나이로 경연에 참여한 채제공(1720~1799)은 「우공」편의 내용이 곧 "재성보상(財成輔相)"이라고 말한다.[84] 재성보상은 『주역』 태괘泰卦 「상전象傳」의 구절을

---

80) 『승정원일기』, 영조 4년(1728) 7월 20일 기사.
81) 『書集傳』, 「禹貢」, 17장에 대한 채침의 주석, "兗徐揚三州, 最居東南下流, 其地卑濕沮洳, 洪水爲患, 草木不得其生, 至是, 或繇或條或夭或喬而或漸苞. 故, 於三州, 特言之, 以見水土平, 草木亦得遂其性也."; 39장에 대한 채침의 주석, "言澤水旣豬, 洲渚旣平, 而禽鳥亦得其居止, 而遂其性也."
82) 「禹貢」에서 묘사되고 있는 九州가 다양성과 생명력을 갖춘 안정된 민생의 공간임을 언급한 연구는 다음을 참조. 이은호, 「禹貢」의 和而不同적 공동체 모델」, 『유교사상문화연구』 66(한국유교학회, 2016), 240~241쪽.
83) 한 연구에서는 「우공」의 산천, 물길, 토양, 산물 등이 자연 상태의 존재로서 기술되는 것이 아니라 교통, 공물, 田稅로 전환되어 서술되는 인문적 공간이라는 점에 주목한다. 탕샤오펑 지음 · 김윤자 옮김, 『혼돈에서 질서로』(글항아리, 2015), 455쪽 참조.
84) 『승정원일기』, 영조 30년(1754) 5월 23일 기사, "濟恭曰, '「禹貢」, 實是夏禹氏財成輔相之道也. 九年之水, 亦是千古之變, 而有夏禹氏之聖, 故能弭其災矣.'"

제6장 조선시대 경연에서 『서경』 「우공」편 강독의 의미_ 강경현   203

축약한 것인데,85) 정이程頤(1033~1107)의 해석에 따르면, 이는 군주가 백성들의 풍요로운 삶의 조건을 만들어 주고, 그러한 삶을 영위할 수 있도록 돕는 것을 뜻한다.86) 정이는 이러한 실례로 "봄기운이 만물을 피어나게 하면 씨앗 뿌리는 법을 만들고, 가을 기운이 만물을 영글게 하면 수확하는 법을 만드는 것"을 든다. 재성보상은 인정의 조건으로 먹을 것과 입을 것이 갖춰지고 효제의 가르침을 전파할 교육 기관의 설치를 말하는 『맹자』 구절에 대한 주희의 주석에 등장하기도 한다.87)

즉 경연에서의 『상서』 「우공」편 강독을 통해, 홍수로 상징되는 민생의 해악을 제거하여 안정적인 삶의 공간을 마련하고, 각 지역을 세심히 들여다보며 땅과 산물을 부지런히 파악함으로써 백성의 생업을 장려하고 지속시키고자 한 우의 행적이 모범화되는 것이다. 이에 따라 백성들의 삶의 터전으로서의 국가 공간을 파악하는 것은 군주의 의무가 된다.

정석삼(1690~1729)이 말했다. "홍수와 영토가 다스려진 뒤에는 만물이 각기 제자리를 얻으니 제왕의 덕이 곤충과 초목에 반드시 미치는 법입니다. 비록 사소한 일이라도 만물이 안정되고 태평한 뒤에야 제왕의 도를 다할 수 있습니다. 지금 우리나라의 영토 안은 산이 헐벗고 하천이 메말라서 곳곳의 수목이 그늘을 드리운 곳은 하나도 없고 사방 주위가 환하여 새와 짐승이나 물고기와 자라 등이 몸을 위장하여 형체를 숨길 만한 곳이 없으니 이는 잘 다스려지는

---

85) 『周易』, 泰, "象曰, '天地交泰, 后以, 財成天地之道, 輔相天地之宜, 以左右民.'"
86) 『易傳』, 泰, 「象傳」에 대한 정이의 주석, "人君當體天地通泰之象, 而以財成天地之道, 輔相天地之宜, 以左右生民也. 財成, 謂體天地交泰之道而財制, 成其施爲之方也. 輔相天地之宜, 天地通泰, 則萬物茂遂, 人君體之而爲法制, 使民用天時, 因地利, 輔助化育之功, 成其豊美之利也. 如春氣發生萬物則爲播植之法, 秋氣成實萬物則爲收斂之法, 乃輔相天地之宜, 以左右輔助於民也, 民之生必賴君上爲之法制, 以敎率輔翼, 乃得遂其生養, 是左右之也."
87) 『孟子』, 「梁惠王章句上」, 3장에 대한 주희의 주석, "至此則經界正, 井地均, 無不受田之家矣.……此言盡法制品節之詳, 極財成輔相之道, 以左右民, 是王道之成也."

시대의 모습이 아닙니다. 이 때문에 신이 작년에 『중용』을 진강하던 때에 '새와 짐승, 물고기와 자라가 모두 편안했다'라는 글의 뜻을 통해 수목을 심는 일과 관련하여 각별히 신칙하도록 진달해 윤허받았습니다. 그러나 아직 거행한 일이 없으니 다시 팔도에 공문을 보내 알린다면 좋을 것입니다."[88]

정석삼에 따르면 국가 안에 관리되지 못하는 공간이 있다는 것은 통치가 제대로 이루어지지 않고 있음을 의미한다. 바꾸어 말하면 백성과 조수초목이 편안하고 풍요롭게 살아갈 수 있는 터전으로서의 이 땅에 대한 관리가 군주의 책임 아래 놓여 있다는 것이다. 세금을 거두는 것은 이러한 의무와 책임을 다한 뒤에 하는 일이다.

> 육부六府[89]가 크게 닦아져 여러 땅이 잘 바르게 되자, 재부財賦를 신중히 하되 모두 상, 중, 하 세 토양을 분별하여 나라 안의 부賦로 삼았다.[90]

「우공」편에 의하면 세금을 걷는다는 행위는 민생 해결의 마음을 가진 위정자의 정책이 가닿는 공간에서 집행되는 것이다. 따라서 조세 제정의 선결 요건은 육부, 즉 일상을 영위하는 데 소요되는 물자의 풍요로운 생산이다. 요컨대세금 제정을 위해서는 풍요로운 물자 생산이 가능하게끔 하는 공간에 대한 정비가 가장 먼저 이루어져야 하고, 이어서 그 공간에 대한 지리 및 산물 조사가 이루어져야 한다. 이러한 조사를 통해 파악된 내용에 따라 지역의 생산 활동을 장려해야 한다. 이를 기반으로 토산과 토품 등을 고려한 최소한의 세금을 제정

---

88) 『승정원일기』, 영조 4년(1728) 7월 20일 기사.
89) 『書集傳』, 「大禹謨」, 8장에 대한 채침의 주석, "六府, 卽水火金木土穀也, 六者, 財用之所自出, 故曰府."
90) 『書經』, 「禹貢」, 98장, "六府孔修, 庶土交正, 底愼財賦, 咸則三壤, 成賦中邦."

해야 하는 것이다. 이렇게 되었을 때 조세는 단지 수탈이나 착취가 아니라, 공적 물자를 함께 부담함으로써 백성을 공동체 운영과 유지에 참여시키는 의미를 가질 수 있다. 조선의 경연에서 이는 군주의 덕에 의거하여 교화가 이루어진 것으로 이해된다.

> 정석삼이 말했다. "이 아래에 '나의 덕을 공경하여 솔선한다'라는 말이 있습니다. 「우공」 한 편이 비록 홍수와 영토를 다스리고 공부를 제정한 일을 기록하고 있지만 이제 나라 안의 부賦를 정하게 된 것은 덕화가 미치지 않은 곳이 없기 때문입니다. 그러므로 나의 덕을 공경하여 솔선하며 직접 교화를 행하는 것입니다. 성교聲敎가 사해四海에 다다랐다는 것이 이 편의 큰 의의이니, 반드시 공부貢賦를 제정한 방법에 대해 궁구하지 않더라도 먼저 그 덕을 공경하는 마음을 추구하면 위대한 우의 사업을 이룰 수 있습니다. 부디 전하께서는 항상 '나의 덕을 공경하여 솔선한다'(祗台德先)라는 네 글자를 유념하소서."[91]

「우공」편의 요체는 군주의 경덕敬德과 그에 기반한 덕화德化, 나아가 그러한 덕화를 통한 성교聲敎의 전파로 해석된다. 여기에서 경덕은 곧 인정을 지향하는 마음에 집중하고 그것을 실현하는 것이다. 공간의 개발과 파악, 생업 제안과 진작, 풍성한 국토와 풍요로운 민생에 최적화된 공간의 완성이 위정자의 인정 지향의 마음 위에서 전개된다는 것이다.

이처럼 조선의 군신이 「우공」편을 통해 성왕, 현신의 마음가짐과 그 공효를 아울러 확인한 것은 『서경』「우공」편을 수기와 인정을 아우르는 유가 왕정의 실제적 전범의 하나로 해석하는 시야가 마련되었음을 의미한다. 달리 말하면 이는 조선의 경연에서 「우공」편이 근로지심, 치수, 박부, 그리고 공간 구성의 선례를 제시하는 경세적 자료로 다루어졌음을 뜻한다. 이를 통해 조선의 경연

---

91) 『승정원일기』, 영조 4년(1728) 7월 20일 기사.

이 경전을 통해 경세의 실제적인 문제에 대한 모범과 통찰을 얻는 '경세학으로서의 경학'의 면모를 가지고 있었음을 알 수 있다. 영조 시기 경연관 서종옥의 말은 이를 잘 드러내 준다.

> 서종옥(1688~1745)이 말했다. "「우공」한 편을 두고 선유(陳大猷, 南宋)가 '씨줄과 날줄이 뒤섞여 모여 있고, 법도가 삼엄하다'(經緯錯綜, 法度森嚴)라고 하였습니다. 물과 땅을 다스리고 공물과 세금을 정하는 데 각각 조리와 순서가 있었고 처음부터 끝까지 오직 성교聲教를 근본으로 삼았습니다. 임금은 여기에서 무엇을 먼저 하고 무엇을 나중에 해야 하는지 알 수 있습니다."[92]

4. 나오는 말

1629년 『서경』이 진강된 경연의 논의를 기록하면서 사신은 경연의 본래 취지를 상기한다.

> 사신이 논한다. "국가의 경연經筵이라는 제도를 통해 주상과 신하는 성현의 경전에 정성스럽게 다가가 본받을 만하고 시행할 만한 것을 토론하고 강구하여 서로가 권면하고 경계해야 할 것이다. 그런데 요사이 경연에 참여하는 신하들은 차례가 되면 책을 들고 들어와서는 진강하는 것이 몇 줄의 글에 대한 독음과 번역에 불과하다. 하루에 세 번 만나더라도 실제 일에 어떤 도움이 있겠는가?"[93]

---

92) 『승정원일기』, 영조 4년(1728) 7월 22일 기사. 참고로 여기서 언급된 陳大猷의 발언은 『書傳大全』「우공」106장의 小註에 수록되어 있다.

93) 『인조실록』, 인조 7년(1629) 10월 19일 1번째 기사.

조선에서 경연제도를 제정하고 존치시키며 쉼 없이 운용했던 것은 현실 속 군주와 신하가 유가 왕정의 이념과 이상에 대한 추구를 서로에게 요구하며 또 스스로 다짐하면서, 그 내용을 유가 경전에 입각하여 확인하고 모색하며 공유하기 위해서였다. 그리고 그들은 그러한 유가 경전 속 유가 왕정의 이념과 이상이 당대의 현실에서 국가 운영의 주요 원칙으로서 작동할 수 있다고 판단했다. 과거 유가 왕정의 이상이 구현되었던 사례를 수록하고 있는 유가 경전은 경연을 통해 지금의 현실과 만나게 된다.

이 글은 『서경』 「우공」편이 진강된 조선의 경연을 통해 유가 경전이 경세적 지향 속에서 다뤄지는 한 지점에 주목하였다. 유가의 모범적 군신인 삼대의 성군과 현신에 관해 기록하고 있는 『서경』은 조선시대 경연의 주요 텍스트로서, 수기와 인정 그리고 군신공치라는 유가 왕정의 이념이 독해되었던 문헌이다. 공납의 폐단을 개선하고자 한 대동법의 시행과 확대가 논의되던 인조, 효종 대에는 『서경』이 경연에서 집중적으로 다뤄지며, 특히 「우공」편이 본격적으로 진강된다. 조세제도 개혁이 요구되던 시기 경연에서의 「우공」편 진강은 유가 왕정에서 조세가 갖는 의미를 재성찰하는 계기가 되었고, 이를 통해 유가 왕정의 구체적 모습이 그려진 편으로 「우공」은 독해된다.

조선의 경연에서는 「우공」편 강독을 통해 공납제의 현실적 문제를 고민하면서 공납의 가장 기본적인 원칙으로서 '그 지역의 생산물을 공물로 거두어들인다'는 것을 살펴보기도 한다. 또 지역의 지리적 특성에 맞는 특산품을 제안하고 발굴하여 그것의 생산을 장려하고 지원함으로써 민생고를 해소하고자 하는 정책적 고민으로 나아가기도 한다. 공물 제정이라는 것이 백성들의 산업 활동을 진작하고 유지시키려는 보다 근본적인 목적을 향하고 있음을 확인하고 있는 것이다. 한편 토품에 따른 수취량 제정의 중요성과 그것을 위한 양전의 필요성 또한 「우공」편 진강을 통해 논의된다. 경연에서의 「우공」편 강독을 통해 유가 경전에 근거하여 조세제도의 원형과 본래적 의미를 재확인할 뿐만 아니라, 그것을 인정(仁政)이라는 유가 왕정의 기본 목표 위에서 재성찰하는 것이다. 영조 대 경연의 「우공」편 강독에서 이러한 면모는 더욱 뚜렷하게 나타난다.

인정의 핵심은 민생에 대한 염려이다. 세금 줄여 주기는 민생 관련 결정적 문제였다. 조선의 경연에서 「우공」편의 세금 줄여 주기의 사례는 백성의 어려움을 고민하는 우의 마음 씀으로부터 시작된 것으로 해석된다. 그러한 차원에서 우의 부지런함과 노력은 민생 문제를 해결하기 위한 것이었다. 이 인정 지향의 문제의식 위에서 백성이 사는 공간과 삶의 여건에 대한 면밀한 조사와 검토가 진행됨으로써, 「우공」편이 그려 내고 있는 공간은 인간의 노력으로 재구성되어 모든 존재들이 안정적으로 삶을 영위해 나갈 수 있는 곳으로 조망된다. 세금을 걷는 행위는 바로 이러한 공간 조성의 의무와 책임이 완수된 후에 이루어지는 것이다. 유가 왕정에서 세금은 민생 해결의 마음을 가진 위정자의 정책이 가닿은 공간에서 집행되고, 백성은 이러한 과정을 통해 공동체 운영과 유지에 참여하게 된다.

조선의 경연에서 「우공」편이 위정자의 인정 지향의 마음 위에서 국가 공간의 개발과 파악, 생업 제안과 진작, 풍성한 국토와 풍요로운 민생에 최적화된 공간의 완성을 그려 내고 있음을 읽어 냄으로써, 「우공」편은 수기와 인정을 아우르는 유가 왕정의 실제적 전범의 하나로 해석되게 된다. 근로지심, 치수, 박부, 그리고 공간 구성의 선례를 제시하는 경세적 자료로서 「우공」편이 독해된 조선의 경연은 유가 경전을 통해 경세의 실제적인 문제에 대한 모범과 통찰을 얻는 경세학으로서의 경학의 면모를 보인다고 하겠다.

제7장 19세기 조선 유자의 직업론과 경학*
― 민인의 '직업인으로의 재편'에 대한 경학의 가능성과 한계를 시각으로

윤석호

1. 서론

매양 일에 있어 재물로 이루어지지 않음이 없으니, 돈이 있으면 시험에 응하는 것도 어렵지 않다.

서남해안의 어느 마을에 살던 A는 B로부터 빚을 받아 내기 위해 서울로 향했다. 별난 일도 많다는 풍문에 사방이 조심스러웠을 테지만, 다행히 그는 별 탈 없이 남태령에 이르렀다. 동작진을 눈앞에 두고 솟은, 서울로 향하는 마지막 고개이다.

그런데 숨을 고르며 남은 길을 재촉하던 차에, 누군가가 슬며시 그의 곁으로

* 이 논문은 2021년 대한민국 교육부와 한국연구재단의 지원을 받아 수행된 연구임 (NRF-2021S1A5C2A02089018)
본 논문은 성균관대 유교문화연구소 비판유학·현대경학 연구센터에서 개최한 학술회의 〈현대경학의 방법론적 모색〉(2022.5.27.)에서 발표하고 『공자학』 제48호(2022.10.30.)에 게재된 논문을 수정 보완한 것임.

다가온다. 서울에 사는 관료라며 자신을 소개한 C였다. 넉살이 좋은 그는 목적지가 같다며 스리슬쩍 동행을 자처했다. 그러고는 능숙한 말주변으로 A의 긴장을 풀어놓았다.

그러던 중 화제話題는 '관료시험'으로 흘러들었다. 하지만 A는 이내 한탄을 쏟아내었다. 합격은 고사하고 응시 자격을 갖추기도 버거운 현실을 새삼 자각했기 때문이리라. 그런데 C는 그런 A에게 희망을 주는, 하지만 다소 놀라운 말을 건네었다. 바로 위의 인용문이다.

정황에 추정을 더하긴 했지만, '재물이면 안 될 일이 없다'는 말과 '입시비리'를 추정케 하는 제안은, 사실 오늘날의 세태와 아주 흡사하다. 그러나 위 사건이 일어난 때는 지금으로부터 180년 전인 1842년이다. 실상 남태령 길목에서 촌인村人들을 노리던 협잡꾼에게, 전남 무안군務安郡 이로면二老面에서 올라오던 조귀철趙貴哲이 그만 걸려들었던 것이다.[1]

이 사건은 유학사의 오랜 경계警戒에도 불구하고 인욕人慾의 간계가 유학의 시대에 돌출하고 있었음을 여실히 보여 준다. 그러나 이러한 세태는 유학적 수양론에서 벗어났던 개인들의 일탈만으로는 온전히 설명되기 어렵다. 모범적 인간상, 그러한 인간의 창출, 그러하지 못한 이들을 포함한 제 민인의 편재 등이 유교국가의 통치 이념 위에 정초되었으니, 위의 사건은 유교국가가 마련 및 운영해 오던 민인의 사회적 편성 원리와 방식에 균열이 발생했음을 보여 주는 지점이기도 하기 때문이다.

이에 대한 비판적 견해들은 사실 조선 후기에 지속적으로 제시된 바 있다.[2]

---

1) 『(영인본) 捕盗廳謄錄』 上(보경문화사, 1985), 49면上, "矣身本名貴哲, 汝鎭卽字號, 居生于務安二老面升田里, 農業資生. 而京中大貞洞居吳姓兩班許, 有錢貫推尋事, 故己亥八月分, 上京之路, 到果川南太嶺, 逢着申宣傳稱號人, 同爲入城. 而自然酬酢之際, 語及科事, 則申宣傳言內, 每事無物不成, 有錢則非難應許云, 故矣身曰, 所入之物爲幾許乎云. 則申宣傳曰, 三百三十兩辦置, 然後無慮成事云.……"(굵은 글씨 및 밑줄은 필자가 표기)

예컨대 반계 유형원은 사민四民의 분별 기준인 직분과 귀천이 후천적으로 얻어지는 것임을 지적한 바 있다.3) 또한 정제두鄭齊斗(1649~1736)는 '소양반消兩班'이라 하며 양반의 세습을 반대했고, 이익李瀷(1681~1753)은 '결울決鬱'의 첫째 조목으로 인재를 천대하는 습속과 문벌·서얼·중인을 차별하는 풍습을 꼽기도 했다. 뿐만 아니라 '사민일치四民一致'를 말하며 사민 간의 차별이 없어지기를 바랐던 유수원柳壽垣(1694~1755)이나, 똥 지게꾼 엄행수로부터 직분의 보편적 가치를 찾으려 했던 박지원朴趾源(1737~1805) 등도 민인의 재편을 바라며 비판적인 목소리를 내었던 대표적인 인물들이다.

그러나 이들의 17~18세기에 비해 19세기는 그러한 내적 균열의 집적에다 서구 문명 및 열강과의 충돌이 더해진 그야말로 격변의 시기였다. 그리고 유자들에게는 전통의 학술을 시대적 요청 하에 재정립해야 할 과제가 주어졌다.

이들의 고심은 다양한 논점 하에서 이루어졌겠으나, 그 가운데 본고는 '직업職業'을 살펴보기로 하였다. '직업'이란 오늘날의 단어로, 생계를 위해 적성이나 능력에 따라 종사하는 일을 뜻한다. 이에 상응하는 표현을 19세기의 조선에서 찾자면 '신분身分', '직職·직분職分', '직역職役' 등이 있겠는데, 양자 사이에는 귀천·세습을 두고 큰 차이가 있다. 즉 인간의 기본권에 반하는 여하의 차별이 법제적으로 제거된(제거되고 있는) 오늘날의 직업과 달리, 19세기에는 생득적인 사회적 위치를 의미하는 '신분', 신분의 귀천 하에 구분된 일을 뜻하는 '직분', 조선의 역역 체제 하에서 파악된 직분을 뜻하는 '직역' 등이 오랜 유래 하에서 쓰이고 있었다.

---

2) 안병직, 「조선후기의 직업관」, 『경제논총』 37-2(서울대학교경제연구소, 1998); 조성을, 「실학의 사회·경제 사상」, 『대동문화연구』 37(대동문화연구원, 2000); 김인규, 「조선후기 신분제 개혁론의 새로운 지평─신분주의에서 직분주의로의 패러다임의 전환」, 『동양고전연구』 30(동양고전학회, 2008).

3) 『磻溪隨錄』, 권9, 「敎選之制上」, '學校事目'; 권10, 「敎選之制下」, '貢擧事目'.

그렇다면 이와 같은 질적 차이에도 불구하고 본고는 왜 '신분론'이나 '직역론'이 아닌 '직업론'을 제목에 걸었는가? 두 가지의 이유가 있는데, 첫째는 해명할 담론들이 오늘날의 직업론에 부합하지 않을지라도, 변화된 인식이 지니는 당대적·현대적 의미를 조망하려는 취지이다. 둘째는 직업에는 인간관과 노동관 등의 형이상학적 논점뿐만 아니라, 사회적 생산과 결부된 제도와 체제 등의 논점도 연계되어 있다. 즉 직업은 유래由來의 신분·직역에 대한 이 시기 유자들의 비판 담론을, 인간—사회—국가라는 다층적 대상에서, 또한 윤리·도덕—의례[4]—제도·체제 등의 확장된 논점 하에서 고찰할 수 있는 주제이다.[5]

그러나 본고의 내재된 주어는 무엇보다 '경학經學'이다. 조선 유자의 신분·직역론의 경우 그 선구적 성과에도 불구하고 경학적 저변[6], 제도와 체제에 대한 사유 등이 충실히 규명되지 못했다. 이에 본고는 황혼기에 접어든 경학의 시대에, 도리어 경학을 통해 새로운 지표를 모색했던 조선 유자의 학술적 면모와 스펙트럼을 이들의 직업 담론을 통해 확인할 것이다. 말하자면 A나 C와 같이 기왕의 사회적 편재로부터 부유 및 이탈하던 많은 19세기의 민인을 위해,

---

4) 신분·직역과 의례의 관계에 주목한 연구는 다음과 같다. 이봉규, 「규범의 근거로서 혈연적 연대와, 신분의 구분에 대한 古代儒家의 인식」, 『태동고전연구』 10(태동고전연구소, 1993); 박종천, 「다산 예학의 경세론적 성격」, 『한국실학연구』 24(한국실학회, 2012); 전성건, 「다산의 방례기획과 『사례가식』의 위상」, 『공자학』 30(공자학회, 2016); 백민정, 「『경세유표』와 정약용의 통치론: 신분질서와 예치 문제를 중심으로」, 『다산학』 31(다산학술문화재단, 2017).

5) '직업'은 능력주의와 넓은 접촉면을 지니기도 한다. 후술하겠지만 유교 경전에는 관료의 세습적 지위를 규정한 한편으로(世卿), '賢能' 즉 '덕성과 능력'에 따라 기용해야 한다는 경의도 피력하고 있다. 그리고 이는 고적제 및 천거제 등과 함께 유교 관료제가 지니는 현능정치의 주요한 이념적·제도적 부면을 이룬다.

6) 대표적으로 다음의 글을 들 수 있다. 김인규, 「조선후기 신분제 개혁론의 새로운 지평—신분주의에서 직분주의로의 패러다임의 전환」, 『동양고전연구』 30(동양고전학회, 2008); 안외순, 「1870-80년대 유길준의 '근대' 인식—유교 및 전통 관념과의 관계를 중심으로」, 『동양고전연구』 40(동양고전학회, 2010); 백민정, 「『경세유표』와 정약용의 통치론: 신분질서와 예치 문제를 중심으로」, 『다산학』 31(다산학술문화재단, 2017).

당시의 유자들은 경전을 통해 어떤 지향과 방안을 마련했던가인 것이다.[7] 이를 위해 2절에서는 신분과 직역에 대한 유학 경전의 원의[8]를 확인한다. 그리고 이와 같은 경학적 저변 하에서 한편으로는 융기하고, 또한 한편으로는 지속되었던 19세기 유자의 직업 담론의 양상을 3절과 4절에서 각각 살펴본다.

2. 신분·직분에 대한 유가 경전의 인식 지형

1) 덕성에 기초한 분등과 차등

뭇 인간들 사이의 차이에 대한 유교 경전의 인식은 '건곤乾坤'에 대한 『주역』 「계사상전繫辭上傳」의 설명에 압축되어 있다.[9] 이에 따르면 하늘과 땅은 각각 높고 낮게 위치하는바, '건乾'과 '곤坤'은 이에 의거해 각각 정해졌다. 또한 '낮고 높음'(卑高)이 만물에도 펼쳐지니, 이로써 '귀하고 천함'(貴賤)이 자리했다. 이처럼 높고 낮음은 자연 현상으로부터 인간의 귀천을 아우르는 보편적 원리가 되고 있는데, 이때 귀천의 기준으로서의 '덕성'은 '자기 수양'과 함께 유학이 지니는

---

7) 심사자 한 분의 논평에서와 같이 『순자』는 사민의 직역 편성과 운영에 있어 체제적인 규모와 능력 본위의 시각을 드러내고 있는 까닭에 분석 대상에 포함될 필요가 있었다. 다만 성리학에 토대를 둔 조선 유자의 학문으로부터 『순자』의 영향을 포착하기란 매우 제한적인바, 이는 필자의 역량과 본고의 제한된 지면을 넘어서는 일이었다. 이 외에도 세 분의 심사자께서는 본고의 오류와 미비점을 세밀히 짚어 주셨다. 지면을 빌려 감사드리며, 미처 반영하지 못한 부분은 차후의 연구로 보완하고자 한다.
8) 이에 대한 연구로는 다음을 참고할 수 있다. 류인희, 「원시유가의 노동사상」, 『공자사상과 현대』(思社硏, 1985); 이철승, 「선진 유가 사상에 나타난 경제와 윤리의 관계 문제」, 『사회사상과 문화』 9(동양사회사상학회, 2004); 홍원식, 「한국유학 노동관의 탈현대적 함의」, 『한국학논집』 38(2009); 이영찬, 「공자의 경제사상과 노동관」, 『한국학논집』 38(계명대학교 한국학연구원, 2009); 김경일, 『노동』(소화, 2014).
9) 『周易』, 「繫辭上傳」, "天尊地卑, 乾坤定矣. 卑高以陳, 貴賤位矣. 動靜有常, 剛柔斷矣."

고유한 특징이기도 하다.

덕성에 대한 강조의 연원은 오래되었다.[10] 서주의 사상가들은 상商이 멸망했던, 또한 주周가 천명을 받아 건국될 수 있었던 이유를 '경덕敬德'에서 찾았다. 이때의 '경덕'은 하늘의 뜻을 거스르지 않도록 하는[11], 그래서 정치 행위를 반성하고 바로잡아서 백성들이 살길을 모색한다는 의미를 지녔으며, '군자君子'는 그러한 역할을 담당했던 치자 집단을 지칭했다.[12] 요컨대 천명의 향방이 덕을 공경하고 밝힘(敬德)에 있다고 본 것으로, 이는 중국철학사에서 최초로 '덕德'이라는 관념을 매개로 천天과 인人을 연결했다는 의미가 있다.[13]

덕성을 통치로부터 인간 개개의 차원으로 옮긴 이는 공자였다. 특히 그는 치자와 생산자(농민)를 뜻하던 군자와 소인에게 덕성의 차이라는 구분 기준을 주입했다. 이는 지知와 학學에 대한 그의 인식에서 드러난다. 공자는 제자 번지와의 대화에서 지를 1) 사람을 알아보는 것(知人), 그리고 2) 민인을 올바르게 하는 데 힘쓰는 것(務民之義)이라고 설명했다. 개별 인간의 도덕적 됨됨이를 준별하는 것에서부터, 뭇 민인들의 덕성을 함양하여 올바르게 행동하도록 힘쓰는 것에 이르는, 요컨대 인간 덕성의 보편적 실현을 위한 지식의 총체로서 지를 이해한 것이다.

공자는 지가 학습을 통해 얻어진다고 했는데, '배우고 때때로 익히면 즐겁지 아니한가?'라는 유명한 언설이 대표적이다. 하지만 그는 인간의 덕성에 실재하는 편차를 인정하며 이를 자질과 학습의 차이로 설명했고,[14] '군자불기君子不

---

10) 이상에 대해서는 다음을 참고하였다. 한정길, 「원시유가의 도덕적 인간관」, 『양명학』 10(한국양명학회, 2003).

11) 『書經』, 「周書」, "民之所欲, 天必從之."

12) 『周易』, 「大象傳」, "上天下澤, 履, 君子以辨上下, 定民志."

13) 한정길, 「원시유가의 도덕적 인간관」, 『양명학』 10(한국양명학회, 2003), 245~246쪽.

14) 『論語』, 「季氏」, "生而知之者上也, 學而知之者次也, 困而學之又其次, 困而不學民斯爲下矣."

器'15)라고 하며 덕성의 학습과 그 사회적 기능을 군자와 소인이라는 차별적 질서 속에서 구분했다. 또한 한편으로는 "가르침에는 부류가 없다"16)며 차별 없는 교육을 말하면서도, 한편으로는 "백성들로 하여금 그것을 따르게 할 수는 있어도 그것을 알게 할 수는 없다"17)라거나 "상지上知와 하우下愚는 바뀌지 않는다"18)라며 자질과 능력의 선천적인 편차를 인정했다.

덕성에 기초한 이와 같은 차등적 질서는 정명론을 통해 지지되었다. 공자는 "명名이 바르게 되면 언言이 순順해지고 언이 순해지면 사事가 이루어진다"19)고 했다. 명이 신분의 차이에 따라 확립된 명칭이나 직분이며, 사람의 언행이 각각에게 주어진 명에 맞아야 한다는 것이다.20) 이는 주나라의 질서가 붕괴되어 이익 추구와 하극상의 풍조가 비등했던 당시 현실을 고려한다면, 덕성을 구심점으로 하여 민인을 지배 질서 속에 조화롭게 배치한다는 의미도 지닌다. 뭇별들이 북극성을 가운데 두고 에워싸며 도는 것과 같다던 그의 비유와21) 마찬가지로, '덕치德治'란 덕성의 보편적 발현을 통해 차별과 조화를 양립케 하는 지배 행위인 것이다.

덕성에 기초한 민인의 편성을 지배와 생산의 상호 관계 속에서 설명한 인물은 맹자이다. 일례로 농가의 학자인 허행許行은 유가의 인정仁政에서 나타나는 지배자의 비생산적 노동에 대해 문제를 제기했던 바가 있다. 이를 전해들은 맹자는 세상의 일을 '대인'이 할 것과 '소인'이 할 것으로, 또한 사람의

---

15) 『論語』, 「爲政」, "孔子曰, 君子不器." 한편 그는 농사기술을 가르쳐 달라고 하는 제자 번지에게 소인이라 평가하였다.
16) 『論語』, 「衛靈公」, "有敎無類."
17) 『論語』, 「太伯」, "民可使由之, 不可使知之."
18) 『論語』, 「陽貨」, "唯上知, 與下愚, 不移."
19) 『論語』, 「子路」, "孔子曰, 名不正, 則言不順; 言不順, 卽事不成."
20) 『論語』, 「顏淵」, "齊景公問政於孔子, 孔子對曰, 君君, 臣臣, 父父, 子子."
21) 『論語』, 「爲政」, "子曰, 爲政以德, 譬如北辰, 居其所而衆星共之."

노동을 '노심勞心'과 '노력勞力'으로 구분했다. 이에 각각에 종사하는 사람을 지배와 피지배의 관계로 포섭시켰고, 이러한 구도를 천하에 두루 통하는 의리(天下之通義)로 평가했다.[22] 덕성에 기준한 귀천 분별, 이에 기초한 지배(통치) - 피지배(생산) 관계를 보편적인 통치의 원리로 자리매김한 것이다.

2) 세습과 존현의 길항

유가는 자질과 덕성의 선천적 우열을 인정했으나, 한편 후천적 습득이 가능하며 또한 그러해야 한다고 보았다. 그 방안은 개인 차원의 고양도 있겠으나, 풀을 나부끼게 하는 바람처럼[23] 민인에게 덕을 베풀 인물을 얻는 것과도 관계된다. 예컨대 『서경』에서는 "정치가 잘되고 못됨은 오직 관리들에게 달려 있으므로, 관직은 사사로이 친한 자에게 줄 수 없고 오직 능력 있는 자에게 주어야 하며, 악한 자에게 줄 것이 아니라 어진 자에게 주어야 한다"[24]고 했다. 또한 『예기』「왕제」에서도 "제후의 세자는 나라를 세습하나 대부는 작위를 세습하지 않으며, 관직 등용할 때는 덕으로써 하고 작위를 줄 때에는 공으로써 한다"[25]라고 했다. '존현사능尊賢使能'이 유교 국가의 용인用人에 있어 중요한 원칙임을 보여 주는 대목이다.

그러나 '존현尊賢'이 용인의 유일한 원칙이자 방식은 아니었는데, 지배집단의 세습적 지위를 인정하는 제도와 언설들이 경전에 전하기 때문이다. 예컨대

---

22) 『孟子』, 「滕文公上」, "然則治天下獨可耕且爲與? 有大人之事, 有小人之事. …… 勞心者治人, 勞力者治於人, 治於人者食人, 治人者食於人, 天下之通義也."
23) 『論語』, 「顏淵」, "孔子對曰, 子爲政, 焉用殺? 子欲善而民善矣. 君子之德, 風, 小人之德, 草. 草, 上之風, 必偃."
24) 『書經』, 「商書」, 〈說命中〉.
25) 『禮記』, 「王制」, "諸侯世子世國, 大夫不世爵, 使以德, 爵以功, 未賜爵, 視天子之元士, 以君其國. 諸侯之大夫, 不世爵祿."

'세록世祿'은 관직자에게 주어진 세습적인 경제적 급부이며, '세경世卿'은 주로 고위 관직자 혹은 관작자에게 주어진 세습적인 정치적 지위로 이해된다.

용인에 있어 이와 같은 세습과 존현의 두 경로는 양자 가운데 무엇을 주된 경의로 볼 것인가에 대한 후대 유자들의 논란을 불러왔다. 특히 세경을 두고 『공양전』과 『좌전』은 상이한 해석을 내놓았다. 예컨대 『춘추』 은공 3년 4월 신묘일의 기사에는 "윤尹(혹은 君)씨氏가 타계했다"는 내용이 전한다.[26] 이에 대해 고문경인 『좌전』에서는 경문의 글자를 '군君'으로, '군씨君氏'를 은공의 생모라고 보았다. 또한 그녀가 혜공의 정부인이 아니었기 때문에 부인이라고 호칭하지 않았으며, '군씨君氏'라는 호칭은 은공을 고려한 나름의 예우였다고 풀이했다.

한편 금문경인 『공양전』은 상이한 해석을 내놓았다. 먼저 경문의 글자를 '윤尹'으로 해독하고, 이것이 주나라 천자의 대부인 인물을 지칭한다고 보았다. 그리고 그를 '윤씨尹氏'라고 표기한 것에 대해서는 세경世卿을 비난한 것이라고 평했다. 『춘추』에는 주나라 왕과 노나라 군주를 제외한 열국의 제후와 경대부들의 경우 그들이 죽으면 이름을 기재되었는데 윤씨는 주나라의 대부임에도 세경으로 권세를 얻었으니, 『춘추』가 윤씨의 세경과 참월함을 비난하기 위해 격에 맞지 않는 '윤씨尹氏'라는 호칭을 붙였다는 것이다.

『춘추』의 경문을 둘러싸고 『공양전』과 『좌전』이 내놓은 상이한 해석은 후대 유자들이 세경을 고법古法으로 볼 것인가에 대해 각각이 활용하는 전거가 되었다. 일례로 삼례서三禮書를 최초로 통섭했다고 평가되는 한나라의 유자 정현鄭玄(127~200)의 경우, "『상서』는 '대대로 너희들의 수고를 가려내니'[27]라고 했고, 『시경』은 유왕이 공신의 세를 끊은 것을 풍자했던[28] 즉, 망한 나라를

---

26) 『春秋』, 隱公 3년 夏四月辛卯, "君氏卒."
27) 『尚書』, 「盤庚上」.
28) 『詩經』, 「小雅」, 〈甫田之什〉, '裳裳者華'.

일으키고 끊어진 대를 이어 주는 것은 왕이 된 자의 항법이니, 세경을 기롱했다는 글은 그 뜻이 어디에 있단 말인가?"29)라고 했다. 세경을 인정했을 뿐만 아니라, 세경을 부정했던 고문경의 해석을 비판한 것이다. 이로써 본다면 용인에 대한 그의 입론은 자질이나 덕성에 따른 인재의 등용보다는 가문의 공적에 따른 관직·관작의 세습에 무게를 두었던 것으로 이해될 수 있겠다.30)

정현과 달리 성호星湖 이익李瀷(1681~1763)은 세경에 비판적이었다. 그는 "『춘추』 은공·환공의 시대에 윤씨尹氏만 이름을 쓰지 않았던 것은 아니니, 무씨武氏의 아들과 잉숙仍叔의 아들도 어찌 이름이 없어서 쓰지 않았겠는가? 그 후세를 경계한 것이 지극하도다"31)라고 하여, 세경을 비난했던 『공양전公羊傳』의 독법을 채택했다. 아울러 그는 "세경의 금지는 지금이라도 단정해야 한다. 이것은 만족할 줄 모르는 나쁜 마음을 저지할 뿐만 아니라, 재능 있는 자들이 자기 실력을 펼 수 있게 되어 백성들이 혜택을 입을 것이다"32)라며, 현실 관료제의 세습적 폐단을 타파하고 능력 본위로 전환할 것을 촉구했다.

이상에서와 같이 유가의 경전에서는 세습과 존현이라는 용인의 두 양상이 그 모호한 제도적 실체에 편승하며 상호 길항 관계를 이루고 있다. 이는 인간의 덕성에 대한 선천적 우열과 후천적 함양이라는 상이한 두 시선과도 무관하지 않다. 그리고 정현과 이익의 비교 사례에서와 같이 후대의 유자에게는 양자

---

29) 『駁五經異義』,「世卿」, "駁曰, 尚書世選爾勞, 詩刺幽王絕功臣之世. 然則興滅繼絕, 王者之常, 譏世卿之文, 其義何在."

30) 그렇다고 정현이 選擧를 부정했던 것은 아니다. 예컨대 『주례』〈수대부〉의 '興甿'에 대해 그는 "'興甿'은 농민 중의 어진 자와 유능한 자를 천거해서 6향에서 시행하는 법과 같게 하는 것이다. 興이란 천거하는 것이다"라고 하였다. 세경을 인정했지만, 선거 또한 시행되었다고 본 것이다.

31) 『星湖僿說』, 권7,「人事門」,〈世卿〉, "春秋, 隱桓之世, 不但尹氏不名, 武氏子仍叔之子渠, 豈無名而亦不書, 其垂戒至矣."

32) 『星湖僿說』, 권7,「人事門」,〈世卿〉, "卿之禁, 今亦可斷. 此不但抑遏不厭之心, 才能稍可以展布, 而生民被惠矣."

가운데 무엇이 주된 경의인지, 또한 그 정도가 어떠한지 등에 대한 선택적 해석의 과정이 남겨져 있었다.

3) 사회적 분업과 그 체제

본고의 논점이 '직업'에 있는바, 이는 경전이 민인의 직분을 국가 체제 하에서 구성했던 방식과도 연관된다. 이를 분업과 수취의 측면에서 각각 확인해 보자.

먼저 분업의 경우, 공자는 이를 덕성에 기초하여 해명했다. 예컨대 "군자가 도를 배우면 타인을 인仁하며, 소인이 도를 배우면 (타인에게) 부려지기 쉬워진 다"[33]라거나, 농사를 배우고자 청한 제자 번지를 꾸짖었던 일화[34] 등이 그러하다.

맹자는 공자의 도덕적 사회 분업론을 생산론의 차원으로 확대했다. 그는 노심자-지배자와 노력자-피지배자라는 구분에다 생산의 부면을 결합하여, 민인을 사-농-공-상의 사민四民으로 구분했다. 특히 사회적 분업의 함의를 '통공역사通功易事'로 설명했는데, 사민에게는 각자가 맡은 직분이 있으며, 이를 준수한 바탕 하에서 그 결과물을 나누어야 한다는 것이다.

직분을 보다 다채롭게 분류한 경전은 『주례周禮』인데, 이를 규정한 경문에는 2가지가 있다. 하나는 「천관天官」(태재太宰)로, 만백성에게 9직을 책임지웠다면서 이를 ① 3농農(9穀), ② 원포園圃, ③ 우형虞衡, ④ 수목藪牧, ⑤ 백공百工, ⑥ 상고商賈, ⑦ 빈부嬪婦, ⑧ 신첩臣妾, ⑨ 한민閑民으로 구분했다. 사士를 제외한 농공상農工商을 9개의 직으로 세분화했다는 점과, 직마다 생산하는 물품을 명기했다는 점, 여성 및 한민閑民도 직의 하나로 규정했다는 점 등이 특징적이다.[35]

---

33) 『論語』, 「陽貨」, "君子學道, 則愛人, 小人學道, 則易使也."
34) 『論語』, 「子路」.

다른 하나는 「지관地官」〈여사閻師〉로, 역시 모든 백성에게 직을 맡겼다고 하면서 이를 ① 농農, ② 포圃, ③ 공工, ④ 상商, ⑤ 목牧, ⑥ 빈嬪, ⑦ 형衡, ⑧ 우虞의 8직으로 분류했다. 사士를 제외하여 생산직만 고려했다는 점, 여성을 직의 일종으로 규정했다는 점은 〈태재〉와 마찬가지이다. 다만 직마다 부세로 납부할 물종까지 명시했다는 점, 그리고 한민이 빠진 대신 무직자에 대한 납세 규정을 포함하고 있다는 점 등은 특이하다.[36]

그렇다면 유교 경전은 이들 직분과 사회 생산력을 국가 체제 상에서 어떠한 비중으로 또한 부면에까지 고려하여 설명하고 있을까? 본고에서는 경전에서 구체적으로 전하는 바인 수취제도에 한정하여 이를 살펴보도록 한다.

우선 『맹자』이다.[37] 맹자는 항산이 있는 자는 항심이 있고, 항산이 없는 자는 항심이 없음을 전제했다. 또한 만약 항심이 없다면 방벽放辟과 사치를 피할 수 없으며, 이들이 죄에 빠진 연후에 형벌을 가하는 것은 백성들을 그물질 하는 것과 같으니, 이는 어진 사람이 치자의 자리에 있으면서 해서는 안 되는 일이라고 했다. 항산은 항심의 물적 토대이며, 따라서 항산의 마련이 인정仁政의 관건임을 지적한 것이다.

그렇다면 뭇 백성들의 항산은 어떻게 마련될 수 있는가? 이에 대해 맹자는 '경계經界'를 인정의 제도적 요체로 설명하되, 이를 농민의 항산에만 전속시키지 않았다. 경계가 바르게 되면 농지를 나누는 일(分田)뿐만 아니라 녹을 제정하는 일(制祿)도 앉아서 이루어진다는 것이다.

---

35) 『周禮』,「天官」,〈大宰〉, "以九職任萬民. 一曰三農, 生九穀. 二曰園圃, 毓草木. 三曰虞衡, 作山澤之材. 四曰藪牧, 養蕃鳥獸. 五曰百工, 飭化八材. 六曰商賈, 阜通貨賄. 七曰嬪婦, 化治絲枲. 八曰臣妾, 聚斂疏材. 九曰閒民, 無常職, 轉移執事."

36) 『周禮』,「地官」,〈閭師〉, "凡任民, 任農以耕事, 貢九穀, 任圃以樹事, 貢草木, 任工以飭材事, 貢器物, 任商以市事, 貢貨賄, 任牧以畜事, 貢鳥獸, 任嬪以女事, 貢布帛, 任衡以山事, 貢其物, 任虞以澤事, 貢其物. 凡無職者出夫布."

37) 『孟子』,「滕文公章句上」,〈滕文公問爲國〉.

맹자는 자못 이질적인 두 원리(분전과 제록)의 통합을 '공전公田'을 통해 설명했다. 그의 언설은 군자와 소인의 구분으로부터 시작하는데, 덕성의 차이를 지배-피지배, 그리고 노심-노력의 사회·정치적 역할의 차이와 결합한 것이다. 이어 맹자는 통공역사의 측면에서 군자와 소인의 역할과 상호 공존의 대의를 말하며, 그것이 가능한 제도적 요체로서 공전을 언급한다. 정전 내의 9개 구역 중에서 가장자리의 8개 구역은 소인(생산자-노력자-피지배층)의 항산이 되고, 이들이 공동으로 경작하는 공전의 수확은 군자(비생산자-노심자-지배층)의 항산이 된다는 것이다.

맹자는 노력자의 직분을 농-공-상으로 구분했던 만큼, 공-상의 항산에 대한 고법적 탐구에도 이르고 있었다. 이를 보여 주는 것이 '기이부정譏而不征'과 '전이부정廛而不征'이다. 그는 삼대에 관문과 시장에서 기찰만 하고 세금(征)을 징수하지 않았다고 했다.[38] 또한 가게 터에 대한 세금(廛)만을 받거나 혹은 이마저도 거두지 않는다면 장사꾼들이 기뻐한다고도 했다.[39] 여기에는 공상의 산업적 위치에 대한 두 가지 특징적인 인식이 드러나는데, 하나는 통공역사의 측면에서 공상의 필요성을 인정했다는 점이다. 그리고 다른 하나는 유교 국가가 이윤 추구 억제의 기조 하에서 시전의 성장을 제어했으며, 또한 이로 인해 왜소함을 벗어나기 어려웠던 공상의 규모를 고려해 최소한의 과세 정책으로써 이들의 항산을 지지해 주었다는 것이다.[40]

한편 『주례』는 주나라의 직분 체계를 『맹자』와는 다소 다르게 설명하고 있다. 〈재사載師〉가 대표적인데, 여기에는 천자국이 도성인 국중으로부터 원지園地-근교近郊-원교遠郊-전지甸地-초지稍地-현지縣地-강지畺地로 구분되

---

38) 『孟子』, 「梁惠王章句下」.
39) 『孟子』, 「公孫丑章句下」.
40) 잘 알려진바 '龍斷'의 유래에 대한 맹자의 회고에서도 이와 같은 인식은 확인된다.

고,[41] 각 지역마다 배치된 농지의 지목이 언급되어 있다.[42]

이 중에서 공상과 유관해 보이는 것은 전리廛里, 장포場圃, 고전賈田인데, 먼저 전리의 경우 '전廛'은 가게(점포) 혹은 건물의 터를, '리里'는 집합적 주거 공간을 뜻한다. 더구나 전리가 들어선 도성(國中)에는 왕성과 제단, 행정기관 및 시전 등의 국가기관이 집중되어 있다. 따라서 '전리'는 왕족에서부터 서민에 이르기까지 도성 내에 복무하는 다층의 사람들이 거주하는 공간으로 이해될 수 있다.

도성 밖으로부터는 비로소 경작지가 들어선다. 그 가운데 '장포'는 도성에 인접한 공간으로, 저장성이 낮고 도성에서의 수요가 많은 채소류가 주로 경작되었을 것으로 보인다. 또한 지역 내에 생산물을 거래하는 별도의 공간이 존재했다고도 추정할 수 있는데, 그럴 경우 '장場'은 '장시場市'로 독해될 수 있겠다.

원교에 들어선 '고전'은 그것이 상인과 관련된 농지임은 분명해 보인다. 하지만 누구에게 지급되었고 또 어떤 방식으로 경작되었는지는 단정하기 어렵다. 대체로는 2가지의 해석이 가능하다. 하나는 당시의 상인이 전업으로는 자생할 수 없었으므로, 일정한 농지를 지급하여 생계를 보장해 주었다고 보는 것이다. 그리고 다른 하나는 상인은 전업적 지위에 도달했으며, 이들에게 별도의 농지가 분급되지는 않았다고 보는 것이다. 그리고 이때의 고전은 실경작자인 농민에게 지급된 농지 위에, 누군가(혹은 어떤 기관)에게 분급된 수조지로 이해될 수 있다.

아울러 『주례』에는 공상에 대한 관리 및 수취가 자못 자세하고 체계적으로

---

41) 『周禮』에는 각 지역의 범위가 명기되지 않았다. 이에 대해 선유들은 대체로 원지를 도성 밖, 근교를 도성으로부터 50리까지, 근교를 원교로부터 100리까지, 전지를 원교로부터 200리까지, 초지를 전지로부터 300리까지, 현지를 초지로부터 400리까지, 강지를 현지로부터 500리까지로 이해했다.

42) 『周禮』, 「地官」, 〈載師〉, "以廛里任國中之地, 以場圃任園地, 以宅田士田賈田任近郊之地, 以官田牛田賞田牧田任遠郊之地, 以公邑之田任甸地, 以家邑之田任稍地, 以小都之田任縣地, 以大都之田任畺地."

설명되어 있다. 먼저 「지관」에는 사시司市나 천부泉府 등과 같은 시전 관련 관직이 다수 편제되어 있는데, 이들의 직무를 보면 시전의 관리에서부터 화폐유통, 거래문서 관리, 상인명부 파악, 다양한 세목 하의 과세 등에 이른다. 또한 〈태재太宰〉·〈여사閭師〉는 생산자를 각각 9직과 8직으로 세분했는데, 특히 〈여사〉는 이들에게 육축과 거련 등의 재산을 고려하여 산출한 세액을 '공貢'이라는 명목 하에서 각자의 생산물로 수취했다. 요컨대 『맹자』와 비교할 때 『주례』에는 삼대에 있어 농업을 중심으로 한 다극적 산업 구조, 나아가 각 직역의 전업화를 유추케 하는 경의가 내포되어 있는 것이다.

3. 융기의 지점들

조선의 신분제는 법제적으로 양천제를 천명했으나, 사회적·관습적으로는 반상제의 규정력이 심대했다. 특히 양반은 국가에서 파악한 제 직역 중에서 관료를 의미했지만, 점차 그 외연이 모집단인 사족으로 확대되었다. 이러한 추세는 의례나 제도들을 통해 지지되었다. 예컨대 『주자가례』의 확산은 사대부를 행례의 주체로 확립시키는 동시에 사대부의 보편적 예제가 그들의 주요한 정체성으로 자리하는 데 기여했다. 또한 향약은 사족이 향촌에서의 자치적 역량을 강화하는 역할을 했으며, 사족의 피역 및 조세 전가 등은 역시 향촌에서의 사회·경제적 위상을 유지케 하는 실적적인 관행이었다.

사족이 자임한 역할은 유가의 이념과 윤리 하에서 향촌을 교화하고 국가 통치에 기여하는 것에 있었다. 하지만 그 본령에는 충실하지 않은 채 사족에게 부착된 특권을 추종 및 향유하는 자들이 늘어나고 있었고, 그것이 17세기 이후로 보다 선명해지는 경향도 나타났다. 그러나 이러한 현상을 직분을 망각한 개개인의 도덕적 해이의 차원에서만 설명할 수는 없다. 예컨대 서론에서 소개했던 조귀철의 그릇된 '양반 회구'도 조선이 민인을 편제했던 기왕의 이념과 방식에 한계가 드러나고 있음을 보여 주는 하나의 사례인 것이다.

주목되는 것은 이러한 시대에 오히려 유교 경전을 원용하며 민인의 사회적 재편을 고심했던 경세 논의들이다. 그 가운데 본고는 19세기의 유자를 분석 대상으로 삼은바, 이들의 주장뿐만 아니라, 그것을 도출해 낸 경학적 논리 구조에도 초점을 두었다. 다만 그 '19세기적 양상'의 전모를 명징하게 분석하지 못한 관계로, 주요한 사례들에서 나타나는 두 가지 융기의 지점들을 1) 노동 및 직업윤리의 강조, 2) 전업과 분업의 산업 체제를 논점으로 소개하기로 한다.

1) 노동 및 직업윤리의 강조

먼저 심대윤沈大允(1806~1872)이다. 본관은 청송靑松으로, 고조부 심수현이 영의정을, 증조부 심악이 이조판서를 지냈던 명문가의 자제였다. 그러나 심악이 을해옥사에 연루되어 처형당했고 상심한 그의 부인과 딸은 자결을 택했다. 이후로 그의 가문은 벼슬길이 막혀 양반의 명맥만 유지하는 처지로 전락했으니, 심대윤 역시 사환을 기대할 수는 없는 형편이었다.

이에 그는 장사나 목판 제조, 약방 경영 등의 노동에 참여하며 생계를 마련했고, 그 와중에도 학문에 힘써서 경학과 경세학에 걸친 다수의 저술을 남겼다. 특히 『복리전서福利全書』는 '복리'를 종지로 한 일종의 생활 윤리 지침서인데, 내용이나 주장이 시속의 처세 차원에서 근본 없이 개진된 것은 아니었다. 친지·인물·귀신의 상호 연관성을 고려한 폭넓은 시각 하에서, 그리고 각각이 감응하는 이치에서부터 인간의 도리에 이르기까지를 논점으로 하여, 다양한 경전적 전거와 해석에 기초한 견해를 제시했기 때문이다.[43]

그 가운데 본고와 관련하여 주목되는 것은 '노勞'에 부과했던 함의와 그 경학적 토대이다.[44] 그는 현자賢者와 우자愚者가 수행하는 노동의 성격을 각각 노심과 노력에 비정했고, 이를 다시 치인과 치어인이라는 통치 구조 속에 귀속시켰다. 심지어 쥐와 소가 각각 범이나 용이 될 수 없음에 빗대어 귀천이 현우와 분수에 따라 달라진다고도 했으니, 여기까지는 『맹자』의 언설과 논리에 부합한다. 하지만 심대윤이 『맹자』의 경의 가운데 특별한 의미를 부여하고 재해석한 지점이 있었으니, 바로 '노勞'이다.

그는 노심자는 덕을 베풀어 백성을 편안히 하고, 노력자는 일에 매진하여 나라에 이바지해야 한다고 했다. 또한 노심자는 노력자로부터 먹을 것을 구하고 노력자는 노심자를 먹여 살리므로, 양자에 공히 '근로勤勞'하지 않고 먹는 것은 천하의 도적이라고 단언했다. 심지어는 노심을 하기에 지혜가 부족한 경우에는 노력이라도 해야 하며, 그렇지 못하면 천하의 쓸모없는 백성이 된다고 목소리를 높였다. '심心'과 '력力' 모두를 '노勞'의 대상에다 둔, 나아가 자질에 따라 그 어떤 분야에서라도 '노勞'를 다해야 한다는 인식이다.

그렇다면 '노勞'와 '근勤'의 가치를 이와 같은 노동 윤리의 차원으로 격상시켰던 그의 입론은 경전으로부터 어떻게 도출된 것일까? 이를 잘 보여 주는 것은 '중용中庸'과 '겸謙'에 대한 인식이다.[45] 그는 '중中'을 상단과 하단을 잘 살펴서 중간을 얻는 것으로, '용庸'을 공평하고 항상됨으로 풀이했다. 또한 『예기』의 "중화中和를 이루면 천지가 제자리를 얻고 만물이 화육함을 얻는다"는 경문을

---

43) 백민정, 「심대윤 공리론의 특징과 시대적 의미」, 『퇴계학보』 133(퇴계학연구원, 2013); 손혜리, 「조선후기 지식인의 생업에 대한 인식과 현실적 대응—19세기 백운 심대윤의 경우를 중심으로」, 『한국고전연구』 30(한국고전연구학회, 2014); 김대중, 「신체유물론적 시각에서 본 심대윤의 '노동 옹호 윤리학'」, 『민족문화연구』 88(고려대학교 민족문화연구원, 2020).
44) 『福利全書』, 8조, 〈明人道勤勞事業〉.
45) 『福利全書』, 4조, 〈明人道名利忠恕中庸也〉.

인용하면서, 사람이 부여받은 재주와 처한 자리와 만난 시기가 명命이며, 각자가 지닌 재주와 명에 따라 중中을 달리한다고 했다. 아울러 자신의 중中을 따르면 복리福利를 누리나 부중不中하면 화를 입으며, 중과 부중의 다과에 따라 복과 화의 다과도 달라진다고 보았다.

중용에 대한 이와 같은 그의 인식은 '겸謙'에 대한 독법과도 상통한다. 그는 『주역』 겸괘 「단사」의 한 구절46)에 대해, 그 뜻을 '천지와 귀신은 겸손한 이에게 복을 준다'로 푼 다음, 겸괘의 주지가 '노勞'라는 한 글자에 있다고 지적했다. 이어서 그는 사람이 부모와 천지의 명으로부터 각각 형체와 직분을 받았으니, 형체를 쓰지 않고 직분을 폐하면 어떻게 복과 자손이 있겠으며 또한 어떻게 귀신이 될 수 있겠냐며 강하게 반문했다. 요컨대 천지-인간-귀신의 상호 연관성 하에서, 인간이 나머지 양자와 관계하며 존재하는 의미가 '노勞'이자 '겸謙'에 있음을 밝힌 것이다.

이로써 본다면 '노勞'는 각자에게 주어진 직분에 충실하는 것이자, 중용에 이르는 도리이며, 하늘로부터 복을 받기 위한 요건인 '겸謙'과 같은 의미를 지닌다. 이에 심대윤은 이들의 논리적 연결 관계를 "중中을 행하면 용庸하게 되고, 용庸하면 겸謙하게 되고, 겸謙하면 화和하게 되니, 중화中和와 겸용謙庸은 한 가지 이치이다"47)라고 간명히 설명하기도 했다. 각각의 직역자가 지녀야 할 실천적 윤리로 격상된 '노勞'를 매개로 하여, 중화와 겸용이 하나의 통합된 경지에 이르고, 또한 이로써 인간이 복리를 누리게 된다는 것이다.

다음으로 김평묵金平默(1819~1891)을 살펴보자. 그는 본관이 청풍淸風으로, 경기도 포천에 세거한 유자였다. 특히 이항로李恒老(1792~1868)의 문인이자 화서학파의 중심적인 인물로, 지도智島 유배기에는 서남해안 일대에 화서학파의 문풍

---

46) 『周易』, 謙卦 彖辭, "天道虧盈而益謙, 地道變盈而流謙, 鬼神害盈而福謙, 人道惡盈而好謙."
47) 『福利全書』, 4조, 〈明人道名利忠恕中庸也〉.

을 진작하는 데 기여하기도 했다.[48]

그는 '사민설士民說'이라는 짤막한 논설을 써서 박홍석 등의 학인들에게 전해 주었는데,[49] 이는 주자학자로서 유학의 황혼기에 선 그가 직분의 시대적 역할에 대해 성찰했던 바이자 학인들에게 전하고자 했던 당부이기도 했다. 그리고 그 대체는 지금까지 살펴보았던 유학의 신분·직역에 대한 인식과 크게 다르지 않다.

그런데 그 중 눈에 띄는 대목이 있으니, 바로 "대개 대인과 군자는 마음을 써서 사람을 다스리는 일을 관장하므로 스스로 의식을 경영할 겨를이 없는 즉, 농공상고의 민은 정당하게 '갈력竭力'하여 숙야로 이를 행하며 이로써 봉사하는 것이다"라는 구절이다. 일면 노심자와 노력자를 구분하는 언사로 보이나, 사실 그의 방점은 '갈력'에 두어져 있다.

특하나 김평묵은 '갈력'의 의미를 '대동大同'의 이념으로 확장시켰다. 즉 그는 사농공상 각각에는 그 뜻이 정해져 있고, 그 분수가 자리하며, 그 직이 효를 낸다고 했다. 그리고 어진 사람과 우매한 사람이 마음을 합하고, 귀한 사람과 천한 사람이 서로 기대어서 침탈하는 우환이 없다면, 대동의 업을 이룰 수 있다고도 했다. 이로써 본다면, 비록 원용한 경전적 개념은 상이할지라도 김평묵의 언설에는 심대윤과의 뚜렷한 공통점이 확인된다. 심대윤의 '복리'와 같이 '대동'은 현실 정치의 이념으로 설정되었으며, 또한 심대윤의 '노勞'와 같이 '갈력'이 그 이념을 달성하기 위한 직분자의 실천적 노동 윤리로 자리한 것이다.

다음으로는 박규수朴珪壽(1807~1877)이다. 박지원의 손자라는 가계의 내력 외에도 그에게는 당대를 대표하는 문인이자 관료, 개화사상의 종장 등과 같은

---

48) 박성순, 「화서학파의 성장과 중암 김평묵의 역할─심주리설의 옹호를 중심으로」, 『대동문화연구』 Vol.61(대동문화연구원, 2007).

49) 『重菴集』, 卷40, 「雜著」, 〈四民說, 示朴㙐弘錫〉.

수식이 붙는다. 뿐만 아니라 그는 애로호사건, 1862년 농민항쟁, 제너럴셔먼호 사건, 양무운동, 운요호사건과 강화도조약 등의 국내외 주요 사건들을 차례로 경험한, 그래서 당시 정세에 대해 많은 식견을 가졌던 인물이었다.

그가 남긴 다수의 저술 중에는 「상고도안설십칙尙古圖按說十則」이 있는데, 이는 약관의 나이에 저술했던 『상고도尙古圖』 가운데 10개의 조목을 뽑은 것이다. 말하자면 이력과 관록이 쌓이기 이전 그의 인식을 살펴볼 수 있는 자료인데, 특히 '범희문이 학교를 일으키고 인재 선발 제도를 깨끗이 할 것을 청하다'(范希文請興學校淸選擧)에 대한 안설에는 사민에 대한 그의 독특한 사유가 개진되어 있다.

글에서 그는 '사士는 무엇을 하는 자인가?'라는 도발적 질문을 먼저 던진다.50) 그러고는 자답하기를, 사란 생민의 큰 근본이자 도를 아는 자의 '미칭美稱'이라고 정의했다. 인류 이래로 사람을 칭하는 용어는 무수히 변해 갔으나 사는 고금에 달라진 적이 없는데, 이는 사가 생인生人의 큰 근본(大本)이기 때문이라는 것이다.

그렇다면 자연스레 의문은 '사'가 지닌 '대본大本'의 의미로 향한다. 그런데 이에 대해 박규수는 효제와 충순을 핵심적 덕성으로 전제한 뒤, 이를 지닌 사람이라면 모두가 '사士'라는 주장을 편다. 일면 경전에서 엄연했던 사-농-공-상을 파격하는 듯한 논리이다.

하지만 좀 더 살펴보면 이는 경의를 절단하고 돌출한 것이 아니었다. 그가 말하려는 것은 사민의 형해화가 아닌, 사민의 각 층위를 인정한 바탕 하에서 모두가 공히 지녀야 할 도리로서의 '사士'였기 때문이다. 이는 그가 제시한 순임금, 이윤, 부열, 후직, 단목사 등을 통해 예증된다. 그는 이들이 치자가 되기

---

50) 이하는 다음에 근거하여 서술했다. 『瓛齋先生集』, 卷21, 「雜文」, 〈尙古圖按說十則〉.

이전 농공상의 업을 맡았는데, 모두 사의 도리에서 벗어난 적이 없었음을 지적했다. 그러고는 사민은 하는 일(業)이 달라 명칭은 4가지로 분별되지만, 사로서의 도리를 가지고 있다는 점에서는 같음을 재차 강조했다. 요컨대 심대윤의 '노勞'나 김평묵의 '갈력竭力'과 같이, 직분자가 공히 지녀야 할 실천적 덕목으로서 '사士'를 제시한 것이다.

2) 전업과 분업의 고법적 발견

정약용은 경학과 경세학의 표리를 치열하게 고민했던 학자이다.[51] 특히 그는 유가 경전에 대한 탐구와 재해석을 토대로 고법의 실체와 보편성을 궁구했으며, 이를 모델로 삼아서 조선의 체제개혁을 기획했다. 그 가운데 민인의 사회적 재편은 전제의 개혁을 포괄하는, 어찌 보면 그의 개혁론에 있어 최종 심급에 해당하는 거대한 목표였다. 이에 대한 주요한 특징은 선행의 연구에서 밝혀진 바,[52] 아래에서는 본고와 관련한 주요한 특징 두 가지를 요약해서 소개한다.

첫째는 9직 전업의 산업 체제이다.[53] 다산은 삼대의 모든 농지가 오직 농민에게만 분급되었다고 보았는데, 그에게 있어 이것은 사실 9직의 전업과 같은 의미였다. 삼대에는 농지를 받은 농민만이 농사를 지었으며, 농지를 받지 않는 백성들도 각자에게 적합한 직역 하에서 전업을 이루었다는 것이다.

둘째는 9직 전업 하의 수취체제이다.[54] 그는 『주례』〈태재〉에서의 9부를[55]

---

51) 이우성, 「다산의 경학과 경세학의 관계」, 『다산학』 1(다산학술문화재단, 2000).
52) 백승철, 「정약용의 상공업진흥론과 그 성격」, 『지역과 역사』 23(부경역사연구소, 2008); 안병직, 「茶山의 田賦改革論」; 조성을, 「流配 以後 茶山의 利用厚生學」, 『다산 정약용 연구』(사람의무늬, 2012); 윤석호, 「丁若鏞의 三代 田賦論—三代 '二元的 田賦論'의 논정 과정을 중심으로—」, 『진단학보』 132(진단학회, 2019c).
53) 『經世遺表』, 권6, 「地官修制」, 〈田制5〉.
54) 『經世遺表』, 권10, 「地官修制」, 〈賦貢制1〉.

체계화하여 해석했는데, 먼저 9부 중에서 '방중－4교－방전－가초－방현－방도'까지의 6부를 만민에게 공통으로 부과되는 세목으로 이해했다. 그리고 이를 다시 ① 부가지정夫家之征, ② 택전지정宅廛之征, ③ 옥속지정屋粟之征으로 세분하고, 각각을 전업 직역자를 대상으로 부과된 호구세, 택세, 직업세로 해석했다. 나아가 다산은 9부 중에서 6부를 제외한 3가지 부, 즉 산택·폐여·관시 역시도 '9직의 전업' 하에서 독해했다. 농자에게 정지가 있는 것처럼, 상고商賈들에게는 관시가 정지井地이며, 우인과 택형澤衡에게는 산택이 정지이니, 이들에게도 농자의 조속에 부합하는 별도의 세목이 있었다는 것이다.[56]

다음으로 살펴볼 인물은 유치덕柳致德(1823~1881)이다. 그는 유치명의 족제이자 문하로서, 이현일－이상정·이광정－유치명－이진상을 거쳐 곽종석－정태진으로 이어지는 영남 남인의 계보를 잇는 인물이다.

그는 경세서인 『임려문답林廬問答』을 남겼는데,[57] 여기에는 유형원의 저작이 직접 인용되고 있을 뿐만 아니라, 정약용 저작으로부터의 영향이 감지되는 측면도 있다. 또한 그는 『주례산정』을 집필했을 정도로 『주례』에 조예가 깊었는데, 이는 『임려문답』에서도 고제에 대한 깊이 있는 이해를 통해 유감없이 드러나고 있다.

특히 삼대의 수취에 대해 그는 『주례』의 구부九賦·구공九貢·구식九式이나 『맹자孟子』의 포루지정布縷之征·속미지정粟米之征·역역지정力役之征 등과 같은 제도들이 항상적인 수취였는지, 그리고 수취제도가 이처럼 복잡다단하게 마련되

---

55) 『周禮』, 「天官」, 〈太宰〉, "以九賦斂財賄, 一曰邦中之賦, 二曰四郊之賦, 三曰邦甸之賦, 四曰家削之賦, 五曰邦縣之賦, 六曰邦都之賦, 七曰關市之賦, 八曰山澤之賦, 九曰幣餘之賦."

56) 이상에 대해서는 다음의 글을 참고할 수 있다. 윤석호, 「丁若鏞의 三代 田賦論—三代 '二元的 田賦論'의 논정 과정을 중심으로—」, 『진단학보』 132(진단학회, 2019c).

57) 근래에 『林廬問答』을 주해한 박사학위논문이 제출되어 본고의 작성에 도움이 되었다. 류기수, 「近庵 柳致德의 『林廬問答』 역주」(고려대학교 고전번역협동과정 고전번역전공 박사학위논문, 2022).

었던 까닭이 무엇인지를 자문했다.

바로 이어지는 그의 자답은 명료한데, 그 요체는 바로 '분직分職'에 있다. 그에 따르면, 가호가 꾸려지면 마땅히 직업을 가지게 되며, 이로써 전 가호가 참여하는 9직의 체제가 구축된다. 그리고 이러한 토대 위에는 마땅히 이에 상응한 구부九賦·구공九貢·구식九式의 항상적인 수취가 마련된다. 말하자면 분업과 전업, 그리고 이에 기초한 항상적 수취체제가 삼대에 수립되었다는 인식인데, 이는 앞서 살펴봤던 다산의 삼대 9직론과 흡사하다. 더구나 유치덕은 태재太宰가 직책을 나눠 주는 것부터 사공司空이 땅을 나눠 줌에 이르기까지 모두 백성이 일한 바를 살펴서 부세의 수량을 변화해 나갔다고 보았다. 세액의 산정에 있어 재산 정도가 반영되었다는 다산과 같이, 그도 삼대에 생산과 소유에서 발생하는 개별적 차이를 고려한 과세 과정이 있었음을 상정한 것이다.

이상에서 살펴본 바와 같이, 19세기 유자들은 신분·직역에 대한 경전의 인식 지형을 공유하되, 경의의 특정 부면을 융기시키고 있었다. 이에 '노勞'나 '갈력竭力', '사士' 등의 가치를 경전을 토대로 도출하고, 이를 직분의 차이를 불문하고 인간 모두가 마땅히 추구해야 할, 그리고 사회와 국가 구성원을 공존케 할 하나의 보편적 덕목으로 위치시켰다.

뿐만 아니라 분업과 전업의 제도와 체제를 고전을 통해 해명했는데, 특히 『주례』는 그러한 경학적 논증 과정에 있어 중심적인 경전으로 활용되었다. 그리고 이와 같은 양상은 '농업 중심의 다극적 산업구조'로의 전환이라는 추세와 요구에 부응해 유가 경전의 신분·직역관을 재해석(재조정)했다는 의미를 지니는 것이기도 하다.

4. 지속되는 지층

직분에 대한 19세기의 유자들의 다채로운 사유는 경학에 내재된 다양한 해석의 가능성에 기인한다. 하지만 여하의 귀천 차별을 지양하는 오늘날의 직업에 비추어 볼 때, 이들을 '직업론'이라고 부르기에 주저되는 지점도 확인된다. 노勞·근勤·사士·갈력竭力을 직역자의 보편적 덕목으로 융기해 낸 지형의 저층에는 직역에 체결되었던 귀천의 차별이 잔존해 있었던 것이다. 예컨대 김평묵은 노심과 노력이 그 능력을 각기 발휘하면 '귀한 것과 천한 것이 서로 돕게 된다'(貴賤相資)며 사민의 귀천을 분별했다.[58] 심대윤 또한 사민의 차등적 귀천을 긍정했고 직분 간의 이동에 실효가 없음을 지적했다.

주목되는 것은 정약용이다. 살펴본 바와 같이, 그는 전업과 이에 기초한 수취를 고법 하에서 해명했다. 직역의 재편을 체제의 범주에까지 확장하여 사유한 것이다. 관건은 이러한 규모가 다양한 분야에서의 전업적 직업인을 통해 지지된다는 데에 있다. 이에 다산은 현능을 통한 용인, 나아가 귀천과 직역의 분리 등의 가능성을 고법을 통해 타진했다. 그런데 그 경과를 보면 의도했던 바의 논증에 이르지 못했던 것 같다. 아래를 보자.

> ① '관인이세官人而世'는 선왕의 법이었다. 봉건封建의 시대에 5등의 작위는 세습되지 않음이 없었는데, '사자세록仕者世祿'으로 그 뜻을 미루어 알 수 있다······ 비록 그 법에는 장단이 있지만, 세관世官의 법은 주왕紂王으로부터 시작된 것이 아니니, 이로써 주왕을 죄준다면 그가 억울할 것이다.[59]

---

58) 『重菴集』, 卷35, 「雜著」, 〈治道私議〉.
59) 『梅氏書平』(버클리본), 권7, 「泰誓上」, "官人以世, 先王之法也. 封建之世, 五等之爵, 無不世襲, 仕者世祿, 推是義也······雖其法互有長短, 世官之法, 不自紂始, 以此罪紂, 紂冤矣."

② 세록世祿이란 세작世爵이다. 옛날에 대부에게 가家가 있는 것은 제후에게 국國이 있는 것과 같아서, 아버지가 전하고 아들이 이어 대대로 끊이지 않았고, 모두 그 전록을 세습하였다. 오직 관직官職만은 세습하지 않았으니, 사도司徒의 아들이 꼭 사도가 되는 것은 아니었고, 사마司馬의 아들이 꼭 사마가 되는 것도 아니었다. 또 여러 대부 가운데 한 사람을 선발하여 정치를 맡겼으니, 정나라의 자산子産과 위나라의 공달孔達 같은 경우이다.[60]

③ '관인이세官人而世'는 선왕의 법이었다. 봉건封建의 시대에 5등의 작위는 세습되지 않음이 없었는데, 경·대부도 역시 그러하였다.…… 비록 그 법에는 장단이 있지만, 세관世官의 법은 주왕紂王으로부터 시작된 것이 아니니, 이로써 주왕을 죄준다면 그가 억울할 것이다.[61]

위 인용문들은 '세관'(세경)에 대한 다산의 견해를 시간 순으로 나열한 것으로, ①은 1810년에 저술된 초고본(버클리본) 『매씨서평』, ②는 1814년에 저술된 『맹자요의』, ③은 만년인 1834년에 저술된 수정본 『매씨서평』이다.

각각의 주지를 보자면, ①에서는 세작이 세관과 같으며, 또한 세작(세관)이 고법이라 했다. 하지만 ②에서는 세관과 세작은 다르며, 또한 삼대에는 작위는 세습되었으나 관직은 세습되지 않았다고 했다. 세관에 대하여 ①과는 상반된 입장인 것이다. 그런데 ③에서는 ②의 견해를 기각하여 ①의 견해로 회귀했다.

동일한 논점에 대해 다산의 저술마다(혹은 동일한 저술 내에서) 상이한 견해가 제시된 경우는 적지 않은데,[62] '세관'(세경)에 대한 견해도 이러한 사례 가운데

---

60) 『孟子要義』, 권1, 「滕文公 第三」, 〈滕文公問爲國夏殷周皆什一章〉, "鏞案 世祿者, 世爵也. 古者大夫之有家, 如諸侯之有國, 父傳子承, 世世不絶, 皆襲其田祿. 惟官職不世, 司徒之子, 未必爲司徒, 司馬之子, 未必爲司馬. 又於諸大夫之中, 簡取一人, 爲之執政, 若鄭之子産, 衛之孔達, 是也."

61) 『梅氏書平』(정본 여유당전서), 권7, 「泰誓上」, "官人以世, 先王之法也.……雖其法互有長短, 世官之法, 不自紂始, 以此罪紂, 紂冤矣."

62) 윤석호, 「『尙書知遠錄』[補遺本] 頭註의 내용 분석」, 『한국문화』 85(서울대학교 규장각

하나로 생각된다. 기록상 최초로 확인되는 1810년경에는 세관을 고법으로 인정했으나, 1814년 단계에는 이를 고법이 아니라고 했으며, 이후 어느 순간부터는 다시 이를 고법으로 인정했던 것이다.

그 경과와 의미에 대해서는 보다 세밀한 연구가 필요하겠지만,[63] 본고에서 주목하는 지점은 삼대 용인用人의 방식을 위와 같이 세습–현능–세습으로 달리 인식함에 따라 삼대의 교선敎選에 대한 인식도 연동되었다는 것이다.

> 보충하여 말한다. '민民'은 농農·우虞·공工·상商을 이른다.…… 순純이 말하기를, "무릇 천하의 사람에는 군자도 있고 소인도 있으니, 그 반드시 하나인 것은 군자가 중민을 다스린 연후에 천하가 다스려진다는 것이다. 만약 천하의 민인을 집집마다 찾아다니며 깨우치게 하여 민이 혹 군자가 되게 한다면, 이것은 천하에 민이 없는 것이며, 민이 없으면 국가가 아닌 것이다."…… 반박하여 말한다. (순의 말은) 틀렸다. 공자가 친히 말씀하시기를 "가르침에 부류는 없다"고 하셨으나【〈위령공〉】 또한 반대로 "(백성으로) 하여금 알게 할 수 없다"고 하셨으니, 이런 이치가 있겠는가?…… 공자께서 말씀하신 바는 (不可使知之) 사세事勢가 그러하다는 것이지 그렇게 도모하겠다는 것이 아니다.[64]

한국학연구원, 2019a);「정약용 향수론의 추이와 그 함의」,『민족문화연구』84(고려대학교 민족문화연구원, 2019b);「丁若鏞의 三代 田賦論—三代 '二元的 田賦論'의 논정 과정을 중심으로—」,『진단학보』132(진단학회, 2019c);「정약용의 기자 인식—고법 탐구와의 연동을 중심으로」,『한국실학연구』42(한국실학학회, 2021).

63) 필자는 '세관(세경)'에 대한 다산의 견해 변화가 삼대 토지제도에 대한 인식과 연동되었을 것이라는 생각을 가지고 있다. 이에 대해서는 별도의 분석이 필요할 것으로 본다.

64) 『論語古今註』, 권4,「泰伯下」, "[경문] 子曰, 民可使由之, 不可使知之. [주해] 補曰 民, 謂 農·虞·工·商也.……純曰, 夫天下之人, 有君子焉有小人焉, 其必一君子治衆民, 然後天下治. 若使天下之人, 家諭戶曉, 而民咸爲君子, 是天下無民也, 無民非國也.……○駁曰 非也. 孔子親口自言曰, 有敎無類【〈衛靈公〉】 而又反之曰, 不可使知之. 有是理乎?……孔子所言者, 勢也, 非謀也."

위 인용문은 『논어』「태백」에서의 "공자가 말씀하시기를, '백성들로 하여금 그것을 따르게 할 수는 있어도 그것을 알게 할 수는 없다'라고 하였다"(子曰, 民可使由之, 不可使知之)에 대한 『논어고금주』의 주해인데, 몇 가지의 특징이 나타난다. 첫째로는 '민民'을 농農·우虞·공工·상商이라고 보았고, 둘째로는 삼대에는 백성들에게도 교육의 기회가 있었다고 이해했으며, 셋째로는 교육의 대표적인 사례가 『주례周禮』「대사도大司徒」의 향례인데 이때의 '만민萬民'은 농공상을 포함한 백성으로 간주했다. 요컨대 삼대에 피치자인 백성을 대상으로 한 교육이 이루어졌으며, 이를 통해 현능한 인재의 선발이 아래에서부터도 가능했다고 본 것이다. 그리고 『논어고금주』가 1813년에 완성되었으니, 세관(세경)을 부정했던 1814년의 『맹자요의』와는 견해상으로나 시기상으로 비근함이 확인된다.

그런데 이상의 견해는 유배 말엽에 저술된 『경세유표』에서 변화되었다.

> 이른바 '만민을 가르친다'(敎萬民)는 것은 천한 백성을 모두 가르친다는 뜻이 아니다. 국자 이외에는 비록 사환仕宦하는 집안이라도 모두 만민이라 이르는 것이니, 사도에서 가르치는 데에는 반드시 그 덕행과 도예道藝를 상고할 것인데 도예를 어찌 맹예(民隷)가 배울 바이겠는가?[65]

위의 인용문에서도 특징적인 독법이 확인되는데, 첫째는 『주례』 등에서 말하는 '만민'은 사환하는 집안 이상을 말한다고 보았고, 둘째는 『주례』의 사도 등에서 언급되는 교육은 덕행과 도예를 가르치는 데 목적이 있다고 했으며, 셋째는 맹예인 백성들에게는 이러한 교육을 받을 자격이나 기회가 없었다고 보았다. 같은 사람의 말이라고 보기 어려울 정도로 『논어고금주』에서의 견해로

---

65) 『經世遺表』, 권13, 「地官修制」, 〈敎民之法〉, "且所謂敎萬民者, 非謂民隷之賤, 悉皆敎之也. 國子之外, 雖仕宦之族, 皆謂之萬民也. 司徒之敎, 必考其德行·道藝, 道藝豈民隷之所能學哉?"

부터 멀리 떨어져 있는 것이다.

현능에 의거한 교선은 다산이 경학을 통해 논증하고 경세학에서 기획했던 바의 9직 전업체제와 친연하다. 이를 충분히 간파했을 다산은 그러한 용인의 방식을 고법 하에서 해명하기 위해 경·사의 재해석을 시도했다. 하지만 그는 결국 바라는 논증에 이르지 못하고 돌아올 수밖에 없었다. 유교 경전에서 체결해 놓았던 직과 덕성의 결속, 그리고 이에 기초한 차별의 분명한 경의를 부정하기 어려웠던 것이다.[66]

5. 결론

오늘날의 유학에는 급변하는 시대까지와의 보편적 접점을 모색해야 할 과제가 주어져 있다. 그리고 그 기초는 우리와 경전 양자에 대한 면밀하고도 균형 있는 이해이다.[67] 이를 '비판유학·현대경학'이라는 아젠다의 소임으로 이해한 본고는, 그 학술적 전사前史의 일면을 조명하는 것에 목표를 두었다. 그리고 19세기 유자의 직역·직분 담론을 대상으로 하여, 이들이 경전으로부터 융기해 낸 지점과, 그럼에도 '직업론'이라는 오늘날의 시각에 온전히 부합하지

---

66) 경학적으로는 다산이 덕성에 기초한 차별을 직으로부터 분리하지는 못했지만, 그렇다고 그가 이에 전적으로 근거하여 현실 경세안을 마련했던 것은 아니었다. 사족에 비해서는 제한적이고 차별적이긴 하지만 전국 모든 군현의 민인들에게 교선의 기회를 부여하는 방안을 마련하고 있었기 때문이다. 교선 및 인재선발에 대한 정약용의 논의는 다음의 글을 참고할 수 있다. 김문식, 「다산 정약용의 太學之道」, 『다산학』 8(다산학술문화재단, 2006); 「다산 정약용의 인재선발론」, 『다산학』 31(다산학술문화재단, 2017).

67) 김도일, 「유학 연구가 어떻게 현실을 비판할 수 있는가?─중국 대륙신유학과 최근 한국 유학연구 경향 비교─」, 『유교사상문화연구』 81(성균관대 유교문화연구소, 2020).

않는 이유를 동시에 조망해 보았다.

유교 경전에서는 공히 덕성의 차이를 귀천의 차별과 강하게 결속시켰고, 이를 지배−피지배의 관계로 질서화했으며, 이러한 기초 위에 국가의 체제를 세웠다. 이때 치자를 용인用人하는 방식으로는 덕성의 선천적 우열에 근거한 세습에 방점이 두어졌는데, 덕성의 후천적 함양이나 천거를 통한 용인의 방식에도 가능성을 열어 두었다. 또한 민인의 사회적 분업이 필요하다고 보았으나, 덕성이 통치 이념 및 원리에 중핵이었던 까닭에 이를 저해할 우려가 있는 공상의 성장을 억제하였다. 다만 『주례』의 경우에는 삼대에 있어 농업을 중심으로 한 다극적 산업 구조, 나아가 각 직역의 전업화를 유추케 하는 경의를 내포하고 있다.

성리학을 이념으로 하여 건국된 조선은 경의와 시대적 요구를 두루 고려하여 민인을 국가 체제 속에 편성했다. 덕성과 능력의 편차에 기초한 신분·직역제를 마련한 한편으로, 양인이 치자로 진출할 가능성을 열어 두었던 것이다. 그러나 양난을 경과하며 증폭된 위기는 기왕의 질서에 균열을 가져왔다. 치자 가운데에는 덕성과 학문을 겸비하여 국가를 이끌어 가야 할 주체라는 본래의 소임에 어긋나는 자들이 다양한 이유로 생겨났는데, 이는 피치자들 사이에서도 마찬가지였다. 형해화된 치자의 허위에 불만을 품는 한편으로, 그 특권을 좇아 양반이 될 궁리를 하는 자들도 눈에 띄게 늘어났기 때문이다.

그런데 주목되는 것은 그러한 균열이 가장 첨예했을 19세기에 도리어 유교 경전을 원용하여 마련되었던 다수의 비판 담론들이다. 본고는 그 가운데 주요한 유자를 사례로 분석했던바, 이에 따르면 노동 및 직업윤리를 강조하거나(심대윤, 김평묵, 박규수), 전업과 분업을 고법적으로 해명한 바탕 하에서 이를 민인 재편의 방안으로 제시했다(유치덕, 정약용). 직업과 노동의 보편적 가치를 발견하고, 이를 통해 사회 생산력의 균산적 발전을 추동하는 방식으로 민인을 재편하려던 것이다. 더구나 이들 담론은 경전 내부에서 길항하는 복합적이고 불명확한 경의와 시대적 요구 사이에서 융기된 선택적이고 비판적인 해석의 결과물이었다는 점에서 의미가 있다.

그러나 그러한 담론 지형이 경전의 원의를 절단하여 도출된 것은 아니었으며, 그런 까닭에 이로부터 근대성의 그 어떤 특질을 곧장 추출하기는 어렵다. 특히 다산은 본고의 제목인 '19세기 조선 유자의 직업론과 경학이 오늘의 우리에게 어색하게 생각되는 이유, 또한 그럼에도 오늘의 우리에게 시사하는 바를 함께 드러내고 있다.

먼저 어색함의 근원은 덕성에 여전히 부착된 '귀천의 차등(차별)'에 있다. 다산은 민인을 9직 전업의 산업 체계로 재편하고 이에 기초한 수취 체제까지를 경학적·경세학적으로 모색했다. 그러나 직에 부착된 덕성에 근거한 차별을 분리하는 것에는 이르지 못했는데, 그 역시 유학에서 체결했던 직과 덕성의 결속, 그리고 이에 기초한 차별의 자장 내에 있었기 때문이다.

그런데 이러한 한계는 유교국가가 덕성에 지나치게 부과했던 역할의 측면에서도 고려될 필요가 있다. 희소한 자원과 사회적 생산, 그리고 권력을 어떻게 분배하느냐는 사회와 국가에게 주어진 보편적인 과제이다. 이에 대해 유교국가가 마련했던 방안은 덕성에 정초한 지배 구조에 있었다. 애씀의 대상에 육체와 마음 모두를 두었으되 각각은 피지배자와 지배자가 전유했는데, 그 근원에는 덕성의 차이에 기초한 귀천의 분별이 자리했다. 또한 노력자의 사회적 가치와 효용을 통공역사로 설명하면서도 공상을 말업으로 간주하여 성장을 막았는데, 여기에도 이익의 욕구가 의로움의 덕성을 헤쳐서 종국에는 유교국가의 근원적 위협이 될 수 있다는 인식이 자리했다. 뿐만 아니라 교육과 의례, 형벌과 수취 등에서도 이처럼 덕성 혹은 그것에 부착된 귀천의 차등(차별)이 토대로 자리 잡은 것은 마찬가지였다. 바로 19세기에 융기했던 직역(직분) 담론을 오늘날의 직업론과 동질의 차원에서 평가하기 어렵게 하는 요인들인 것이다.

그러나 그러한 덕성을 유교국가의 통합적 이념의 지위로부터 자유롭게 할 수 있다면, 그것이 보이지 않는 차별이 여전한 오늘날의 직업에 유의미한 가치가 될 수 있지 않을까도 생각해 본다. 유교 경전은 일면 고원했던 덕성을 실천적이고 보편적인 윤리로 전화할, 그리고 그 토대 위에서 제 민인의 직업적 재편과 공생을 이끌어 낼 가능성을 제시할 수 있는가? 만약 그러하지 못하다면, 오늘날의 우리는 이로부터 어떠한 유의미한 접점과 가치를 모색해야 하는가? 오늘날의 조귀철(A)에게 유학이 응답해야 할, 그리고 현대경학의 방법론이 경전의 오독과 시대착오의 사이에서 온당한 방향을 찾기 위해 답해야 할 공통된 질문이기도 하다.

제8장 최한기의 경학관*

— 성경聖經에서 천경天經으로

이행훈

1. 운화기와 기학 정립

19세기 중반 최한기는 중국으로부터 서양 근대 학술을 수용하여 '기학'을 제창했다. 그는 천지에 가득 차고 물체에 푹 젖어 있는 것, 모두 기 아닌 게 없다고 하여,[1] 기를 모든 존재의 본질로, 리는 기의 조리로 인식하면서 종래 유학의 핵심 개념들을 '기'자 하나에 담아내는 지적 실험을 펼쳤다. 사람이 사물과 세계에 대해 인식할 수 있는 것도 '신기神氣' 때문인데, 신기는 모든 존재의 본질이자 대상을 인식할 수 있게 하는 근원이다. 오관을 통한 감각 경험이 축적되고 추측으로 경험이 확장하면서 지각을 형성한다. 경험을 중시하는 최한기 철학사상은 인식 이전에 선천적인 앎이란 존재하지 않는다고 주장한다. 우주자연의 기의 운동법칙 그 자체는 '유행지리'이며, 이를 인식한 것은

---

* 본 논문은 성균관대 유교문화연구소 비판유학·현대경학 연구센터에서 개최한 학술회의 〈현대경학의 방법론적 모색 2〉(2023.2.10.)에서 발표한 논문을 수정 보완한 것임.
1) 『神氣通』, 권1, 「體通」, 〈天人之氣〉, "充塞天地, 漬洽物體, 而聚而散者, 不聚不散者, 莫非氣也. 我生之前, 惟有天地之氣, 我生之始, 方有形體之氣, 我沒之後, 還是天地之氣, 天地之氣, 大而長存, 形體之氣, 小而暫滅."

'추측지리'로 분별하여 인식된 세계와 객관 세계의 괴리를 줄이는 방법으로 증험을 강조했다. 일찍이 『기측체의』에서 형성된 인식론적·존재론적 신기 개념은 『기학』에 이르러서 활동운화하는 기, 줄여서 '운화기'로 정립되었다.

그는 상고, 중고, 근고, 방금으로 역사 시기를 구분하면서, 한 시대를 특징지을 만한 학문과 그 변천을 시대의 산물로 파악했다. 예컨대 상고에는 제가齊家와 치국의 대경대법大經大法이 세워졌고, 중고는 한대 훈고학과 불교의 선설禪說, 위진남북조의 현학玄學이 성행했고, 근고는 당·송·원·명의 성학性學, 리학, 심학이 발달했으며, 방금은 지구가 드러나서 사해의 인도가 통합되고 운화가 밝혀져 만물의 조화가 표준이 있게 되었다고 정리했다.[2] 공자의 시대에는 밝혀지지 않았던 기의 활동운화가 이제 밝혀진 것은 경험과 지식의 축적, 그로 인한 인지의 확장에 기인한다. 공자의 "하늘이 무슨 말씀을 하시는가. 그대로 사시가 운행하고 백물百物이 이루어지니, 나는 아무 말도 하지 않으련다"라는 언급을 들어, 운화를 잠잠히 이해하면 많은 말이 필요 없다고 풀었다. 동시에 과학기술의 발전으로 과거에는 알 수 없었던 새로운 사실들이 밝혀지고 있는 만큼 세계에 대한 잘못된 이해를 바로잡는 데 필요한 말을 해야 할 시기라고 진단했다. 즉 방금의 운화기는 옛사람의 발명과 증험을 바탕으로 기기器機로 시험하고 이용하는 데 이르렀으니 형질이 있는 리요, 조화하는 물이므로 이를 깨달으면 말이 없을 수 없다는 것이다.[3] 공자가 '괴력난신'은 언급하지 않았다는 것도 같은 맥락에서 이해할 수 있다. 운화기가 규명되지 않았던 과거 시대에

---

2) 『人政』, 권16, 「選人門三」, 〈學問比較〉, "上古, 以齊家治國之大經大法, 顧俊學賢, 橫處質實, 中古, 訓詁文辭繁興, 佛敎禪說參入淸虛, 近古, 理學, 探無形而勉誠實, 橋靡俗而明義理, 方今 地球呈露, 而四海人道一統, 運化漸明, 而萬物造化有準."

3) 『人政』, 권8, 「敎人門一」, 〈無言有言〉, "論語曰, 天何言哉. 四時行焉, 百物成焉, 予欲無言, 是乃默識運化, 不在多言, 承順運化, 豈以言哉……方今運化之氣, 賴古人之多言發明, 累試證驗, 至於將器械而試之用之, 果是有形質之理, 有造化之物. 旣有見於此, 不可無言."

는 인도를 세우는 일에 치중했고 '이제는 말할 수 있다'는 것은 밝혀진 운화로 이전의 학설을 검토하고 바로잡을 수 있게 되었기 때문이다. 과거와 현재의 학설을 취사선택하는 문제에 대해서도, "고금을 참작하는 것이 비록 학문을 완비하는 것이지만 옛날에만 통하고 지금은 통하지 못함보다 차라리 지금에 통하고 옛날은 통하지 못하는 것이 낫다. 고금을 통하여 변치 않는 경상經常은 예나 이제나 다를 바가 없으므로 반드시 옛것을 빌려다 지금에 쓸 필요는 없기 때문이다"⁴⁾라고 했다. 사람으로서 지켜야 할 보편적인 도리는 고금에 큰 차이가 없다는 인식과 함께 학문이 단지 시대의 반영이 아니라 전대의 학문을 딛고 발전한다는 의식이 담겨 있다. 이처럼 지금 우리가 발 딛고 있는 현실(方今運化)을 중시함으로써 옛 성현의 학문을 절대화하지 않고 현재에 비추어 비판·계승해야 한다고 강조한다. 최한기는 오륜을 인륜 상도로 여기고, 인의와 예악을 통한 교화를 인도 실현의 변함없는 방책으로 삼았으나,⁵⁾ 성인이 다시 태어나도 바꿀 수 없는 '대경대법'과 달리 예법이나 문물제도는 변통의 대상으로 간주했다. 인도를 실현하는 구체적 방도는 응당 현실에 합당해야 한다. 성인이 제정한 예법도 그 시대의 운화(方今運化)에 근거했음을 잊지 말아야 한다.

그는 추측의 이치가 유행의 이치에 부합하는 '천인운화天人運化'에 승순해야 한다고 주장한다. 운화에 승순한다, 따른다는 말은 무엇인가. 인간은 우주자연의 법칙 안에서 살아간다. 인류가 역대로 만들어 온 문명도 그러한 법칙을 깨닫는 가운데 진전해 온 것이다. 만년에 집필한 『승순사무』에 이르기까지 운화에 승순하는 원리가 일관된다. 인간의 모든 사무와 삶의 도리가 천도로부

---

4) 『神氣通』, 권1, 「體通」, 〈古今人經驗不等〉, "酌古參今, 雖爲學問之完備, 與其通古而不通今, 寧通今而不通古也. 古今不變之經常, 古今無異, 不必借於古而用於今."

5) 『神氣通』, 권1, 「體通」, 〈通教〉, "君臣有義, 父子有親, 夫婦有別, 長幼有序, 朋友有信, 以爲倫常之目, 仁義禮樂, 以爲導化之方. 是實人道之所固有, 聖人特名言其條目而已. 縱使聖人復起, 不可變換此道."

터 당위성을 확보하여, 개인과 사회, 국가를 넘어 일통—統의 대동세계를 이루는
게 그의 바람이었다. 우주의 장구하고 광대한 시간과 공간 인식 위에 수립된
역사의식이나 문명교류에 관한 이해에 따라 풍토가 다르고 언어와 문화, 역사가
다르더라도 자연의 법칙에 따라 살아가는 사람의 모습은 크게 다르지 않다고
파악했다. 사람이 좋아하고 싫어하는 바도 대동소이하다. 따라서 세상에 대한
근심과 우려를 듣고 그 의견을 모으면 정치가 바로 서고 안정도 이룰 수 있게
되어 천하가 모두 대동을 이룰 수 있다고 낙관했다.[6] 학문의 궁극적인 목표가
운화에 승순하는 일통된 사회였던 만큼 『인정』에서는 일신운화로부터 통민운
화 그리고 대기운화로 이어지는 삼등운화를 체계화하여 조선 후기 정치의 전횡
과 난맥상을 바로잡으려 했다. 사람을 헤아리고 가르치고 뽑아서 적재적소에서
자기 역할을 다할 수 있도록 하는 것이 바로 인도와 사무를 천도에 어긋남이
없도록 하는 세부 방안이었다. 이 또한 천인운화의 사회적 적용이다. 그래서
얼핏 보면 일종의 행정지침서 같은 『인정』은 매 항목마다 벼리가 되는 기학의
원리가 녹아 있다. 최한기가 수립한 기학은 그런 의미에서 인간학이며, 유학이
추구해 온 학문적 목표와 맞닿는다. 학문의 쓸모를 가르는 기준도 인도와 인사
를 위한 것인가 아닌가를 기준으로 삼았다.[7] 최한기가 말하는 실학의 의미가
여기에 있다. 서구 근대 과학기술이 기학의 체계를 수립하는 데 하나의 자극제
였다면 유학의 인도는 동서고금에 보편적으로 통용될 원리로서 실학이었다.

　　조선 후기 대표적인 실학자인 정약용이 경전 해석학, 특히 경전으로 경전을
해석하는 방법으로 자신의 철학을 체계화하고 독창적인 견해를 제기했다면,
최한기는 서구 과학을 위시한 근대적 문명 성취를 열성적으로 수용하여 기학을

---

6) 『明南樓隨錄』, "合聚衆謨, 則宇內大同, 難遏之勢, 固有之事. 一統圖治, 承運化之天則, 制人
　　道之順軌, 雖欲違戾, 而不可得也."
7) 『人政』, 권1, 「測人門—○總論」, 〈有用無用〉, "大而爲人之道, 小而經綸之事, 爲有用也.……
　　爲人道爲人事, 皆是有用, 不爲人道不爲人事, 皆是無用."

수립했다. 따라서 그의 경학에 관한 이해는 정약용에 비교할 수 없고 그다지 주목받지 못했다. 그러나 최한기의 경학 이해와 경전에 대한 언급은 저술 곳곳에 나타난다. 사실 추상적이고 독창적이라 평가받는 기학의 언어와 개념은 유학을 필두로 한 오랜 문화적 지식 축적 속에서 생성되었다. 1836년 34세 최한기는, "경전은 마음을 다스리는 도구"(經傳理心之器)라고 『추측록』에 적었다. 예서禮書나 악서樂書를 읽고 애경哀敬의 마음이 일어나고 형정과 사책史策을 읽고 마음에 규모가 정해지고 지략이 생기는 등 마음을 절차탁마하는 데에 경전사책 經傳史策의 효용을 인정했다.8) 마음에 대한 형이상학적 언급을 줄곧 경계했던 그이지만 마음이란 내가 조종하기에 달려 있다고 보았기에 경전사책 공부가 작게는 한 집안 크게는 국가 경륜에 도움을 줄 수 있다고 보았다.9) 그렇다고 경전을 절대시한 건 아니다. 허다한 저술에도 우열은 있으며, 경전도 예외일 수 없다.10) 성인의 명목만 존숭하는 세태는 굳이 논할 가치도 없다. 경전은 수기와 치인의 도구일 뿐이다. 경전이 경전일 수 있는 이유는 그 유훈이 현세에 도 통용될 수 있는 보편적인 가르침을 담았기 때문이다. 그 밖에 당대 사정은 경전에 담겨 있다고 모두 좇을 게 아니라 마땅히 취사선택해야 한다. 삼대 때에 저술된 글이 많겠지만 후세까지 전해진 것은 많지 않다. 오랜 세월이 지나도 세상에 전해져 내려오는 것은 그만한 가치가 있기 때문이다. 가령 한나라와 진나라 이후로는 문자를 조금이라도 아는 사람이면 저술을 남겼으니, 무형의 사물과 밝히기 어려운 일에 대해 도설圖說하고 뒤따라 이를 찬미하고

---

8) 『推測錄』, 권6, 「推物測事」, 〈經傳理心之器〉, "經傳所以理心之器也.……讀禮書而哀敬之心 著焉, 讀樂書而和平之心暢焉. 讀刑政而規模定, 讀史策而智畧生, 凡有所讀, 輒有此心之切磋 琢磨, 以進於光明正大之域."

9) 『人政』, 권16, 「選人門三」, 〈爲民選擧在於心〉, "作於心, 害於事, 害於政, 理所固然, 心之所 主在我, 操縱量度, 輕重大小, 萬姓制治, 重且大焉, 一二人事, 輕且小焉. 收聚統民運化, 而存 諸心, 世間經綸, 盡入範圍, 經傳史策, 方開證驗, 一家康濟, 在其中而周旋."

10) 『神氣通』, 권2, 「目通」, 〈見通書籍〉, "古人之經傳史策, 許多著述, 亦豈無優劣哉."

주해를 추가하면서 이를 비판하는 사람은 공격하여 그에 대한 시비가 한우충동 汗牛充棟에 이르렀다고 비판했다.[11]

최한기는 심지어 '서양 성현의 경전'(西國聖賢經傳)이라 할지라도 천하에 통행 할 만한 것이 있다면 취해서 써야 한다고 주장한다.[12] 그가 말한 경전은 이처럼 공맹 유학의 전승이나 도통에 국한되지 않는다. 취사의 기준은 오직 천인운화天 人運化에 부합하는 정교政教다. 천하에 통용되는 경전은 스스로 준행하기에 유익 하기 때문이지 단지 성현의 이름 때문에 숭상하는 게 아니다. 따라서 취할 만한 것만 가려서 모으면 '근대의 경전'(近代經傳)이 되지 말란 법도 없다.[13] 천인 운화에 합당한 정교를 담은 경전은 곧 천경天經이다. 성경聖經에서 천경으로 전환을 선언할 수 있는 토대가 이렇게 마련됐다.

2. 성경에서 천경으로 전환

현존하는 최한기의 저술 가운데는 경전 주석서가 전해지지 않는다. 경학 관련 저술로 보이는 『통경通經』을 집필하였으나, 그 서문만이 남아 있다. 『통경』 서문에서 그가 십삼경을 연구하여 경학에 대해 일정한 견해를 갖고 있었음을 확인할 수 있다.[14] 그의 나이 34세(1836)에 저술한 경세서 『소모素謨』도 바로 그러한 학문탐구의 결실이다. 『소모』에서는 "위대하다! 육경의 가르침이여.

---

11) 『推測錄』, 권6, 「推物測事」, 〈書籍取捨〉 참조.
12) 『明南樓隨錄』, "中國聖賢經傳, 使西國賢知讀之, 必有取有捨, 西國聖賢經傳, 使中國賢知讀 之, 必有取有捨, 統其取捨, 辨別其由, 所取者, 乃天下通行之道, 所捨者, 非天下通行之道, 是 則中國西國大綱之取捨, 以天下通行爲宗旨, 則其源出於運化政教, 是眞可取也."
13) 『明南樓隨錄』, "蓋天下人之所取, 爲有益於自己遵行, 非徒爲其聖賢名稱而尊尙之也. 從今以 後, 政教立言之人, 當念天下人之取捨, 言其所取, 不言所捨, 安知不爲近代經傳也."
14) 『惠岡雜藁』, 「通經序」 참조.

인을 드러내어 만물을 이롭게 하고 그 공능은 선을 즐길 만하다. 왕공王公이 공경스럽게 밝히면 천하를 변화하여 완성시킬 수 있고 신료가 잘 생각하면 임금을 바르게 인도하여 감동하게 할 수 있다. 그 가르침은 마땅함이 있고 그 쓰임은 끝이 없다"[15]라고 육경의 효용을 강조했다. 최한기가 30대에 육경을 비롯해 다수의 경전을 탐독했으며, 당시 정치·사회 현안에 대한 해법을 모색했음을 알 수 있다. 같은 해 저술한 『강관론』도 나라를 다스리는 관건이 군주가 성덕聖德을 성취하는 데 있고, 군주가 성덕을 얻는 데는 강관의 보도補導가 중요하다는 취지에서 집필했다. 제왕학帝王學, 강관講官, 강의講儀, 강규講規 등 네 편으로 구성했는데, 기술 방식은 각 편의 중요한 논점을 서두에 제시하고 그에 해당하는 경연 기록이나 역사적 사건, 인물에 대한 포폄 등을 채록하고 각각 자신의 논평을 덧붙였다. 여기서 인용한 원문만으로도 경사자집經史子集에 걸친 방대한 독서량을 확인할 수 있다.[16] 그러면서도 실천에 도움이 되고 후일 권계가 되게 하는 일은 자신의 책이 아니라 다만 이를 활용하는 사람에 달렸을 뿐이라고 했다. 이는 자신의 저술에 대한 일종의 겸사이자 실천의 중요성을 거듭 강조한 표현이다. 옛사람이 경적經籍에서 논한 윤상은 고금에 차이가 없지만, 그 대도大道와 세절細節에 대한 논의는 후대에 이를수록 축적되므로 그 시비와 공의公議는 물론이고 책의 유포와 전승도 결국 후세 독자의 공론에 따라

---

15) 『素讀』, "大哉, 六經之有教也, 顯仁足以利物, 藏用足以獨善, 王公欽明, 化成天下, 臣僚克念, 格感君上, 其教有適, 其用無窮."

16) 최한기가 직접 밝힌 저술만 해도 『通鑑』, 『大學衍義』, 『王起傳』, 「冊府元龜」, 「官職分紀」, 『仁宗實錄』, 『言行錄』, 呂公著의 「家傳」, 「係年錄」, 『二程全書』, 『朱子大全』, 『桓榮傳』, 『類要』, 「崔鄲傳」, 『宋編年備要』, 「沂公言行錄」, 『潛確類書』, 「曾孫絲記」, 『山堂肆考』, 『國史』, 『天中記』, 『程氏遺書』, 『程氏外書』, 『博物典彙』, 『續文獻通考』, 「五學編」, 「陸釴傳」, 『四朝國史』, 『伊川集』, 『通鑑輯覽』, 『世宗實錄』, 『晉書』, 「記聞」, 「事略」, 『歸田錄』, 「墓誌」, 『李薦師友談記』, 『胡氏魯語講設』, 『誠齋集』 등 40여 종에 이르고, 치국의 도리와 군주의 수양에 대한 여러 논평에서 경전과 역사에 대해 나름 광범한 지식을 축적하였음을 알 수 있다.

결정될 뿐이라는 견해도 같은 맥락에서 이해할 수 있다.[17]

최한기는 유학의 근본정신을 추구하면서도 주공과 공자의 선례에 매이지 않고 변통을 강조했다. 성인이 백세의 스승이 된 까닭은 윤리와 정치의 도리를 밝히고 문질을 손익하여 후세 사람들이 올바른 도리를 준수할 수 있도록 가르쳤기 때문이다. 후세에 주공과 공자를 배우는 사람은 성인이 참작하고 손익한 것을 배워야 하며, 제도나 풍속은 고금이 다르고 역산과 물리는 후세로 올수록 더욱 밝아졌으니 성인의 대도를 본받아서 지킬 것은 지키되 변혁할 것은 변혁해야 한다고 주장했다.[18] 굳이 '제도와 풍속', '역산과 물리'를 들어 그 변화에 따른 참작과 손익을 강조한 이유는 '주공'과 '공자'의 남은 자취에만 몰두하고 현실을 도외시하는 세태를 바로잡기 위해서다. 최한기는 성현의 유훈을 고집하지 않고 부단히 변화하는 현재를 기준으로 학문을 정립했다. 이런 학문 자세는, "요순은 옛날의 성왕이고 주공은 옛날의 성인인데, 오직 요순과 주공만을 말하며 수천 년 동안 그들에게 미칠 수 있는 이가 없는 듯이 여긴다. 그러나 임금으로서 임금의 일을 제대로 한다면 '금세의 요순'이 되는 것이고, 신하로서 신하의 일을 제대로 한다면 '금세의 주공'이 되는 것이다"[19]라는 언급에서 거듭 확인된다. 그에게 경전과 사서의 교훈은 엄밀한 의미에서 지난날의 경험일 뿐이다.

---

17) 『神氣通』, 권3, 「手通」, 〈書蹟久遠〉, "古人之流傳經籍, 論其倫常, 則深得大綱, 無有古今之異. 至論其大道細節, 則如曉起而說曉時所見所行, 今人之論大道細節, 如當午而說得曉午之所見所行, 推曉測午, 推午測曉. 後人之論大道細節, 如當夕而并論自曉至夕之所見所行, 則天下萬歲之是非公論. 在後人之攸定, 猶無待於今之人, 而書籍之流傳, 亦從其公論, 爲之壽夭."

18) 『氣測體義』, 「序」, "周公孔子所以爲百世師者, 不在於周公孔子之尊號, 又不在於容儀神彩, 況復在於居處動作衣服宮室及其所遇之時乎. 實在於立綱明倫修身治國之道, 參酌乎古今, 損益乎質文, 明其道, 正其誼, 以詔後世, 遵守天人常行之宜, 此所以爲百世師也. 後之師周孔者, 惟當師其參酌損益之所在, 豈惟師其所不在也. 至於國制風俗, 古今異宜, 歷算物理, 後來益明, 則師周孔之通達大道者, 將膠守周孔之遺蹟而無所變通耶."

19) 『講官論』, 권1, 「帝王學」, "堯舜, 古之聖王也, 周孔, 古之聖人也. 惟以堯舜周孔稱之, 有若隔絶數千載, 而不可及也. 然爲人君而行人君之事, 卽今世之堯舜, 爲人臣而行人臣之事, 亦今世之周孔也."

진정으로 성현의 법과 제도를 계승하려면 과거의 경험을 지식으로 축적하고 '현재', '여기'에 있는 '나'의 체험을 통해 오늘의 지혜로 재구성해야 한다. 최한기가 후세의 정치를 요순에 비해 못하다고 비판하는 이유도 여기에 있다. 예를 들면 경전이 갖추어지고 강관의 제도가 완비되어도, 경전을 토론할 줄만 알고 허물을 바로잡아 잘못을 간하지 않고, 성왕의 정치는 말하면서도 당대에 맞게 시행할 줄은 몰라 강관의 직분을 다하지 못한다고 지적했다.[20]

경전과 사서는 제왕학의 기본 교재였다. 조선시대 경연에서도 경전 주해와 역대 정치 시비에 대한 강론이 빈번했다. 경전에서 성현의 가르침을 깨달아 마음을 다스리고, 사서에서 여러 나라의 흥망성쇠를 감계 삼아 정사를 올바르게 펼칠 소양을 갖추는 데 초점이 맞춰졌다. 따라서 경학과 역사는 군주의 자질을 함양하는 방편으로 선후의 논란이 있을 정도로 중시되었다. 최한기는 스승에 경사經師, 인사人師, 기사氣師의 세 등급이 있다고 했다. 경사는 말하자면 증거를 인용하여 해석하고 몽매한 것을 깨우치는 자요, 인사는 기국에 따라 진퇴시켜서 인도를 성취시키는 자이고, 기사는 인물의 운화를 구명하여 거기에 승순하게 하는 자이다.[21] 제왕의 학문적 성취를 보도하는 강관의 등급도 셋으로 나눴는데 역시 삼등운화로 천인의 정교를 실현하게 할 운화기에 능통한 사람을 높이 평가했다. 그 밖에는 경전의 가르침을 준행하게 하거나 선왕의 법도를 돌아보고 하는 능력이 있는 자들이다.[22]

---

20) 『講官論』, 권2, 「講官」, "堯舜之世, 雖無講官之職, 都兪吁咈, 各盡其職, 則無非講官也. 自漢以後, 講職浸備, 經傳之究解詳細, 惟以討論爲事, 而與彼繩愆糾謬, 辦爲兩路. 此所以治不逮堯舜也. 夫經前代聖主之治謨也, 講其治謨, 而不有當今揩行之規, 是無用之講也. 漢唐宋講讀諸臣, 何嘗皆能效職, 遭遇明時, 得陳所懷之多少, 足爲千古觀聽之美."

21) 『人政』, 권12, 「敎人門五」, 〈三等師〉, "經師易得, 而人師難得, 人師易得, 而氣師難得, 經師引證訓釋, 發蒙啓愚, 人師因器進退, 成就人道, 氣師人物運化, 究明承順."

22) 『人政』, 권15, 「選人門二」, 〈選講官〉, "經筵, 乃帝王之學問, 講官學問, 有得於三等運化, 則聖學成就, 直蹈本源, 天人政敎, 并擧體用, 講官學問, 得於經傳聖學, 因經傳薰陶, 古人陳蹟, 方今須用, 擧此摹襲, 講官學問, 有得於國朝典章, 聖學考問儀式, 先王成憲."

최한기는 요순과 주공을 사표로서 인정했으나 성인이라고 신성시하거나 그들의 지난 언행에 절대적 권위를 부여하지 않았다.

『중용』에 '중니는 요순을 조술하고 문무를 헌장하며, 위로는 천시를 본받고 아래로는 수토를 인습했다'고 했다. 위의 두 구절은 통민운화의 도리이고 아래 두 구절은 천지운화의 도리이다.…… 다만 상고시대의 경험은 후세에 점차 갖추어진 것만 못한 법이니, 만일 공자가 뜻했던 것에다가 후세의 누적되는 경험을 참작해 간다면, 기화의 도리가 만고에 관철되어 내외가 겸비되고 본말을 갖추게 될 것이다. 이 어찌 다만 공자의 도리만이 오래될수록 더욱 통창해서일 뿐이겠는가. 진실로 운화의 인도는 고금이 다르지 않기 때문이다.[23]

부단히 변화하는 세계에도 시대를 뛰어넘는 보편적 가치가 존재한다. 공자가 요순을 조술하고 문무를 헌장한 것은 백성을 다스리는 도리이며, 천지를 법 삼은 것 또한 천지운화의 도리로서 원리적인 측면에서 고금을 떠나 통용될 수 있는 도리이다. 공자의 의의는 보편적 가치를 드러내었기 때문이지 공자의 경험이 후세의 경험을 넘어설 수는 없다. 인류의 경험과 지각이 점차 누적되고 확장해 왔다는 인식, 그러한 기학의 철학에 기반해 최한기는 경전을 재해석했다. 주공과 공자가 예악을 제작하고 시서詩書를 산정할 수 있었던 것도 누적된 경험에 기인한다.[24]

---

23) 『人政』, 권10, 「敎人門三」, 〈古今道無異〉, "仲尼, 祖述堯舜, 憲章文武, 上律天時, 下襲水土, 上二句, 統民運化之道, 下二句, 天地運化之道.……特以上世之經驗, 不及後世之漸備, 若擧夫子之所志, 參後世之積累經驗, 氣化之道, 貫徹萬古, 兼內外該本末, 奚特夫子之道, 愈久而益暢, 實由運化人道, 古今無異也."

24) 『推測錄』, 권6, 「推物測事」, 〈聖經本於天經〉, "經常之論, 隨人見聞閱歷之大小遠近, 而自有疎密淺深之分, 伏羲唱之於先, 而閱歷則堯舜漸多, 見聞則周公孔子益廣, 於是制作禮樂, 刪定詩書."

최한기는 수많은 책이 있고 독서하는 사람마다 주안점이 기송記誦, 해석, 고증, 사장辭章 등 다르지만, 경전에서 상도 즉 행사의 마땅한 도리를 구하고 사전史傳에서는 권선징악의 다스릴 방도를 찾는 것을 관건으로 삼았다.25) 전통적인 경학 연구와 유사해 보이지만 최한기는 하늘의 문장, 땅의 문장, 인물의 문장에서 살아 움직이는 운화기를 깨닫는 데에 목적이 있었다. 왜냐하면 경전經傳의 문장은 교접운화交接運化의 상도常道를 천명한 것이고 사책史策의 문장은 통민운화統民運化의 시정時政을 기재한 것이고, 우주宇宙의 문장은 천인운화天人運化의 대도를 수립하는 것이기 때문이다.26) 최한기 경학의 특징은 여기서 한 걸음 더 나아가 실제 사무와 연결할 때 비로소 가치를 지닌다. 세상의 고명한 학자들 가운데 경전과 사책의 글 뜻을 논할 뿐 실제 나라를 경륜하고 법도를 제정하는 데에 부족한 점이 많다는 지적이나,27) 경전에서 저마다 근거를 찾아 말만으로 학문의 우열을 다툰다면 질 사람이 없다는 한탄도 이 때문이다. 학문은 사무를 위한 것이어야 하고, 사람의 행사는 인도를 기준으로 삼아야 하는데 인도는 바로 인심과 운화를 따르는 것이다.28)

최한기는 수십만 권에 달하는 사고서적四庫書籍 가운데 허를 숭상하거나 현실에 맞지 않고 번쇄하여 쓸모없는 책을 제외하면 실제 쓸모 있는 책은 얼마 안 된다고 평가한 바 있다.29) 〈역대주경歷代注經〉에서는 경전의 주석이 시대마다

---

25) 『推測錄』, 권6, 「推物測事」, 〈經有常史有治〉, "經傳雖多, 推一常字, 測措行之宜, 史傳雖煩, 推一治字, 測勸懲之方.……然惟常與治, 乃經史之管鍵也."

26) 『人政』, 권8, 「敎人門一」, 〈文章〉, "後之學文者, 必於天之文章, 地之文章, 人物之文章, 見得活動運化之氣.……經傳文章, 闡明交接運化之經常, 史策文章, 記載統民運化之時政, 宇宙文章, 樹立天人運化之大道."

27) 『人政』, 권12, 「敎人門五」, 〈經邦制治學〉, "世所謂學問高明之人, 惟於經傳史策, 論其文義, 至於經邦制度, 率多忽略."

28) 『人政』, 권12, 「敎人門五」, 〈以行事辨學問〉, "學問優劣, 但以言說爭辨, 彼此引據經傳, 何嘗有一言之負哉, 常以措畫事務, 決處疑難, 各陳所學, 證驗在前, 違合立判. 人心之向背, 運化之順逆, 爲取捨之斷案, 非我心之獨決, 乃人道之就質."

다름을 전제하고 그 수용과 취사 방법을 논했다.

① 경훈의 저술은 공문으로부터 비롯되었으며, 공자 이후에는 공자를 스승삼
아 법칙으로 하였다.

② 경훈을 미루어 시행하는 사람은 공자의 본지에서 이탈하지 않는 것을
주장하고, 경훈을 해석하고 설명하는 사람은 대중을 계몽하는 데 뜻을 두었
다. 경훈의 내용은 경상의 대체를 논한 것과 당시의 폐단을 경계하여 바로잡
은 것이다.

③ 경상의 대체는 고금이 크게 다르지 않지만, 폐단은 시대마다 다르고 방법
도 다르므로 참작이 필요하다. 경훈에 대한 주석은 시대에 따라 사람마다
취사가 다르다. 각자의 수용은 시대마다 알맞게 하는 것이지만 지금 보고
들은 것으로 경훈의 의의를 증험해야 한다. 전례典禮의 본말을 탐구하는 사람
은 사곡과 쓸모없는 것을 버리고 평상과 쓸모 있는 것만을 취해야 한다.[30]

경전 해석학은 공자 문하에서 비롯되었으며, 애초 목적은 공자의 본지를
밝혀 대중을 계몽하는 데 있었다. 그런데 경전 및 주해에는 고금에 통용되는

29) 『神氣通』, 권2, 「目通」, 〈見通書籍〉 참조.
30) 『推測錄』, 권6, 「推物測事」, 〈歷代注經〉, "經訓述作, 肇自孔門, 先孔子者, 至孔子而得傳, 後
孔子者, 師孔子而取則, 然厤運迭作, 風移俗遷, 推移施措者, 以不違孔子之本旨爲主, 解釋演說
者, 以開發時人之蒙蔽爲務, 各適其時, 以其時觀之, 皆有攸當, 以今觀古, 宜有參酌, 聖門著述,
或凡論經經常, 或規切時弊, 經常之論, 無古無今, 時弊之端, 有古有今, 蓋由於國典之不同, 而生
弊亦異, 弊旣有異, 其所矯捄亦異, 古之規切, 或有不合於今者, 然濟民捄治之義, 在古今無異
也, 是乃執政行經者, 不易之規也, 至於注釋經訓, 亦因其時之不同, 又有其人之取捨, 漢儒注
解, 去古未遠, 或拾其傳聞, 或記其所見, 而庸常之大體, 已解釋矣, 自兩漢至于趙宋之初, 碩輔
名賢, 皆將此習讀, 記述疏章, 多取於斯, 曲暢傍通, 亦梯于此, 自己須用, 參酌于上下, 要適其
時, 然若夫設敎而開發昏愚, 則不可不因今所見, 而證古昔所未見之義, 因今所聞, 而證古昔所
未聞之義, 故演說經訓, 皆有當時所適, 後來釋經者, 旣藉前人釋經, 而有所推明, 又以時政俗習
之矯枉, 而有所激勵規切耳, 非賤棄前人釋經之質畧, 而誇後之詳密也, 又非求勝于前, 而有作
于後也, 有志于典禮之原委者, 不可以今廢古, 亦不可取古遺今, 捨邪曲而取平常, 捨無用而取
有用."

것도 있으나, 각 시대의 폐단을 해결하려는 방편도 있으니 현재에 맞지 않는데도 경전에 실려 있다고 해서 무조건 따라서는 안 된다. 마땅히 경전 주석의 역사성을 고려하여 취사선택하고, 그 의의도 현재에 맞춰 검증해야 한다. 각각의 시대에는 그때의 운화에 따른 학문과 문화가 있고, 활동운화하는 세계의 모든 사물이 변하듯이 사회 역사도 적절한 변통을 통해 끊임없이 변화 발전한다. 이는 역사 현실에 조응하는 인간의 주체적·능동적인 대처로 인해 나타난 변화다. 최한기는 이런 변화를 긍정적으로 수용한다. 이른바 유학의 상고주의와 다른 길을 걸을 수 있었던 데는 운화에 의거한 기학과 지식의 축적으로 인류의 역사가 점진적으로 발전한다는 신념이 밑받침되었다. 운화기를 따라서 경험하고 추측한 실다운 지식은 경전 사책에 담긴 인도人道 경상經常과 더불어 실제 사무와 정치의 근간이 된다. 이런 관점에서 심리心理나 신령神靈 등 허황된 지식을 쫓는 자는 정작 정치 실무를 논할 때 고작 상고시대의 글귀에 구애되거나 속습의 예투나 따진다고 비판했다.31) 경전의 문구만 논란할 뿐 당장 실무에는 일언반구도 하지 못하고, 현재 습속과 동떨어진 과거의 예법만 고수하는 것은 경학을 잘못한 폐단이나 다름없다.

세계는 그 자체로 자기 운동성을 갖고 부단히 변화한다는 것이 최한기 기학의 핵심 명제이다. 성인 또한 당대의 운화를 바탕으로 경상의 대체를 밝혔다면 결국 진리 검증 기준은 변화하는 현실 세계다. 성경에서 천경으로의 전환을 선언할 수 있었던 것은, "하늘은 대덕을 가지고도 말이 없되 그 행사로 경을 삼고, 사람은 성덕聖德을 가지고 입언하되 윤상으로 경을 삼는다. 무언無言

---

31) 『人政』, 제14권, 「選人門一」, 〈選知識〉, "知識有虛實, 循氣經驗推測所得, 乃實知識, 歷象地志數學物理, 得運化之實跡, 經傳史策, 得人道之經常, 施措於天下生靈之事務也, 若不識身之運化, 而以心理爲準的, 又不識氣之質質, 而以神靈爲造物, 平生究索, 乃虛知識, 當事而恨前知之未澈, 溫故而誦神識之不逮, 論治謨, 則泥着於上古之傳說, 思經編, 則推問於俗習之例套, 惟爲同類講論之資矣."

의 것을 잘 형용한 것이 천도이고, 물리를 명백하게 나타낸 것이 인도이다"32)라는 언급에서 확인된다. 객관 세계의 법칙은 천도이고, 이를 밝힌 것이 물리(추측된 이치)이며, 그 실행 방도가 인도이다. 그런데 사람들은 성인의 경전 글귀에 지나치게 집착해서 경전에서 권위를 빌려 자신의 권위를 내세울 줄만 알고 자신이 발 딛은 현실에 관심을 기울이지 않는다. 최한기는 이런 폐단을 지적하여, "후세 사람들은 단지 '글에 도가 실려 있다'고 하여 오직 서적을 도로 여겨, 그 폐단이 바로 옛 서적만을 천착하고 유행하는 도체에는 공력을 들이지 않아 전해주고 받는 것이 단지 언어와 문자뿐이다"33)라고 비판했다. 공자를 존숭하는 이유는 평생토록 인을 실천한 데 있지 남겨진 경구에 있지 않다. 최한기는 공자의 '일이관자'를 예로 들어 실천의 중요성을 강변했다.34) 그는 여기서 훈고나 경전을 인용하는 따위의 박학을 무의미한 것으로 규정한다. 특히 당대 학풍이 훈고나 장구에 매달려 옛 문헌을 많이 인용하고 전거를 따지는 일에 치중하는 것으로 녹과 벼슬을 얻었지만, 정치에는 아무런 실효가 없다고 비판한다. 최한기는 박학이란 서책이 갖춰진 후의 일이므로 그 능력을 자랑할 것이 없다고 말한다. 경전에 대한 박학다식한 지식을 실제에 활용할 수 없다면 어디서 의미를 찾을 것인가. 더욱이 서책을 통해 얻은 지식은 지금 현재를 담고 있는 게 아니다. 그러기에 최한기는 우리 눈앞에 펼쳐진 세상을 바라보라고 역설한다. 그 세상은 운화하는 객관 세계이며 학문의 실제 대상이다.35)

---

32) 『推測錄』, 권6, 「推物測事」, 〈聖經本於天經〉, "天有大德而無言, 以行與事爲經, 人有聖德而立言, 以倫常爲經, 善形容其無言者天道也, 著物理之劓切者人道也."

33) 『人政』, 권10, 「敎人門三」, 〈求道於氣〉, "後人只說文以載道, 惟將書籍喚作道, 其弊正是鑽破故紙, 不曾用功於道體流行, 而傳之受之."

34) 『論語』, 「衛靈公2」, "子曰, 賜也, 女以予爲多學而識之者與, 對曰, 然, 非與, 曰非也, 予一以貫之."

35) 『人政』, 권11, 「敎人門四」, 〈博學〉, "博學以廣見聞, 約禮以實行事, 論語子曰, 賜也女以予爲多學而識之者與, 對曰然, 曰非也, 予一以貫之, 貫古訓行也, 然則行事, 爲博學之實, 博學爲行事前鑑, 行事無可觀可聞, 博學雖多, 竟何補益, 世俗之博學, 矜於訓詁, 摘其章句, 論事必稱古

그러므로 '성경은 천경을 근본으로 한다'는 언급이야말로 최한기의 경학관의 가장 큰 특징이라고 할 수 있다. 여기서 '천경'은 바로 운화하는 객관 세계이다. 경문은 다만 참고자료이다. 만약 경문과 지금의 사리가 일치하지 않는다면 지금의 사리를 표준으로 삼아야 한다. 또 사리가 객관 세계에 부합하지 않는다면 이는 사람의 '추측지리'가 잘못된 것이므로 마땅히 객관 세계에서 증험하여 옳고 그름을 밝혀야 한다.

그 수용須用에 미쳐서는 눈앞에 닥친 천경과 물리로 제일 먼저 관찰할 기틀을 삼아야 하고 경문의 인용은 다만 증거를 삼을 뿐인데, 만약 경문의 뜻과 사리가 서로 일치하지 않는 곳이 있으면, 이는 곧 경문의 뜻에 결함이 있는 것이니 어찌 사리를 민멸하여 버리고 분간하지 않겠는가? 오직 이 무언의 경은 갖추지 않은 일이 없고 갖추지 않은 물이 없으니, 해가 바뀜을 권질卷帙로 삼고 자연의 성색聲色으로 문리文理를 삼아, 밤낮으로 항상 읽은 것과 동정 사이에 열력한 것을 전후로 참고하면 자연 많은 증거가 생길 것이다. 성경도 또한 이 천경 가운데서 뽑아 편질篇帙을 이룬 것이니, 만약 이 뽑아낸 편질 가운데는 참고할 바가 없는 것이 있으면 모름지기 온전한 천경에 고증하여야 한다. 혹 두 경에 모두 보이되 서로 일치하지 않는 것이 있으면, 이는 사람의 추측이 잘못된 것이니, 만일 사람의 추측에 그릇됨이 없으면 이 유일한 천경 가운데서 어느 것을 상고할 수 없겠는가.[36]

文蹟之多援, 著述則必考出處而論評, 是雖無實用之博覽, 然國俗尚此, 可得祿仕, 亦無效於治民矣, 古今人大暑顯著之行狀,……所謂博學, 在於書冊, 詳備之後, 亦無以誇其能, 當於書冊, 聚其實用, 統其大義, 見得運化之妙, 實爲行事大源, 方今眼前羅列之人物林總, 充滿氣化, 眞爲我博覽博學之田地."

36) 『推測錄』, 권6, 「推物測事」, 〈聖經本於天經〉, "及其須用, 所值之天經物理, 先爲可察之機, 經文援引, 惟是證據之義, 而經義與事理不合處, 乃經義之有闕也, 豈可泯事理而無區劃哉, 惟此無言之經, 無事不備, 無物不具, 以歲代爲卷帙, 以聲色爲文理, 日夜之所常讀, 動靜之所玩閱, 前後參互, 自足援證, 聖經亦自斯經中抽繹成篇, 則無所稽於抽繹之篇者, 須考證於天經之全部, 或俱見于兩經, 而有所不同者, 人之推測差異也, 如使人之推測無差誤, 惟一全部, 何往無稽哉."

이 외에 역사를 기록한 서적의 독법과 그 실천에 대해서도 주목할 만한 견해를 피력했다.

사서史書란 후세의 경經인데, 그 서적이 방대하고 체제도 한 가지만이 아니다. 기紀·전傳·표表·지志가 비록 사실을 망라하는 좋은 방법이 되지만, 시세를 참작하는 데는 편년체의 연대를 경經으로 하고 사건을 위緯로 하는 요령보다 더 좋은 것이 없다.…… 한심스럽다! 오늘날의 조정에 서서는 아무런 건의도 못하는 사람이 전대의 사서를 논하는 데 이르러서는 아무 기탄이 없으며, 지금의 재상에 대하여는 아무런 경계하는 것도 없는 사람이 옛것을 논하는 데 이르러서는 실정이 아닌 것까지 책망하여 비난하니, 이것은 다름 아닌 얼굴을 상대하여서는 복종하고 물러나서는 뒷말을 하는 사람의 하는 짓이 다.37)

최한기는 후세의 사관이 사실을 기록하는 데에는 힘썼으나 경전의 간결하면서도 엄정하고 절실한 데에는 미치지 못했다고 평가했다. 따라서 후학들이 요령을 잡기가 어려워서 편년체의 사서와 기사본말체의 기록이 이어졌으나 이는 강목을 잡고 요령을 회통하며 단서를 찾아 궁구하는 데에 편의를 도모한 것이므로 전사全史를 아울러 참작해야 한다고 강조했다. 경전 탐구의 목적이 한낱 자구의 훈고가 아니라 과거의 유훈을 거울삼아 현재 실용에 이바지하는 데에 있듯이, 사서를 통해 역사를 익히는 것 또한 실제 사무를 완성하는 데에 도움이 되기 위해서다. 따라서 현재 정사의 잘잘못을 지나간 역사를 감계 삼아 당당히 논하고, 권력을 쥔 사람을 평가할 때도 성심껏 경계하고 간언해야 한다

---

37) 『推測錄』, 권6, 「推物測事」, 〈論史審愼〉, "史者, 後世之經也. 載籍浩瀚, 體例不一. 紀傳表志, 雖爲網羅事實之良法, 參酌時勢, 不如年經事緯之要領……噫立今日之朝廷, 而無所奏議者, 至論前史, 則肆無忌憚. 對今日之宰相,而無所規切者, 至論古傳, 則責難情外, 是乃相對面從, 而退有後言者之事也."

는 점을 분명히 했다.

3. 천경에 입각한 경전 해석

최한기 철학을 기초 지은 『기측체의』는 앎의 가능 근거와 과정, 방법 등을 체계화한 것이다. 그는 앎을 '입(入)', '류(留)', '출(出)'의 세 단계로 나누어 설명한다. '걷어들임'과 '머묾' 그리고 '발출'의 세 단계는 앎이 형성되는 과정이자 형성된 앎의 작용이다. 첫째 '걷어들임'은 주체가 객관 사물을 감각기관을 통해 경험하고 수용하는 것이다. 둘째, '머묾'은 수용된 경험이 저장 또는 축적되는 상황이다. 셋째, '발출'은 축적된 앎의 내용을 객관 사물에 적용하는 것이자 새로운 수용의 방법으로 기능하는 것을 의미한다. 최한기는 이를 '얻음(得)', '습염(習染)', '베풂(施)'으로 표현한다. 여기서 중요한 전제가 있다. 앎(知)은 반드시 '얻음(得)'을 통해서 형성된다는 것이다. 최한기의 앎은 객관 대상을 전제로 한다. 객관 대상은 앎의 내용이자 앎을 형성하게 하는 근거이다. 최한기가 앎의 대상에 특별한 관심을 가졌던 까닭은 이전 사람들이 객관 대상으로부터 앎이 형성된다는 것에 대해서는 언급하지 않고, 다만 자신의 마음속에서부터 (앎이) 드러나게 되는 단서만을 말하기 때문이다. 앎이 어디서부터 형성되게 되는지 그 근거에 대해 물으면 '태극의 이치는 처음부터 품부되어 있는 것인데, 다만 기질의 가림으로 인하여 간혹 통달하지 못하는 것이 있을 뿐이다'라고 말한다는 것이다.[38] 최한기는 이미 앎의 근거와 대상이 우리에게 모두 갖추어져 있다는 사고에

---

38) 『神氣通』, 권1, 「體通」, 〈收入於外發用於外〉, "人情物理, 從竅通, 而得來於外, 習染於內, 及其發用, 施之於外, 完然有此入也留也出也三等之跡. ……古之人, 多不言得來之由, 只言自內發用之端, 若詰自內所得之由, 則謂有太極之理, 自初稟賦, 而緣於氣質之蔽, 或有所未達耳."

대해 동의하지 않는다. 더욱이 이미 갖추어진 앎을 기질이 가리고 있어서 기질을 변화시키는 것을 학문의 중심 과제로 삼는 것에 대해 반대한다. 인의예지도 인간 본성에 선천적으로 갖춰진 것이 아니라 추측을 통해 획득되는 것으로 보았다. 즉 "추측하는 가운데, 자연히 생성生成의 인仁과 적의適宜의 의義와 순서循序의 예禮와 권징勸懲의 지知가 있다.…… 사물을 참작하여 그것을 얻는 것은 나에게 달려 있으니, 이미 내가 그것을 얻은 다음에 그것을 이루는 것은 행사에 달려 있다. 사람들이 간혹 '인의예지는 본래부터 나의 성에 갖추어져 있는 것이다' 하며, 이런 생각의 폐단이 결국 사물을 도외시하고 오직 나에게만 모든 것을 구하려 하니, 이렇게 해서야 어찌 그 구하여 얻는 방법을 논할 수 있겠는가"라고 하여, 본성의 도덕적 선험성을 부정했다.[39] 특히 형질이 없는 이런 추상적 개념은 남에게 말로 분명하게 설명하기 어려우므로 형질이 있는 물건으로 지적해 보여야 하며, 글로 서술할 때에는 모호할 수 있으므로 흔적이 있는 지난 일을 들어 증명해야 한다고 하면서 형질이 크고 완비된 것으로 온갖 사물의 본원인 운화의 신기가 있을 뿐이라고 했다.[40]

최한기는 그 근거로『논어』의 '다문다견多聞多見'이나『대학』의 '격물치자'를 예로 들어, '많이 듣고 많이 본다'는 것과 '사물을 궁구하여 앎을 이룬다'는 것이 "과연 밖에 있는 인정人情과 물리物理를 걷어 모으는 것이 아니고 바로 기질의 가리움을 제거하는 공부인가"[41]라고 반문한다. 최한기에게 있어서는

---

39)『推測錄』, 제3권, 「推情測性」, 〈仁義禮知〉, "推測之中, 自有生成之仁, 適宜之義, 循序之禮, 勸懲之知.……參酌乎物, 而得之在我, 旣得乎我, 而成之在行與事矣. 人或以爲仁義禮知, 素具於我性, 其流之弊, 遺物而只求於我, 烏可論其求得之方也."

40)『明南樓隨錄』, "道德仁知性理, 出於學問之名象. 因成傳受之依據, 欲曉喩于人, 語或難明, 必因物類之有形質而指示, 欲撰述于文, 恐涉糢糊, 須引往事之有痕跡而顯證. 當因形質譬喩. 自有輒疾開悟形質之大而完備, 惟有運化神氣, 爲萬事萬物之本源."

41)『神氣通』, 권1, 「體通」, 〈收入於外. 發用於外〉, "論語所謂多聞多見也, 大學所謂格物致知也, 果非收聚在外之人情物理也, 乃是祛氣質蔽之功夫也.";『論語』, 「述而27」, "子曰, 蓋有不知而作之者, 我無是也. 多聞擇其善者而從之, 多見而識之, 知之次也.";『大學』, "古之欲明明德於

앎이 형성되는 것 또한 기의 작용일 뿐이다. 사람 몸의 신기는 인정과 물리가 안과 밖에서 수작하고 대응하는 데 종사할 뿐이다. 이때는 다만 기 앞에 '신神' 또는 '신명神明'을 덧붙여 언급한다. 이러한 신기의 능력은 대상을 관찰하고(通察) 익숙하게 기억(習染)하는 것일 뿐 형태로서 언급할 만한 단서는 없다. 이미 형태가 없는 것을 이러저러한 설명으로 규정하려 하고, 서로 옳고 그름을 주장한들 결론을 도출할 수 없다는 것이 최한기의 일관된 논지다.

『맹자』「진심상」의 "만물이 나에게 갖춰져 있다"는 구절에 대해서도 당대 심학이나 리학의 형이상학적 해석을 반박하면서, 이치를 갖추어 온갖 일에 대응한다는 것은 다만 추측의 작용을 찬미한 것에 불과하다고 주장했다.

> 맹자가 이르기를 "온갖 사물이 다 나에게 갖추어 있다" 하고, 주자가 이르기를 "뭇 이치를 갖추어 온갖 일에 응한다"42) 하였는데, 이것은 다 추측의 대용大用을 찬미한 것이고, 결코 온갖 물건의 이치가 본디부터 마음에 갖추어 있다는 것은 아니다. 후세의 사람들이 이를 차우치게 풀이하여, 선천의 이치가 마음 속에 갖추어지지 않은 사물이 없다고 생각하여, 오직 기질의 가림에서만 그 책임을 구명하려 하니, 이것 또한 글을 미루되 잘못 헤아린 데서 나와 문로가 판이해진 것이다.43)

맹자와 주자가 말한 본의는 인간의 추측 능력을 찬미한 것일 뿐, 선험적으로 모든 사물의 이치가 나에게 구비되어 있는 것은 아니라는 것이 최한기의 일관된

天下者, 先治其國, 欲治其國者, 先齊其家, 欲齊其家者, 先脩其身, 欲脩其身者, 先正其心, 欲正其心者, 先誠其意, 欲誠其意者, 先致其知, 致知在格物."

42) 『大學集註』, "明德, 人之所得乎天, 而虛靈不昧, 以具衆理而應萬事者也."

43) 『推測錄』, 권1, 「推測提綱」, 〈萬理推測〉, "孟子曰, 萬物皆備於我矣, 朱子曰, 具衆理應萬事, 此皆贊美推測之大用也, 決非萬物之理素具於心也, 後人或隱僻解之, 以爲先天之理無物不具, 惟責究於氣質之蔽, 此亦出於推文誤測, 而門路判異."

주장이다. 그러나 후세 사람들이 특히 주자의 '명덕明德'에 대한 주석을 근거로 경험 이전에 사물의 이치가 나에게 있다고 받아들여 객관 세계에 대해서는 무관심하고 기질만을 문제 삼게 되었다는 것이다. 이렇게 경전의 본의를 잘못 이해한 데서 오는 폐단에 대해 최한기는 "어떤 자는 '온갖 이치가 내 마음에 갖추어져 있다' 하여, 사물의 이치를 오로지 마음에서 탐구하고 사물을 미루고 헤아릴 줄 모르며, 또 어떤 자는 물리로서 알기 어려운 것은 신비에 돌리고 추측을 바꾸어 적합한 이치를 구하려 하지 않는다. 또 어떤 자는 자기의 잘못된 견해를 천리라 하고, 물마다 특수한 천리를 돌아보지 않는다"[44]라고 비판했다.

최한기는 이에 더하여 '궁리'와 '추측'을 구별하고 '궁리'의 문제점을 지적했다.

① 궁리를 힘쓰는 사람은 모든 이치가 모두 내 마음에 갖추어졌다고 여겨 나의 마음의 궁구가 미진할 것만을 걱정한다. 대개 궁리를 한다는 사람은 천지만물의 이치를 하나의 이치로 알아 나의 마음을 궁구하여 극진한 데 이르면 모든 이치를 갖출 수 있다고 여긴다.
② 추측하는 사람은 성性과 천天이 분별이 있고 물物과 내가 다름이 있으나 이것을 미루어 저것을 증험하여 헤아리는 것은 하나라고 한다. 궁리와 추측은 제목이 이미 다르고 입문이 또한 다르므로 반드시 궁리를 훼방할 것도 없지만, 궁리의 폐단을 살펴보면 이는 오로지 자신에게 있는 것이니, 『대학』에 격물만 말하고 궁리는 말하지 않은 데서 그 의의를 볼 수 있다.[45]

---

44) 『推測錄』, 권2, 「推氣測理」, 〈天人有分〉, "或以爲萬理皆具於我心, 事物之理, 惟窮究於心, 不識推事物而測事物, 或以物理之不合於其心者, 必歸之于幽隱, 而不求推測之轉換得宜, 或以 己見之誤得, 謂天理之同然, 而不顧物物各殊之天理."

45) 『推測錄』, 권6, 「推物測事」, 〈窮理不如推測〉, "務窮理者, 以爲萬理皆具於我心, 猶患我究之 未盡. ……蓋窮理者, 以天地萬物之理爲一理, 故究我心窮至, 則可賅諸理. 推測者, 性與天有分, 物與我有別, 推此驗彼, 而測之者一也, 窮理推測之題目旣異, 入門亦異, 不必毁窮理, 而察窮理 之弊, 專主乎我, 大學說格物, 而不言窮理者, 可見其義."

'궁리'공부의 문제는 첫째, 경험 이전에 이치가 나에게 구비되어 있다고 믿는 오류이다. 둘째, 마음이 선험적으로 이치를 갖추고 있으므로 마음만을 공부의 대상으로 삼는다. 셋째, 인간을 포함한 천지만물의 이치가 하나라고 생각하는 것이다. 반면에 '추측'은 주체와 대상이 분명히 구분되지만 미루고 헤아리는 이치는 동일하다고 보는 데서 '궁리'와 다르다. 성리학이 인간의 덕성에 기초하여 이론을 정립함으로써 한 시대의 사회를 이끄는 역할을 했다면, 최한기의 기학은 덕성을 말하되 그 방향이 인간 내면에서 대상으로 나아간 데 있다. 이런 측면에서 최한기의 철학사상은 전대와 분리되는 것이 아니라 팽팽한 긴장 관계 속에서 정립된 것이라고 할 수 있다. 운화하는 기로서 인간과 대상은 하나이지만 구분이 있을 수밖에 없는 것은 '유행'과 '추측'의 차이에서 비롯된다.

① 대개 하늘의 기가 유행하는 이치는 물에 있어 각각 마땅한 바가 있어서 원래 증감이 없다. 이 이치를 궁격窮格할 수 있는 것은 사람 마음의 추측인데, 여기에는 사람에 따라 잘하고 잘못함과 진실하고 진실하지 못한 차이가 있으나, 이 역시 리라고 말하지 않을 수 없다. 유행과 추측이 부합되는 것으로 말하면 이쪽과 저쪽의 리는 일치하지만, 유행과 추측이 부합되지 않을 경우에는 리가 현저하게 다르다.[46]

② 기질의 리는 유행의 리요, 추측의 리는 스스로 경험하여 얻은 리이다. 경험(習)이 있기 전 처음에는 이 유행의 리만 있고, 경험이 있은 후에 추측의 리가 있다. 그러므로 만약 추측의 리가 유행의 리에서 나왔다면 맞지만, 추측의 리가 바로 유행의 리라고 하면 안 된다.…… 맹자는 '성誠한 것은 하늘의

---

46) 『推測錄』, 권1, 「序」, 〈推測錄序〉, "蓋天氣流行之理, 在物各有攸當, 原無增減, 能窮格此理者, 卽人心之推測, 而有善不善誠不誠, 然是亦不可不謂之理也, 擧其流行推測符合者, 理是一也, 在於流行推測不合者, 此理彼理, 完然有跡."

도요, 성하고자 하는 것은 사람의 도다라고 했다. 대개 천도가 유행하여 실리를 만물에 부여하였으니, 사람의 도는 오직 만물에 부여된 실리를 생각하여 어김이 없고 사특함이 없어야 한다. 유행의 리는 바로 천도요, 추측의 리는 바로 인도니, 인도는 천도에서 나오고 추측은 유행에서 나온다. 이처럼 해석한다면 천도와 인도가 분별이 없을 수 없고, 유행과 추측도 자연히 분별이 있다.[47]

①에서는 '유행지리'와 '추측지리'는 모두 리이지만, 사람에 따라 추측에 차이가 있으므로 결과적으로 '추측' 자체가 '유행'은 아님을 말하고 있다. 또한 '유행'과 '추측'의 이치는 서로 일치할 수도 있지만 부합되지 않을 때도 있다. 그렇다면, '유행지리'와 '추측지리'의 일치 여부는 어떻게 검증될 수 있는가. 이는 대상을 통해 알게 된 인간의 앎이 운화하는 기를 거스르지 않는 것으로 확인된다. ②에서는 먼저 추측의 리가 유행의 리를 통해서 나옴을 분명히 한다. 이어 '성誠'과 '사성思誠'[48]을 예로 들어, 맹자 또한 천도와 인도를 구분하였음을 증명하고, 유행의 리를 천도에 추측의 리를 인도에 연결시킨 후 인도와 천도, 추측과 유행에 자연히 분별이 있음을 강조했다.

조선성리학은 심성 문제에 천착했다. 천명이라는 자연적 규범으로부터 도출된 '성즉리性卽理' 명제는 인간의 덕성을 선험적으로 규정한다. 그리고 현실적으로 드러나는 불선의 원인을 기질의 가리움에서 찾아 기질을 변화시키는 것을

---

47) 『推測錄』, 권2, 「推氣測理」, 〈天人有分〉, "氣質之理, 流行之理也, 推測之理, 自得之理也, 未有習之初, 只此流行之理, 旣有習之後, 乃有推測之理, 若謂推測之理出於流行之理, 則可, 若謂推測之理卽是流行之理, 則不可.……孟子曰, 誠者, 天之道也, 思誠者, 人之道也, 蓋天道流行, 付物以實理, 則人之道, 維思付物之實理, 無違無邪耳, 流行之理, 卽天道也, 推測之理, 卽人道也, 人道出於天道, 推測出於流行, 旣有此飜譯, 則天道人道不可無分別, 流行推測, 亦自有分別."

48) 『孟子』, 「離婁上12」, "孟子曰, 居下位而不獲乎上, 民不可得而治也. 獲於上有道, 不信於友, 弗獲於上矣. 信於友有道, 事親弗悅, 弗信於友矣. 悅親有道, 反身不誠, 不悅於親矣. 誠身有道, 不明乎善, 不誠其身矣. 是故誠者天之道也, 思誠者人之道也."

중시하여 자연히 심성 수양을 학문의 근본 목표로 삼는다. 이러한 배경에서 조선시대 '사단칠정', '인심도심', '인물성동이' 등 논변이 전개되었다. 그러나 최한기는 기질은 바꿀 수 없고 다만 습관을 바꿀 수 있다고 주장한다. 예를 들면 "「중용전」에 '기질을 변화한다'는 말은 성실히 배우면 비록 어리석은 사람일지라도 밝게 되며 유약한 사람이라도 강하게 된다는 뜻이지 이미 품부 받은 기품을 증감하거나 변화시킨다는 말은 아니다"[49]라고 하여 기질을 태어날 때 부여받은 생체적 특성으로 규정한다.

최한기는 기를 '운화기'와 '형질기'로 구분한다. 운화기는 세계의 시원이자 본질적인 기로서 소멸하지 않고 운동변화하는 기를 가리키며, 형질기는 운화기가 응취하여 개개의 물체를 이루는 것이다. 사람 또한 운화기와 형질기의 두 측면을 갖고 있다. 최한기는 『맹자』「진심상」에 나오는 '형색이 천성이다'(形色天性也)를 예로 들어 천성과 기질을 둘로 나눌 수 없다고 한다.

> 사람의 기질이란 곧 운화의 기가 성취된 것이다. 눈으로 보고 귀로 듣고 입으로 말하고 손으로 잡고 발로 걷는 것은 모두 기질이니, 소위 천성이란 것이 모두 여기에 의거하여 유행하는 것이다. 어렸을 때의 시청언동은 장년의 시청언동과 다르고 쇠로한 때의 시청언동과도 다르니, 이것이 바로 운화하는 기질이며 운화하는 천성이다. 천성과 기질은 둘로 나눌 수 없으니, 『맹자』에서 "형색이 천성이다"[50]라고 한 것이 바로 이것이다. 그러니 기질을 버리고서야 어디에서 천지의 성을 구하고, 나의 기질을 버리고서야 어떻게 다른 사람의 천성을 구하고, 사람의 기질을 버리고서야 어디에서 사람의 천성을 구하겠는가.[51]

---

49) 『人政』, 권7, 「測人門七」, 〈論氣稟〉, "傳曰, 變化氣質, 謂其誠學所到, 雖愚必明, 雖柔必强之意, 非謂已稟之氣, 使得增減變換也."

50) 『孟子』, 「盡心上38」, "孟子曰, 形色天性也, 惟聖人然後, 可以踐形."

51) 『人政』, 권9, 「教人門二」, 〈氣質卽天性〉, "人之氣質, 乃運化氣之所成就也, 目視耳聽口言手

최한기가 '천성과 기질'을 같다고까지 말하지는 않지만 나눌 수 없음을
강조한 이유는 무엇일까. 이 지점에서 우리는 '추'와 '측'에 다시 주목할 필요가
있다. '추'는 객관 대상을 근거로 하는 것이고 '측'은 '추'를 통해 얻은 바를
인간이 분석·종합·추상화(원리화/법칙화)하는 일체를 뜻한다. 따라서 기질에서
천성을 찾아야 한다고 말하는 것은 구체적으로 드러난 현상과 실재를 앎의
대상으로 해야 한다는 것이다. 이는 '추기측리推氣測理', '추동측정推動測靜', '추물
측사推物測事'에서도 동일하게 적용되는 논리이다. 즉 '추측'은 구체적인 대상으
로부터 형태가 없는 추상적인 것으로 확장한다. 최한기가 추와 측을 구분한
이유는 형태가 없는 성性을 가지고 더는 논란하지 말자는 주장을 담고 있다.
따라서 성선·성악 논쟁도 무용하다.

> 성에 있으면 순역이라 하고 정에 있으면 선악이라 한다. 그러므로 정의 선한
> 것은 그 성에 순한 것에서 연유하고, 정의 악한 것은 그 성을 거스른 것에서
> 연유한다.…… 또 만일 정의 선은 성에서 연유하나 정의 악은 성에서 연유하
> 지 않는다거나, 정의 악은 성에서 연유하나 정의 선은 성에서 연유하지 않는
> 다고 한다면, 이는 선과 악이 각각 성과 정에 따로 해당됨이 있는 것이니,
> 맹자의 성선설과 순자의 성악설은 다만 후인들의 변설만 더하게 할 뿐이다.
> 또 만일 정의 선악이 성에서 연유하지 않는다고 한다면, 이것은 성과 정의
> 관계가 없어져 선악이 생길 수 없게 된다.[52]

持足行, 皆是氣質, 而所謂天性從此處流行, 幼時之視聽言動, 不同於長時之視聽言動, 至於衰
時老時之視聽言動, 差有不同, 卽是運化之氣質, 亦是運化之天性也, 天性與氣質, 不可分而二
之, 孟子形色天性是也, 除却氣質, 何處求天地之性, 除却我之氣質, 將何以求人之天性, 除却人
之氣質, 向何而求人之天性."

52) 『推測錄』, 권3, 「推情測性」, 〈性順逆情善惡〉, "在性曰順逆, 在情曰善惡, 故情之善者, 由於
順其性, 情之惡者, 由於逆其性.…… 又若謂情之善由於性, 情之惡不由於性, 又若謂情之惡由於
性, 情之善不由於性, 則是善惡各有當於性情, 而孟子性善, 荀子性惡之說, 只增後人之辨說矣,
又若謂情之善惡不由於性, 則是性情不相涉, 而善惡無根蔕也."

첫째, 성性에는 순역順逆만 있고, 선악善惡은 정情에 있다. 둘째, 정情의 선악善惡은 성性에 대한 순역順逆에서 기인한다. 선악의 분기는 정에 관계된 일이다. 그런데 이 말만 가지고는 선과 악의 발생이 성에 기인하기 때문에 다시 성이 무엇인지에 대한 사변적 논쟁을 낳을 여지가 있다. 최한기는 『논어』의 '성상근야性相近也, 습상원야習相遠也'53)를 근거로 선악의 나눔을 후천적 경험과 학습에서 찾았다.

> 악에 습관이 된 사람은 추측하는 것이 악에 있고, 선에 습관이 된 사람은 추측하는 것이 선에 있는 것은, 오직 하나 미루고 헤아리는 것이 습관을 따라 서로 멀어진 것이다.…… 비록 습관을 버리더라도 추측은 남아 있어서 평생의 수용이 되니, 습관이야말로 중대한 것이다. 천하의 사람은 누구나 다 습관을 가졌고, 선하고 악한 모든 일은 다 습관으로 되어 가는 것이니, 만약에 선악에 무심하면 그 습관이 된 대로 맡길 것이나, 조금이라도 권징하는 뜻이 있다면 먼저 그 익힐 것을 스스로 가려서, 남이 익히는 데까지 미쳐야 한다. 『논어』에 "천성은 서로 비슷하나 습관으로 인하여 서로 달라진다" 하였는데, 천성이라 습관이라 말한 것이 무한한 도리를 포괄하여, 참으로 만세의 표준이 될 만하다.54)

이처럼 최한기가 후천적 습관과 경험을 강조한 것은 인간의 주체성을 강조하여 구체적인 실천을 이끌어 내려는 것이다. 이러한 의도는 "사물을 참작하여 그것을 얻는 것은 나에게 달려 있으니, 이미 내가 그것을 얻은 다음에 그것을 이루는 것은 행사에 달려 있다. 사람들이 간혹 '인의예지는 본래부터 나의 성에

---

53) 『論語』, 「陽貨2」.
54) 『推測錄』, 권1, 「推測提綱」, 〈習變〉, "習於惡者, 推測在惡, 習於善者, 推測在善, 惟一推測隨所習而相違.……所習雖去, 推測尙存, 爲平生之須用, 大哉習也, 天下之人, 莫不有習, 善惡諸事, 皆有習而做去, 若無心於善惡, 則任其所習, 苟有一分勸懲之意, 先自擇其所習, 以及人之所習, 論語曰, 性相近也, 習相遠, 言性言習, 包括甚大, 實萬世之表準."

갖추어져 있는 것이다' 하며, 이런 생각의 폐단이 결국 사물을 도외시하고 오직 나에게만 모든 것을 구하려 하니, 이렇게 해서야 어찌 그 구하여 얻는 방법을 논할 수 있겠는가.……. 그러므로 맹자는 '사람은 누구나 요순이 될 수 있다'고 하였을 뿐, '사람은 누구나 요순인데, 다만 요순의 도를 행하지 않을 뿐이다'라고는 말하지 않은 것이다"[55])에서 다시 확인할 수 있다.

4. 최한기 경학관의 의의

정주성리학에 대해 보다 면밀히 공부해야 한다는 권계에도 불구하고 최한기는 자신의 철학적 기초를 놓은 『기측체의』를 북경에서 출판하고, 그즈음 경전 및 사서 등 방대한 독서를 통해 경학 관련 몇몇 저술을 집필했던 것으로 파악된다. 다만 현존하는 자료의 한계로 최한기의 경학에 대한 이해는 학계 관심 밖에 있었다. 『신기통』과 『추측록』을 거쳐 『기학』으로 체계화된 그의 철학은 서구 근대 과학기술 수용뿐만 아니라, 재래의 리학과 심학과의 긴장 속에서 정립되었다. 최한기의 경학관은 활동운화하는 기로 세계와 인간사회를 정초 짓는 그의 운화와 기학 이론에 기반한다. 그에 따라 성인의 자취만 묵수하

---

55) 『推測錄』, 권3, 「推情測性」, 〈仁義禮知〉, "推測之中, 自有生成之仁, 適宜之義, 循序之禮, 勸懲之知, 然操則存捨則亡, 人物之生, 各具形質, 而權度於這間者, 惟有推測之條理, 惡戕害喜生成者曰仁, 齟齬於過差, 而妥帖於適宜, 故適宜者曰義, 亂於失緒, 而成於循序, 故循序者曰禮, 非獨視聽言動而已, 能勸能懲, 是爲知也, 自陷於戕害者曰不仁, 齟齬於過差者曰不義, 雜亂無倫序曰非禮, 擴墳而無勸懲曰不知也, 天下之不仁不義無禮不知者, 多以其無攸得於推測也, 若有得於推測, 則不必待古訓, 而自有仁義禮知可循之方, 參酌乎物, 而得之在我, 旣得乎我, 而成之在行與事矣, 人或以爲仁義禮知, 素具於我性, 其流之弊, 遺物而只求於我, 烏可論其求得之方也, 如收聚金玉者, 自有積累而得, 非人人所可能也, 若謂人皆有收聚金玉之方則可, 若謂人皆有素積之金玉, 而不得須用則不可, 故孟子曰, 人皆可以爲堯舜, 不曰人皆是堯舜, 而不能行堯舜之道."

는 복고주의나 성인의 권위를 절대시하는 학문의 교조주의를 배격하고 성경에
서 천경으로의 전환을 선언할 수 있었다. 그는 경전에 대한 이해가 자구의
훈고에 머물러서는 안 되고 현재 일어나는 실제 사무에서 증험하여 효용이
닿아야 함을 강조했다. 이를 위해 우선 경험할 수 없고 따라서 증험할 수 없는
형이상학적 사변을 경계했고, 무형의 학을 유형의 학으로 바꾸는 시도를 학문적
과제로 삼았다. 최한기에게 경전이란 자신을 수양하고 세상을 다스리는 경험이
축적된 일종의 처방(經驗方)이다. 경험이란 이미 과거의 일이기에 현재의 운화기
를 표준으로 삼아 학문의 변천을 비교하고 실제 사무가 운화에 승순하도록
조처해야 한다. 경학이 점차 위축되고 현실에서 효용을 다하지 못하는 근본
원인은 옛날과 지금의 사람에게서만 구하다가 거듭 바뀌어서는 오직 자신의
몸에서만 구하고, 세 번 바뀌어서는 깊이 마음에서만 구하기 때문이다. 이발과
미발, 심체의 본원 탐구 등 조선 후기 성리학의 심학화 현상을 최한기는 이렇게
비판했다.―경전에 대한 탐구는 오직 백성의 치안을 위한 것이었는데 점차
폐단이 일어나고, 대표적으로는 경전 문의의 이동異同을 가지고 상대를 이기려
는 마음으로 문호를 나누어 편벽되이 상대의 잘못이나 캐내는 것을 일삼는다.
이는 경술을 높이는 까닭이 오직 백성의 치안을 위한 것임을 망각한 것이다.56)

앞서 정약용이 경전 주석에 의지해 인간 본성에 대한 새로운 해석과 도덕성
의 실천적 획득을 이론화하려고 시도했다면, 최한기는 천으로부터 일개 사물에
이르기까지 모두 기 아님이 없고 끊임없이 운화한다는 기일원론적 세계관을
통해 인간으로부터 사회와 세계를 관통하는 운화기를 진리의 기준으로 삼았고

---

56) 『人政』, 권20, 「用人門一」, 〈經術用不用〉, "經典, 乃修己治世之經驗方也. 因其古而施於今,
篤信師說之學, 驗諸身而證於古, 反求諸己之學. 但能於古今人相推互發, 不能於運化氣, 特立
標準, 較量古今學問之遷移, 闡明萬事萬物之承順, 使本天尊天之聖學經典, 漸次縮小. 惟求於
古今人, 再轉而推求於身, 三轉而深究乎心.……至於文義異同, 各肆勝心, 開張門戶, 惟事傾訐
者, 少無益於修己, 大有害於治世. 尊尚經術, 惟爲治安人民."

성인의 경전도 당대 운화의 반영으로 보았다. 제한적이나마 그의 저술에 산견된 경전 해석 사례는 공맹을 필두로 한 유가의 인간 이해를 심학이나 리학의 틀에서 벗어나 인의예지의 획득과 심성에 관한 종래의 이론도 운화와 기학으로 재해석했다는 점에서 차별성을 지닌다. 그는 일신의 부귀와 영달을 꾀하지 않고 천인운화가 실현되는 일통의 대동세계를 그렸다. 그가 추구한 도덕은 일신의 심성을 닦는 데 있지 않고 인물에서 실증하여 만세에 귀감이 될 도덕이었다.[57] 그러나 그의 학문적 지향은 지나치게 낙관적이라거나 서세동점의 제국주의적 사태를 제대로 파악하지 못했다는 비판을 받기도 한다.

퇴계와 율곡을 지나 조선 후기 성리학은 심성론에 더욱 깊이 천착하여 간재학파, 연재학파, 한주학파 등 학파별로 논쟁을 더하였으나, 이들의 논쟁은 정주성리학적 주해의 주요 개념과 인식틀 위에 놓여 있었다. 조선 후기 성리학의 심학적 전개도 사변적이기는 하나 와해되어 가는 중세사회의 질서를 회복하기 위한 도덕적 주체의 확립 시도로 평가하기도 한다. 대한제국을 거쳐 일제강점으로 이어지는 사이에도 후학 양성과 국권 회복을 위한 다양한 실천을 펼쳤는바, 근대 전환기 성리학은 여전히 학문적 주류였고 최한기가 꿈꾼 기학의 도전은 별다른 반향을 불러일으키지 못했다. 그러나 새로운 세계를 지향한 철학의 체계화와 이에 바탕한 경학 이해는 조선성리학에서 발견할 수 없는 이채로운 해석을 보여 주었다는 점에서 경학적 탐구 대상으로 일고할 만하다.

---

57) 『人政』, 권9, 「教人門二」, 〈擇志向〉 참조.

엮은이

김도일金渡鎰

서울대학교 철학과를 졸업하고, 캐나다 토론토대학교 철학과에서 순자의 윤리사상과 도덕심리에 대한 논문으로 철학박사학위를 받았다. 현재 성균관대학교 유학대학 부교수로서, 유교문화연구소장, 비판유학·현대경학연구센터장(한국연구재단 인문사회연구소 지원사업), 유학동양한국철학과 4단계 두뇌한국 21 교육연구단장(교육부 지원사업)을 맡고 있다. 주요 연구 분야는 동양철학, 윤리학, 그리고 도덕심리학이다.

배제성裵帝晟

세종대학교 교육학과를 졸업하고, 세종대학교 대학원에서 석사(교육학과), 성균관대학교 대학원에서 박사(동양철학과) 학위를 취득했다. 현재 성균관대학교 유교문화연구소 선임연구원이다. 주요 연구 분야는 조선 성리학이다.

필진(게재순)

최석기崔錫起

성균관대학교에서 학사(한문학), 석사(한문학), 박사(한국경학) 학위를 취득하였다. 경상국립대학교 한문학과에서 근무했으며, 현재 동 대학교 명예교수이다. 주요 연구 분야는 한국경학이다.

엄연석嚴連錫

서울대 철학과 대학원에서 박사학위를 취득하였다. 현재 한림대 태동고전연구소 교수 및 한국인문사회연구소협의회 수석부회장으로 활동하고 있다. 저서에 『조선전기역철학사』(2014), 『조선전기경학사상총론』(2022)이 있고, 「황윤석의 이수신편에 나타난 이수역학의 문화다원론적 독해」(2023) 외에 다수의 논문이 있다.

김동민金東敏

성균관대학교에서 학사(동양철학), 석사(동양철학), 박사(중국철학) 학위를 취득하였다. 한밭대학교에서 조교수로 근무했으며, 현재 성균관대학교 유학대학 유학·동양학과 부교수 및 유학대학장으로 재직하고 있다. 주요 연구 분야는 경학, 춘추학이다.

이영호李昤昊

성균관대학교에서 문학박사학위를 취득하였다. 현재 성균관대 동아시아학술원 교수이며, 한국경학학회 회장이다. 동아시아 논어학에 관한 연구를 진행하여 『동아시아의 논어학』(저서), 『논어, 천년의 만남』(역서) 등을 출간하였다. 지금은 동아시아 유불교섭에 관한 연구를 진행 중이며, 이와 관련된 저역서를 구상하고 있다.

송재윤宋在倫

미국 하버드대학교에서 박사학위를 받았고, 캐나다 맥매스터대학교 역사학과에서 동아시아 역사, 중국 철학 및 사상사를 가르치고 있다. 현재 현대 중국의 헌정논쟁사를 정리하고 있다.

강경현姜卿顯

연세대학교에서 학사(철학전공), 석사(철학과), 박사(철학과) 학위를 취득하였다. 강원대학교 사범대학 윤리교육과 조교수를 역임했으며, 현재 성균관대학교 유학대학 유학·동양학과 조교수로 재직하고 있다. 주요 연구 분야는 조선 성리학과 경학이다.

윤석호尹錫皓

연세대학교 사학과 학사, 석사, 박사 학위를 취득하였다. 연세대학교 국학연구원 강진다산실학연구원 연구교수와 성균관대학교 유교문화연구소 선임연구원을 역임했으며, 현재 부산대학교 사학과 조교수로 재직하고 있다. 주요 연구 분야는 조선후기사이다.

이행훈李幸勳

성균관대학교 대학원에서 철학박사학위를 취득하고, 현재 한림대학교 도헌학술원 한림과학원 HK교수로 재직 중이다. 주요 논저로 『학문의 고고학』, 「1920년대 '도덕'의 의미망과 개념의 재구축」, 「일제강점기 종교 담론의 유형과 전개」 등이 있으며, 한국근대철학과 한국개념사 분야 연구를 진행 중이다.